国家出版基金项目
NATIONAL PUBLICATION FOUNDATION

“十二五”国家重点图书出版规划项目

神话学文库
叶舒宪主编

蓬莱神话

——神山、海洋与洲岛的神圣叙事

PENGLAI SHENHUA

高莉芬◎著

陕西师范大学出版总社有限公司

图书代号　SK13N0865

图书在版编目（CIP）数据

蓬莱神话：神山、海洋与洲岛的神圣叙事 / 高莉芬著. —西安：陕西师范大学出版总社有限公司，2013.8
（神话学文库）
ISBN 978-7-5613-7096-4

Ⅰ.①蓬… Ⅱ.①高… Ⅲ.①神话—研究—中国 Ⅳ.①B932.2

中国版本图书馆CIP数据核字(2013)第113810号

蓬莱神话
—— 神山、海洋与洲岛的神圣叙事
高莉芬　著

责任编辑	王丽敏
装帧设计	田东风
出版发行	陕西师范大学出版总社有限公司
	（西安市长安南路199号　邮编 710062）
网　　址	www.snupg.com
印　　刷	西安创维印务有限公司
开　　本	720mm×1020mm　1/16
印　　张	14
插　　页	1
字　　数	219千
版　　次	2013年8月第1版
印　　次	2013年8月第1次印刷
书　　号	ISBN 978-7-5613-7096-4
定　　价	35.00元

读者购书、书店添货或发现印刷装订问题，请与本公司营销部联系、调换。
电话：（029）85307864　85303629　传真：（029）85303879

国家出版基金项目

"十二五"国家重点图书出版规划项目

"神话学文库"编委会

主 编
叶舒宪

编 委
（以姓氏笔画为序）

马昌仪	王 杰	王孝廉	乌丙安
户晓辉	尹虎彬	田兆元	冯晓立
吕 微	刘东风	李西建	李咏吟
杨利慧	杨儒宾	陈连山	陈岗龙
陈建宪	陈器文	钟宗宪	徐新建
高莉芬	萧 兵	朝戈金	彭兆荣
楼家本	谭 佳		

国家出版基金项目

"十二五"国家重点图书出版规划项目

"神话学文库"学术支持

上海交通大学文学人类学研究中心

中国社会科学院比较文学研究中心

中国神话学会

"神话学文库"总序

叶舒宪

神话是文学和文化的源头，也是人类群体的梦。

神话学是研究神话的新兴边缘学科，近一个世纪以来，获得了长足发展，并与哲学、文学、美学、民俗学、文化人类学、宗教学、心理学、精神分析、文化创意产业等领域形成了密切的互动关系。当代思想家中精研神话学知识的学者，如詹姆斯·乔治·弗雷泽、爱德华·泰勒、西格蒙德·弗洛伊德、卡尔·古斯塔夫·荣格、恩斯特·卡西尔、克劳德·列维－斯特劳斯、罗兰·巴特、约瑟夫·坎贝尔等，都对20世纪以来的世界人文学术产生了巨大影响，其研究著述给现代读者带来了深刻的启迪。

进入21世纪，自然资源逐渐枯竭，环境危机日益加剧，人类生活和思想正面临前所未有的大转型。在全球知识精英寻求转变发展方式的探索中，对文化资本的认识和开发正在形成一种国际新潮流。作为文化资本的神话思维和神话题材，成为当今的学术研究和文化产业共同关注的热点。经过《指环王》《哈利·波特》《达·芬奇密码》《纳尼亚传奇》《阿凡达》等一系列新神话作品的"洗礼"，越来越多的当代作家、艺术家、编剧和导演意识到神话原型的巨大文化号召力和影响力。我们从学术上给这一方兴未艾的创作潮流起名叫"新神话主义"，将其思想背景概括为全球"文化寻根运动"。目前，"新神话主义"和"文化寻根运动"已经成为当代生活中不可缺少的内容，影响到文学、艺术、影视、动漫、网络游戏、主题公园、品牌策划、物语营销等各个方面。现代人终于重新发现：在前现代乃至原始时代所产生的神话，原来就是人类生存不可或缺的文化之根和精神本源，是人之所以为人的独特遗产。可以预期的是，神话在未来社会中还将发挥日益明显的积极作用。大体上讲，在学术价值之外，神话有两大方面的社会作用：

一是让精神紧张、心灵困顿的现代人重新体验灵性的召唤和幻想飞扬的奇妙乐趣；

二是为符号经济时代的到来提供深层的文化资本矿藏。

前一方面的作用，可由约瑟夫·坎贝尔一部书的名字精辟概括——"我们赖以生存的神话"（Myths to Live by）；后一方面的作用，可以套用布迪厄的一个书名，称为"文化炼金术"。

在21世纪迎接神话复兴大潮，首先需要了解世界范围神话学的发展及优秀成果，参悟神话资源在新的知识经济浪潮中所起到的重要符号催化剂作用。在这方面，现行的教育体制和教学内容并没有提供及时的系统知识。本着建设和发展中国神话学的初衷，以及引进神话学著述，拓展中国神话研究视野和领域，传承学术精品，积累丰富的文化成果之目标，上海交通大学文学人类学研究中心、中国社会科学院比较文学研究中心、中国民间文艺家协会神话学专业委员会（简称"中国神话学会"）、中国比较文学学会，与陕西师范大学出版总社有限公司达成合作意向，共同编辑出版"神话学文库"。

本文库内容包括：译介国际著名神话学研究成果（包括修订再版者）；推出中国神话学研究的新成果。尤其注重具有跨学科视角的前沿性神话学探索，希望给过去一个世纪中大体局限在民间文学范畴的中国神话研究带来变革和拓展，鼓励将神话作为思想资源和文化的原型编码，促进研究格局的转变，即从寻找和界定"中国神话"，到重新认识和解读"神话中国"的学术范式转变。同时让文献记载之外的材料，如考古文物的图像叙事和民间活态神话传承等，发挥重要作用。

本文库的编辑出版得到编委会同人的鼎力协助，也得到上述机构的大力支持，谨在此鸣谢。

是为序。

台湾版序

　　海中的蓬莱仙岛和地上的昆仑神山是中华远古的两大仙乡，都是古代神话版图里的神圣空间。然而，自从西方神话学传入中土以来，中外学者对二者的研究取向却颇有不同。对于昆仑神山的研究，学者多直接采取神话学的观念、方法，加以整理、探索；对于蓬莱的研究，学者则略带犹豫，多半让她谦逊地陪伴在昆仑神话旁边，作些比较分析，要不就将其定位为"仙话"，探究其中的神仙思想。

　　高莉芬君在搜集、梳理有关蓬莱的文献，并审视、了解前贤的研究成果之后，做出重大的突破。她以比较神话学的视角，运用母题分析的方法，结合语源学之考察，并以画像石等图像资料为佐证，重新检视蓬莱神话所具有的神话思维，以显现其在神话叙事表层下所蕴含的深层象征思维，进而探讨壶形圣山与乐园神话间之关系，揭露神话思维所建构的宇宙观与现实生存理想境域间的微妙联系。总之，她将蓬莱由乐园提升至宇宙创生的高度。

　　回想当年，莉芬在政治大学中文研究所以《元嘉诗人用典研究》获文学博士学位时，还是一个年轻女孩。接下来的这十几年，她跨入文化这一广袤的领域，孜孜矻矻，努力探索，厚植根基，然后又回到文学的老家。事实上，在提升蓬莱神话高度的同时，她也大大提升了自己研究的高度。她现在已逐渐步入壮年，这不免令看着她成长的我有些感慨。然而，读了她这部好学深思、极富创见、论证严谨、剖析入微的力作，我又深感欣慰。

　　是为序。

罗宗涛
2007年7月22日于指南山麓

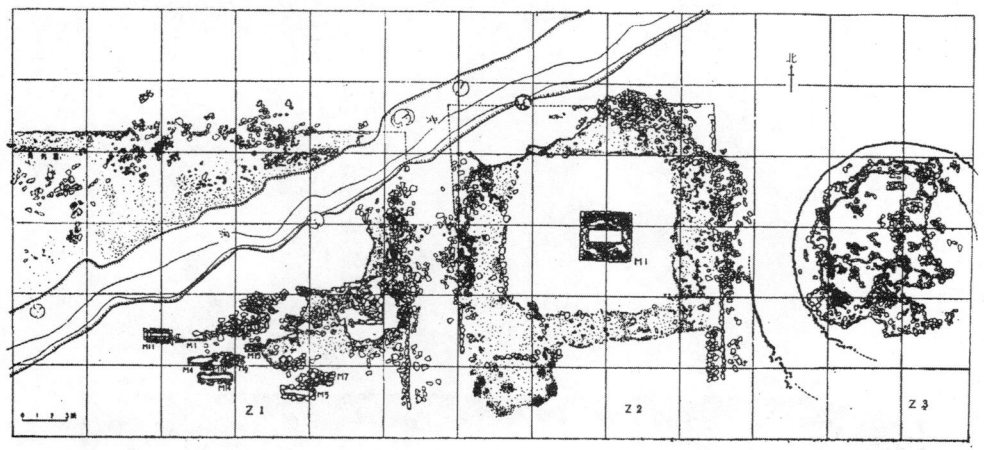

附图一　红山文化晚期"积石冢"群迹

取材自冯时:《中国天文考古学》,北京:社会科学文献出版社,2001年,第344页。

附图二　红山文化圜丘

取材自冯时:《中国天文考古学》,北京:社会科学文献出版社,2001年,图版七。

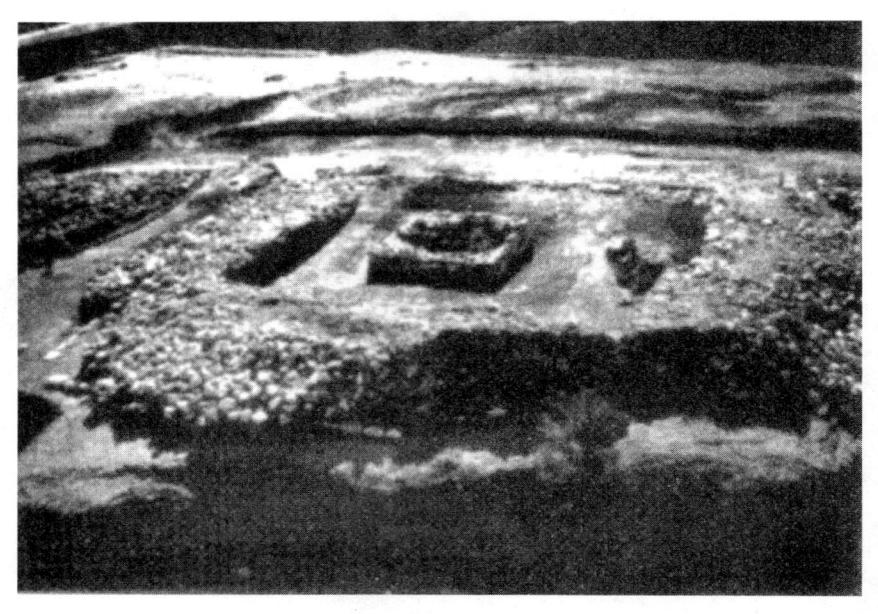

附图三　红山文化方丘
取材自冯时:《中国天文考古学》,北京:社会科学文献出版社,2001年,图版七。

一四二 南阳麒麟岗 羽人（一）

附图四　羽人

取材自王建中主编：《中国画像石全集》第6卷，郑州：河南美术出版社，2000年，第115页。

附图五　鳌戴山忭图
取材自（清）萧云从《天问图》清初刊本。收入马昌仪：《全像山海经图比较》第6册，北京：学苑出版社，2003年，第1223页。

附图六　湖南长沙马王堆1号墓出土的非衣帛画
取材自金维诺、罗世平：《中国宗教美术史》，南昌：江西美术出版社，1995年，第19页。

附图七（1） 沂南汉墓中室八角立柱画像
取材自蒋英炬主编：《中国画像石全集》第 1 卷，济南：山东美术出版社，2000 年，第 170 页。

附图七（2） 山东沂南东汉墓出土石柱上的画像

取材自［美］巫鸿:《武梁祠——中国古代画像艺术的思想性》，北京：生活·读书·新知三联书店，2006年，第137页。

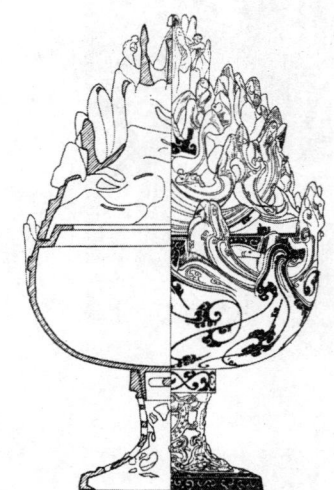

附图八 河北满城西汉刘胜墓出土错金银青铜博山炉

取材自［美］巫鸿:《礼仪中的美术——巫鸿中国古代美术史文编》，北京：生活·读书·新知三联书店，2005年，第464页。

附图九 托马斯·莫尔之"乌托邦"

取材自［美］托马斯·莫尔:《乌托邦》，北京：商务印书馆，1982年，第49页。

附图十　湖南长沙马王堆1号西汉墓第三套棺前部及左侧面装饰

取材自［美］巫鸿：《礼仪中的美术——巫鸿中国古代美术史文编》，北京：生活·读书·新知三联书店，2005年，第462页。

附图十一　神山平顶上的东王公与西王母

取材自蒋英炬主编：《中国画像石全集》第1卷，济南：山东美术出版社，2000年，第134—135页。

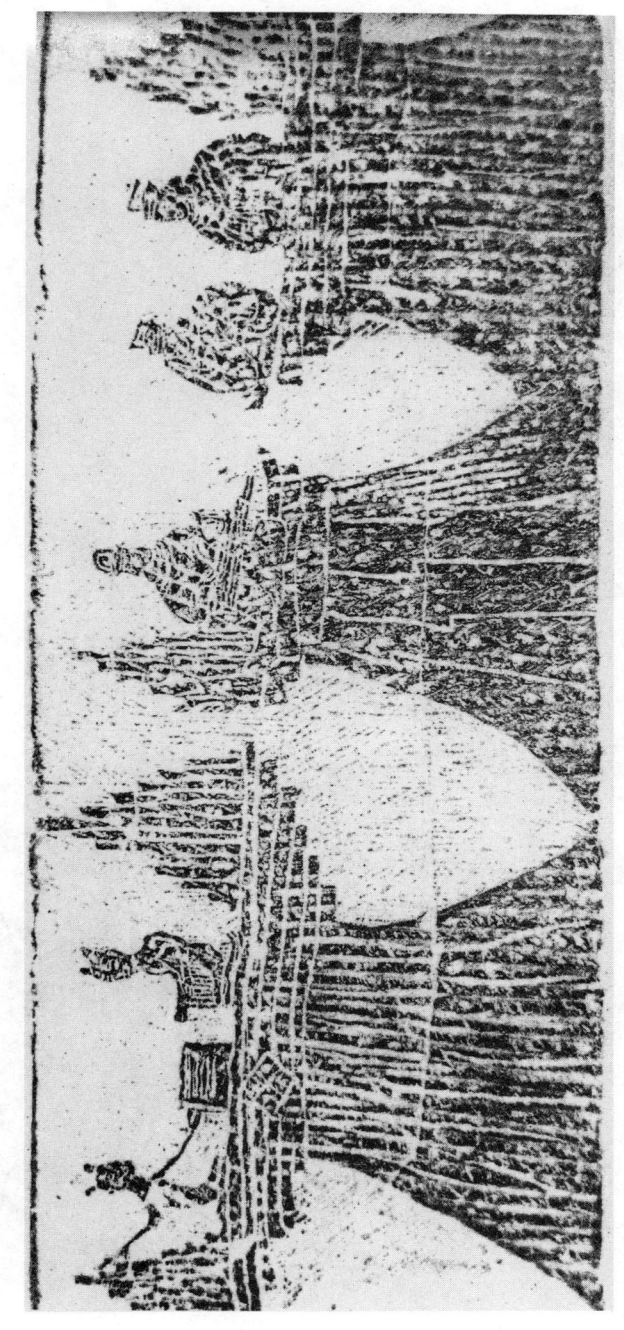

附图十二 三神山图 四川省彭山县江口乡崖墓汉末崖墓出土
取材自高文主编:《中国画像石全集》第7卷,郑州:河南美术出版社,2000年,第120—121页。

附图十三　东吴陶魂瓶

取材自罗宗真主编:《魏晋南北朝文化》,上海:学林出版社,2000年,第185页、第194页。

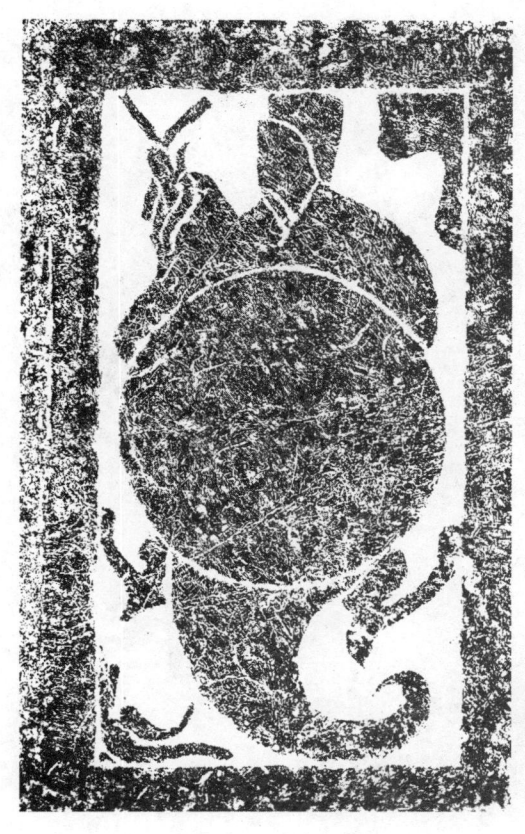

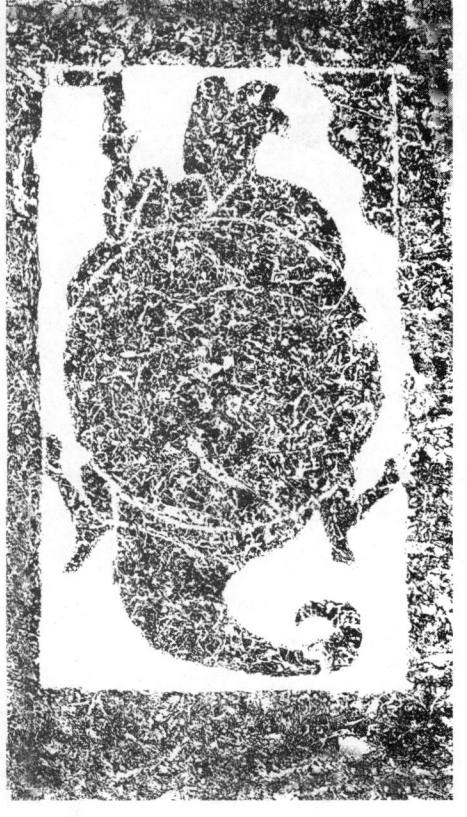

附图十四 伏羲执规图(左) 女娲执矩图(右)

山东省费县垛庄镇潘家疃汉墓出土

取材自焦德森主编:《中国画像石全集》第3卷,济南:山东美术出版社,2000年,第76—77页。

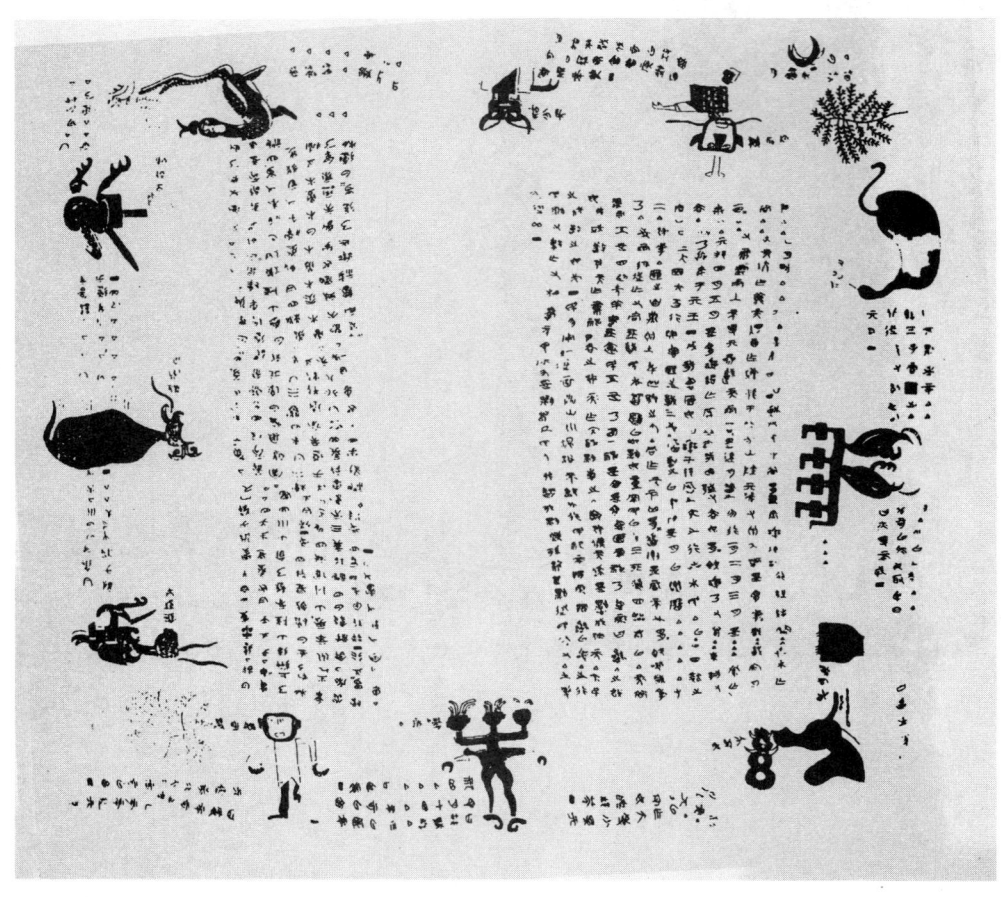

附图十五　长沙子弹库出土战国楚帛书

取材自冯时:《中国天文考古学》,北京:社会科学文献出版社,2001年,第14页。又可参见饶宗颐、曾宪通编:《楚帛书》,香港:中华书局,1985年,第335页。

目　录

第一章　绪论：追寻与超越

一、俗世与神圣：永恒追寻的空间越界 / 001

（一）存实宇宙与他界空间 / 001

（二）解释与诠释：神话的意蕴 / 003

二、符号与象征：神话地景与神话空间 / 007

（一）虚假的随意性 / 007

（二）神话地景的空间象征 / 009

三、原型与回归：海上蓬莱与宇宙圣山 / 011

第二章　神圣仪式与宇宙秩序：封禅泰山与望祀蓬莱

一、企求神通：封禅祀典与天地祭仪 / 015

（一）天地祭仪与方圆祭坛 / 015

（二）上封泰山与求仙蓬莱 / 018

二、探求不死：封禅祀典与海上求仙 / 019

（一）药与仙：求蓬莱不死仙药 / 019

（二）寿与仙：会蓬莱仙人安期与羡门 / 024

三、神圣仪式：神山祀典与宇宙秩序 / 027

（一）绝地天通与神山祀典 / 027

（二）强化的仪式与圣化的空间 / 029

第三章　蓬莱神话的海洋思维及其宇宙观

一、前言：海洋、神山与仙乡 / 033

二、海洋与神山：海洋型宇宙创生与海上蓬莱 / 034

三、大壑归墟：原初大水与谷形宇宙海 / 038

四、巨鳌负山：龟驮大地与宇宙创建 / 043

（一）龟使者：负地之巨灵 / 043

（二）龟使者：柱天之巨灵 / 049

（三）龙伯大人与宇宙失序 / 051

（四）水中名山与水中圣土 / 054

五、洲与岛：海上乐园与环水大地 / 060

（一）海中洲岛与不死仙境 / 060

（二）洲岛空间与环水大地 / 068

六、结语：蓬莱——海水圣化的宇宙乐园 / 071

第四章　壶象宇宙与神话乐园：蓬莱三壶神话及其宇宙思维

一、前言：壶山、神山与仙乡 / 074

二、封闭远隔的壶：壶形圣山与原初乐园 / 075

（一）花园与乐园：封闭的原初宇宙 / 075

（二）观看与命名："壶"的意义世界 / 079

三、中空容器的壶：此界与他界的中介空间 / 083

（一）汉画像石中的蓬莱三山：升登不死的神圣境域 / 083

（二）壶：由"常"入"非常"的时空过渡甬道 / 086

（三）魂瓶与陶壶：回归祖灵的转换宇宙 / 087

四、腹方口圆的壶：壶象时空与创世宇宙 / 090

（一）浮、葫芦、壶：浮动的岛屿与创世葫芦 / 090

（二）壶与天圆地方的宇宙思维 / 091

（三）壶象时空：天体循环的圜状宇宙 / 093

五、人间构筑的壶：诗意栖居与神话园林 / 095

（一）皇家宫苑与蓬莱神山：不死仙境的人间复现 / 096

（二）士人园林与蓬瀛壶天：心灵圣化的中介阈门 / 097

六、结语：生命原乡与原初秩序 / 101

第五章　结论：越界旅行与母腹回归

　　一、游仙蓬莱与越界追寻 / 104

　　二、原初宇宙与母腹回归 / 108

附论　神圣的秩序：《楚帛书·甲篇》中的创世神话及其宇宙观

　　一、重返创世纪：《楚帛书·甲篇》与世界创世神话 / 111

　　二、梦梦墨墨，亡章弼弼：混沌前创世 / 118

　　三、雹戏取女塡生子四：配偶始祖神生殖创世 / 122

　　四、禹、万、四神咎天步数：创世主步量天地 / 128

　　五、炎帝、祝融、帝夋、共工：宇宙诸神再创世 / 132

　　六、从无序到有序：创世宇宙与"数"的秩序 / 137

　　七、生与再生：建立秩序与重返秩序 / 140

　　八、结语：以神之名——秩序化的宇宙与生命 / 144

后记　缪斯（Muse）的礼物 / 148

附表　《中国画像石全集》中"东王公""西王母"的相关图像 / 150

参考文献 / 172

第一章　绪论：追寻与超越

一、俗世与神圣：永恒追寻的空间越界

（一）存实宇宙与他界空间

东汉末年以来，随着政治权力结构的松动、转移，战争、人祸的频仍，以及中原与江南地域空间的转换、我族与他族的身份认同、学术中心的瓦解与重构，此期的文人在中心与边陲、个人与家国、现实与理想间的摆荡游移中，无一不加深了他们对自身存有空间意义的重省与评估。魏晋不但是人的自觉时代，也是文学的自觉时代。面对多变的现实存有空间，文学家在文学的书写中创造出多元的空间层次①，借由文学语言以书写的方式虚构生命理想的幻境，为漂泊不安的灵魂寻求永恒栖止的乐园。这种对"他界"（the other world）②的永恒追寻（quest）与空间越界书写，成为魏晋六朝文学与宗教书写中十分重要的主题。在

---

①　参见尤雅姿：《虚拟实境中的生命谛视——谈魏晋文学里的临界空间经验》，见李丰楙、刘苑如主编：《空间、地域与文化——中国文化空间的书写与阐释》上册，台北："中央研究院"中国文哲研究所，2002年，第347—409页。

②　"他界"，叶庆炳定义："所谓他界，指现实世界（人间）之外的世界。"参见叶庆炳：《六朝至唐代的他界结构小说》，载《台大中文学报》1989年第3期，第1页。郭玉雯定义道："'他界'（the other world）原指地狱或来世，在此我们可扩充其义而指任一种与现实界相异的世界（a kind of world far other from ours）。"参见郭玉雯：《聊斋志异的幻梦世界》，台北：台湾学生书局，1985年，第1页。关于"他界"的类型考察，可以参见谢明勋：《六朝志怪小说他界观研究》，台北：中国文化大学中国文学研究所博士论文，1992年。在不同的他界类型中，与本书相关的他界是指相对于现实世界之外的仙界与乐园。

一篇篇的游仙、山水的文人诗赋中，在一首首的《上云乐》①《步虚辞》②的宗教颂赞里，吟唱着文人心灵深处潜藏的集体之梦：对仙境乐园的追寻与长生不死的企望。而这个相对于现实世界的他界乐园，除了陶渊明的桃源世界以及道教中的福地洞天外，自两汉以来，不论方士、文学家或道士反复追寻建构的另一他界虚构的乐园空间，即是海中蓬莱。

海中蓬莱是与地上昆仑神山相对的神山仙岛，学者顾颉刚③、王孝廉④及日本学者小川环树⑤、小南一郎⑥等人在其研究中，皆以二者为远古的两大仙乡。此两大神话皆为古代神话舆图上的神圣空间。而此二神圣空间皆出现于《山海经》的记载中，历经秦汉方士的传播渲染以及六朝道教信仰的发展，逐渐成为学仙修真者所追求的理想胜境。由于"昆仑"在《山海经》的记载中较为详尽，明显可见其具有"世界中心"的宇宙山（cosmic mountain）性质，因此对于昆仑神话的研究一直都备受学界重视，如有苏雪林之专题探讨、杜而未月亮神话系统之分析、凌纯声的比较研究、丁山的神话溯源以及吕微的语义探源等，中外学者之研究颇丰。⑦而蓬莱山在先秦典籍中之记载简略，仅有《山海经·海内北经》记"蓬莱山在海中，大人之市在海中"⑧一则。在秦汉以后的典籍中，蓬莱山又大都是以联合仙山、仙岛的方式出现。如在《史记·封禅书》中的"海上三神

---

① 《古今乐录》曰："《上云乐》七曲。梁武帝制，以代西曲。一曰凤台，二曰桐柏，三曰方丈，四曰方诸，五曰玉龟，六曰金丹，七曰金陵。"如《方丈曲》："方丈上，崚层云。抱八玉，御三云。金书发幽会，碧简吐玄门。至道虚凝，冥然所共遵。"《方诸曲》："方诸上，上云人。业守仁，拟金集瑶池，步光礼玉晨。霞盖容长肃，清虚伍列真。"逯钦立辑校：《梁诗》卷1，见《先秦汉魏晋南北朝诗》，台北：木铎出版社，1983年，第1524—1525页。
② 逯钦立辑校：《北周诗》卷6，见《先秦汉魏晋南北朝诗》，台北：木铎出版社，1983年，第2438—2440页。共收入《步虚辞》十首。
③ 顾颉刚：《〈庄子〉和〈楚辞〉中昆仑和蓬莱两个神话系统的融合》，载《中华文史论丛》1979年第2辑，第31—57页。
④ 王孝廉：《中国的神话世界》，北京：作家出版社，1991年，第68—89页。
⑤ [日]小川环树：《中国魏晋以后（三世纪以降）的仙乡故事》，张桐生译，见林以亮等：《中国古典小说论集》第1辑，台北：幼狮文化事业公司，1977年，第85—95页。
⑥ [日]小南一郎：《中国的神话传说与古小说》，孙昌武译，北京：中华书局，1993年，第73页。
⑦ 例如苏雪林：《昆仑之谜》，台北："中央文物供应社"，1956年；杜而未：《昆仑文化与不死观念》，台北：台湾学生书局，1977年，归之于月亮神话的系统；凌纯声：《昆仑丘与西王母》，见凌纯声：《中国边疆民族与环太平洋文化》下册，台北：联经出版事业公司，1979年；丁山：《论炎帝太岳与昆仑山》《河出昆仑说》，见丁山：《古代神话与民族》，北京：商务印书馆，2005年，第390—430页、第431—453页；吕微："昆仑"语义释源，见吕微：《神话何为——神圣叙事的传承与阐释》，北京：社会科学文献出版社，2001年，第143—158页。研究成果十分丰硕。
⑧ 袁珂注：《山海经校注》第12《海内北经》，台北：里仁书局，1982年，第324—325页。

山"①、《列子·汤问》中的"渤海五神山"②乃至《海内十洲记》中的"十洲三岛"③、《拾遗记》中的"蓬莱三壶"④以及名山仙岛等,蓬莱皆与神山仙岛并列叙述,呈现组群的神山结构模式。因此历来有关蓬莱神山的研究也大都采用联合论述的方式,大都是附于昆仑神话中作比较分析⑤,或置于仙乡神话系统中一并论述⑥,或于"仙话"的研究中探究其神仙思想⑦,或聚焦于志怪小说中的象征分析⑧,较少有以蓬莱神话作专题之探讨。相对于昆仑神话的丰富研究成果,明显较为冷寂。在这些研究中将蓬莱的相关叙事,或归之于"神话",或定义为"仙话"者,历来论者甚多,学界至今仍众说纷纭。汉代以后,蓬莱神话日益发展增衍,展现出旺盛的生命力,逐渐成为中国传统文化和文学中的乐园与仙境等幸福空间的意象符号,成为游仙文学或宗教赞颂与叙事中永恒追寻的他界空间。历来多研究或探讨其"仙乡""乐园"之形态性质,或阐发其"神仙""不死"的思维,但此一他界空间与"仙乡""乐园"之关系,其间的形成与发展,以及其所蕴含的宇宙思维则有进一步的探讨空间。

(二)解释与诠释:神话的意蕴

"神话"(myth)一词来源于希腊词 mythos 或 muthos,英译 myth 包含 word 或 speech 之义,意为话语或演说,因而又可与 logos 相对照。其意乃指关于诸

---

① [日]泷川龟太郎考证:《史记会注考证》卷28《封禅书》,台北:洪氏出版社,1981年,第502页。
② (晋)张湛注:《列子注》卷5《汤问》,台北:世界书局,1962年,第52—53页。
③ (汉)东方朔:《海内十洲记》,见《景印文渊阁四库全书》第1042册,台北:台湾商务印书馆,1983年,第279页。
④ (晋)王嘉:《拾遗记》卷1,(梁)萧绮录,齐治平校注,台北:木铎出版社,1982年,第20页。
⑤ 如杜而未《昆仑文化与不死观念》即专章讨论"古代仙山",并提出"蓬莱"与"昆仑"同为"月山",同属"月亮神话",属"月神宗教"文化。见杜而未:《昆仑文化与不死观念》,台北:台湾学生书局,1977年。
⑥ [日]小川环树:《中国魏晋以后(三世纪以降)的仙乡故事》,张桐生译,见林以亮等:《中国古典小说论集》第1辑,台北:幼狮文化事业公司,1977年,第85—95页。
⑦ 关于蓬莱"仙话"的定义与研究,可以参见梅新林:《仙话——神人之间的魔幻世界》,上海:生活·读书·新知三联书店,1992年;郑土有、陈晓勤编:《中国仙话》,上海:上海文艺出版社,1990年;罗永麟:《中国仙话研究》,上海:上海文艺出版社,1993年。
⑧ 如李丰楙:《十洲记研究》,见李丰楙:《六朝隋唐仙道类小说研究》,台北:台湾学生书局,1997年,第123—185页;刘苑如:《欲望尘世/境内蓬莱——〈拾遗记〉的中国图像》,见李丰楙、刘苑如主编:《空间、地域与文化——中国文化空间的书写与阐释》,台北:"中央研究院"中国文哲研究所,2002年,第237—283页。

神、超人或超越界的故事，以"话"（words）表述出神圣（sacred）的世界来。①中外对于"神话"一词的定义众多，学者依其学科理论重点，各有其侧重的义界。②日本学者大林太良说："有多少学者研究这个问题就有多少个神话定义。"③正如关永中言："众所周知，没有一个有关神话的定义能使所有的学者接受。"④关永中对于中外定义纷陈的"神话"一词的定义，指出最低限度应该蕴含以下四个重点：

（1）它是象征的表达。
（2）它是故事体裁。
（3）它寓意着超越界的临现。
（4）它蕴藏着庄严而深奥的讯息。⑤

综合而论，神话就是故事体裁的象征表达，寓意着超越界的临现，并道出庄严而深奥的讯息。此一定义与伊利亚德（Mircea Eliade，1907—1986）所编的《宗教百科全书》中"myth"一词的定义大致相符。虽然迟至战国时期始见蓬莱神话的相关记载出现，距离原始神话的讲述时代已远，但在蓬莱三山神话乃至蓬莱三壶的相关文本中，呈现超越界的象征讲述的神话特点。

---

① The English word myth comes from the Greek muthos ("word" or "speech"), which owes its significance precisely to its contrast with logos; the latter can also be translated as "word", but only in the sense of a word that elicits discussion, an "argument". Muthos in its meaning of "myth" is the word for a story concerning gods and superhuman beings. 参阅 Kees W. Bolle, "MYTH," in M. Eliade ed., *The Encyclopedia of Religion*. vol. 10. N. Y.: Macmillan Publishing Company, 1987. p. 261. 中文"神话"一词来自日本汉字，"话"在日本汉字中具有"故事"之义。日本学者松村武雄（Matsumula Takeo）综合西方学者之神话定义指出："神话是持有非开化心意的古代民众，以与他们有共生关系的超自然性威灵的意志活动为底基，而对周围自然界及人文界的现象所作的叙述或说明所产生的圣性或俗性的故事。"转引自王孝廉编译：《神话的定义问题》，载《民俗曲艺》1983 年第 27 期，第 103 页。

② 关于中国神话的定义与分类，参见钟宗宪：《中国神话的基础研究》，台北：洪叶文化事业有限公司，2006 年，第 21—61 页。神话学者傅锡壬则首创以"神话"与"类神话"代替"广义神话"与"狭义神话"的区别，颇能道出神话之特质以及历来定义的困难。其言道："其实，在'神话学'的研究上，已有所谓'广义神话'与'狭义神话'的区别，于是，有些神话学者，是把这些类似神话的概念或形式（类神话），归属在'广义神话'的领域中思考。而本书则特别以'神话'与'类神话'作为区隔，而'类神话'一词实为本书之创例。"书中分别对传说、民间故事、鬼话、梦话、仙话、动物故事、寓言、童话八类与神话作比较。参见傅锡壬：《中国神话与类神话研究》，台北：文津出版社，2005 年，第 26—58 页。

③［日］大林太良：《神话学入门》，林相泰、贾福水译，北京：中国民间文艺出版社，1989 年，第 31 页。

④ 关永中：《神话与时间》，台北：台湾书店，1997 年，第 8 页。

⑤ 关永中：《神话与时间》，台北：台湾书店，1997 年，第 9 页。

依广义的神话学定义,蓬莱神话属于"仙话",是神话的一个分支,以长生不死为寄托,追寻生命永恒存依的彼岸世界。但除了以故事的体裁表现超越界的临现外,神话也是对自然世界与人文现象进行解释的系统。德国哲学家卡西勒(Ernst Cassirer,1874—1945),从主体"认知结构"的"悟性"探讨神话思维,认为神话是对万物本身作一种特殊的理解,是人为悟性范畴的特殊运作,用神话眼光看世界就等于对世界作一个"本身解释"。[①]何新也认为神话是一种解释系统,其原始母题不出四种解释类型:解释宇宙起源、解释自然现象起源、解释人类始祖起源、解释人类文明起源。[②]虽然在蓬莱神山神话中有"诸仙人"以及"一日一夕飞相往来"的"仙圣之种",但是从狭义而言,"仙"是人借由修行或服食、外力如法术等方式成为具有特殊力量的人物,而"神"则是一种超人、超自然力,存于异于凡俗的场域中的既有存在,二者一属"人格",一属"神格",性质不同。但蓬莱三神山,既以"神山"为名,在其叙事中又具超越界的性质,蕴含着对存实宇宙的感知与解释。本书对于"神话"之定义,重视神话叙事中超越界的象征性意涵以及神话对宇宙现象、自然现象的解释功能。因此,本研究依李丰楙、胡万川等学者研究神话与仙话的观点,重视神话不断创造的文化活力,采取较宽泛的定义[③],而不用狭义"神话"与"仙

---

① 关永中:《神话与时间》,台北:台湾书店,1997年,第73页。叶秀山研究卡西勒之思想指出:"大概说来,在卡西尔的心目中,'人'是一种特殊的动物,他具有一种别的动物所绝对没有的功能——运用'符号'的功能,'符号'不是'事实性的',而是'思想性的'(ideality),因而不是'实体性的',而是'功能性的',由于有了这个特殊功能,'人'才不仅仅是被动地接受世界所给予的影响作出事实上的反应,而且能对世界作出主动的'解释';用包括艺术在内的不同符号形式对世界作出的各种解释,就形成了人类的'文化'(culture)体系。这是卡西尔哲学一个最基本的思想。"见叶秀山:《思·史·诗——现象学和存在哲学研究》,北京:人民出版社,1988年,第43页。Ernst Cassirer,学者之译名各有不同。本书则于正文采用"卡西勒",引用资料时,则依各译者之译名。

② 何新:《诸神的起源》,台北:木铎出版社,1987年,第282页。

③ 李丰楙之研究论道:"若是机械性采用'神话'与'仙话'的区分或神话与传说的区划,就常忽略了神话是一种不断地创造的文化活力。"参见李丰楙:《多面王母、王公与昆仑、东华圣境——以六朝上清经派为主的方位神话考察》,见李丰楙、刘苑如主编:《空间、地域与文化——中国文化空间的书写与阐释》,台北:"中央研究院"中国文哲研究所,2002年,第46页。胡万川研究"乐园"神话时云:"尤其'仙乡'正是乐园众形态之一,而神仙故事虽然和原始神话稍有差别,但以广义的神话观念来说,也还可算属于神话的领域。"见胡万川:《真实与想象——神话传说探微》,新竹:"清华大学"出版社,2004年,第50页。

话"的区分①,或"神话"与"传说"的区分②,以见神话素材在流传过程中的持续发展、演变与创造力。

东晋孙绰《游天台山赋》云:

> 涉海则有方丈、蓬莱,登陆则有四明、天台,皆玄圣之所游化,灵仙之所窟宅。③

除了反映在汉魏六朝的文学创作中,表达诗人特有的空间经验与情感外,若从神话发展史角度予以考察,蓬莱神话从先秦两汉乃至六朝,经历了长时间的演变、发展,亦被赋予了不同时期的文化意涵。但不论是在政治封禅的国家仪典中,还是仙道小说的神圣叙事里,"蓬莱"都被象征性地表现为仙境乐园空间,一个人世之外的"非常""超常性"的神圣空间而存在,结构十分稳定。而此一"神圣空间"是在俗世中建构起来的,又有别于俗世的异质空间。伊利亚德研究认为,神圣与世俗(the sacred and the profane)是世界上存有的两种模式:

> 神圣与凡俗的二种存在模式,关系到人类在宇宙中所成为的各种不同情境;因此,它们也关系到哲学家,以及所有寻求发现人类存在的各

---

① 关于"仙话"的定义及属性,历来论者甚多,至今学术界仍有分歧。袁珂将"仙话"列入广义的神话范畴之中。见袁珂:《中国古代神话》,台北:台湾商务印书馆,1993年。郑土有区别"神话"与"仙话"之不同:"仙话与神话也有质的区别,主要表现为:(1)产生的时代不同。一般认为神话产生于野蛮期的低级阶段(相当于新石器时代的中晚期),是'人类童年时期的产物'。当人类文明迈入次级社会的门槛时,神话所赖以生存的土壤和社会氛围便已消失,而仙话一般认为产生于次级社会的春秋战国时期。(2)表现的内容不同。神话主要反映原始人认识自然、征服自然的斗争,而仙话则深刻表现了阶级社会中人与自然、人与人、人与社会的诸种矛盾和斗争。(3)创作方法不同。神话的创作是无意识的,是原始初民对不可理解的自然的一种幻想化解释,是一种不自觉的艺术加工;而仙话显然是一种有意识的创作,表现出人类对自身和自然奥秘及社会伦理关系的一种带理性色彩的探索。(4)思维方式不同。神话中展现的是一种物我混同、人与自然万物处于同一水平线上的思维方式,因此常常赋予自然万物以人的情性、人的生活,人生从图腾物来,死则回归图腾物;仙话中表现的是物我分离、人可随心所欲控制自然的思维心态,仙话中人也可变为自然万物,但这不是必然的,而只是为了满足某种需要,神仙的仙术完全是他们手中的一种有效武器。因此仙话与神话的区别是显而易见的。"见郑土有:《仙话:神仙信仰的文学》,载《中外文学》1990年第19卷第7期,第113页。

② 谭达先分辨"神话"与"传说"道:"神话的主人公是神,或半人半神,他的状貌、才能、功业,具有夸张怪异因素,充满浪漫主义色彩;传说的主人公则是人,他的状貌、才能、功业,虽具有想象虚构因素,可以具有较多的浪漫主义色彩,但是更接近人间。"见谭达先:《中国神话研究》,台北:木铎出版社,1982年,第25页。袁珂则云:"神话渐渐演进,作为神话里的主人公的神渐接近于人性,叙述这渐近于人性的主人公神的事迹的,就是所谓传说。……总而言之,神话和传说的不同,是传说已随着文明的进步,渐排斥去神话中过于朴野的成分,而代以较合理的人情味的构想与安排。"见袁珂:《中国古代神话》,台北:台湾商务印书馆,1993年,第9—10页。

③ (清)严可均校辑:《全晋文》卷61,见《全上古三代秦汉三国六朝文》,北京:中华书局,1995年,第1806页。

种可能性幅度的人。①

蓬莱神山作为想象的仙乡乐园,具有神话空间的性质;蓬莱神话讲述此界向他界,俗世向神圣的越界与追寻,具有神圣叙事(sacred narrative)的特性,其中蕴含着对存实宇宙的认知与解释。本书论述重点主要集中在对其空间文化形式及其深层象征意涵的探讨,检索先秦两汉以来的相关文献,诠释蓬莱神话之深层象征意涵与宇宙思维。

二、符号与象征:神话地景与神话空间

(一)虚假的随意性

神话是民族的心灵,也是集体的梦境②,它承载着初民对自然现象的解释,以及对人类种族生命存在的哲思。部分中国以及西方神话学家却认为中国无完整的"神话",但若抛开中国神话的表层语言叙事层,进行其语义符号层的象征结构考察,可以发现古代中国具有丰富的神话传说,甚至于神话重要的主体——宇宙起源神话,也以不同于西方神话叙事的语言面貌存在于中国古代的历史书写、哲学论述、宗教仪式乃至文学想象与书写中。且神话在流传与记录时所产生的神话异文(variant)与歧义,随着时空语境转换而形成的增删与变造,本即是神话语言表层的共通特质。今日学者所见的传世神话文本,与原初的讲述内容,已经产生了不同程度上的变异,唯有走出语言的迷障,才能消解神话语言叙述的矛盾与断裂,一窥神话之内在意涵。故列维-斯特劳斯(Claude Lévi-Strauss,1908—2009)研究指出:

> 神话使研究者面临着这种情况,初看起来似乎矛盾重重。一方面,在一个神话的进程中,似乎无事不可发生。它没有逻辑,没有连续性。任何特点可归因于任何原因;每一种可想象的关系都可以找到。对于神话,一切都变得可能了。然而,另一方面,从不同区域里广泛收集来的神话之间存在着惊人的相似,这就显示出:神话表面上的随意性是虚假的。③

---

① [罗马尼亚]伊利亚德(Mircea Eliade):《圣与俗:宗教的本质》,杨素娥译,台北:桂冠图书股份有限公司,2000年,第66页。Mircea Eliade,学者之译名各有不同。杨素娥译为"伊利亚德",杨儒宾译为"耶律亚德"。本书则于正文采用"伊利亚德",引用专著时,则依各书译者之译名。

② 参见 Sigmund Freud, *The Interpretation of Dreams*. New York: Modern Library, 1950.

③ 叶舒宪编选:《结构主义神话学》,西安:陕西师范大学出版社,1988年,第15页。

列维-斯特劳斯所论及神话"没有逻辑""没有连续性"的特质,也是中国神话的鲜明特色之一。但另一方面,正如列维-斯特劳斯的研究论及的那样,若把中国神话置于更宽广、多元的神话语境中进行比较对话,亦可发现其中也有"惊人的相似"。列维-斯特劳斯破译出神话表面叙事中的"虚假"的"随意性",即是立于比较神话学跨文化的研究上,从混乱无序的语言叙事表层中,抽丝剥茧,抽绎出神话叙事底层的结构模式。① 通过对神话的结构分析,他试图证明在看来"任意"的表象之下,存在着人类心灵的固定法则。陈启云研究道:

> 一个神话、一种神话或一组神话,最重要的是它所包含的主题意义（mythical themes and meanings）和其所代表的原始心态（primeval mythopeic mentality）。但因为这些意义和心态,隐藏在神话深层,有待研究者细心发掘、分析与诠释,不像神话里的神的名字和神的故事的表象明显容易受人注意。②

因此,当代东西方的文化人类学家及神话学家多采用跨文化的比较和分析研究,以期能超越神话语言表层的断裂失序,通过对神话母题（motif）③的比较、分析,进而寻绎出原始初民的心灵模式与神话思维的逻辑语法,这已是当代神话学家、民俗学家十分重要的研究方法。例如,美国民俗学家阿兰·邓迪斯（Alan Dundes,1934—2005）的民间故事形态学研究成果丰硕。美国学者布鲁斯·罗森伯格（Bruce A. Rosenberg）即指出,阿兰·邓迪斯最重要的贡献之一即是他有能力把民间故事与其他文化中的其他体裁进行比较。④ 而高木敏雄（Takagi Toshio,

---

① 黄道琳论道:"李维斯陀的结构分析并不限于单一神话体系的研究。就基本精神而言,他是个坚决的泛文化比较研究者,这种取向在他的神话分析里尤其重要。跟他早先所探讨的亲属制度不同的是,神话更能超越时空及族群的界线,而作极广被的比较分析。"参见黄道琳:《神话学导读》,见[法]李维斯陀（Claude Lévi-Strauss）:《神话学:餐桌礼仪的起源》,周昌忠译,台北:时报文化出版事业有限公司,1998年,第vi页。

② 陈启云:《中国古代神话对"元始"、"终极"的理念和心态》,载《中国文哲研究集刊》1999年第15期,第308页。

③ 母题是民间故事、神话、叙事诗等叙事体裁的民间文学作品内容叙述的最小单位。参见刘魁立:《世界各国民间故事情节类型索引述评》,见《刘魁立民俗学论集》,上海:上海文艺出版社,1998年,第376页。关于"motif"或"motive",有译为"母题""情节要素""情节单元"者。斯蒂·汤普森（Stith Thompson,1885—1976）把母题定义为:"一个母题是一个故事中的最小元素,它具有在传统中延续的能力,为了这种能力,它必须具有某些不寻常和动人的力量。"[美]Stith Thompson, *The Folktale*. NewYork:Holt, Rinehart and Winston, 1967. p. 415. 中译本见[美]斯蒂·汤普森:《世界民间故事分类学》,郑海等译,上海:上海文艺出版社,1991年。

④ Bruce A. Rosenberg, *Folklore and Literature:Rival Siblings*. Knoxville:University of Tennessee Press, 1991. p. 94&p. 102. 亦可参见[美]阿兰·邓迪斯（Alan Dundes）:《民俗解析》,户晓辉编译,桂林:广西师范大学出版社,2005年,第2页。

1876—1922）为日本神话学的奠基者，他的《比较神话学》之作亦是在跨文化的视野下，日本最早的体系性神话学论著。①这些学术成果，已见神话母题分析以及跨文化比较研究在现代神话学研究上的重要性。李丰楙研究《山海经》时指出：

>但在整理、分析时，常会发现一个神话有改变的情形，或增添或减少，但只要"母题"（motif）相类似，都可循线寻找出神话与神话之间的关系。②

因此，本研究采用比较神话学的视野以及母题分析方法，从神话表层叙事的"随意性"中探索其深层意涵，以见被仙道化、文学化的蓬莱神话中所蕴含的心灵法则以及宇宙思维。

（二）神话地景的空间象征

神话的空间，是相对于科学的、地理的、物质性的具体空间形式而存在的，具有宗教的、哲学的、想象的、情感的、象征的抽象意涵，隐喻着人的宇宙观察与存在定位，此近似于昂希·列斐伏尔（Henri Lefebvre，1901—1991）的"再现空间"（representational of spaces）论述。③此一空间较少为科学家、人类学家所探讨，却是在宗教、艺术、文学中勾勒图写人类生命存在空间的重要主题。对于蓬莱神话之研究，历来学界的研究视角大约有三种：其一，重在探讨其"仙乡"或"乐园"之形态性质；其二，重在阐发其中所蕴含的神仙思想；其三，探讨蓬莱神话在古典文学中的空间意涵。另外，对于蓬莱神话的研究除了在哲学、宗教与文学方面的意义诠释外，近年来，也有学者努力从地理环境、物理现象的科学观点探讨蓬莱神话与地理空间、物理现象的关系。其研究结果，或将蓬莱神话坐实在中国东方的海上岛国如朝鲜、日本④，或判断为"海市蜃楼"的地

---

① ［日］高木敏雄：《比较神话学》，东京：武藏野书院，1924年。
② 李丰楙：《神话的故乡——山海经》，台北：时报文化出版事业有限公司，1983年，第15页。
③ 昂希·列斐伏尔（Henri Lefebvre）提出空间生产的三个向度为"空间实践"（espace perçu）（spatial practice）、"空间再现"（espace conçu）（representations of space），以及"再现空间"（espace vécu）（representational spaces）。参见 Henri Lefevre, *The Production of Space*. Oxford: Basil Blackwell, 1991. pp. 38-39.
④ 如李岩：《三神山及徐福东渡传说新探》，载《中央民族大学学报》（哲学社会科学版）2000年第3期，第77—84页。

理学现象解释①,指出蓬莱神话乃导源于燕齐滨海一带的海市蜃楼幻景,如清人钱泳《履园丛话》卷3"海市蜃楼"条云:

> 王仲瞿常言:"始皇使徐福入海求神仙,终无有验……后游山东莱州,见海市,始恍然曰:秦皇、汉武俱为所惑者,乃此耳。"其言甚确。②

虽然现实地理条件会影响神话的创造与解释,但正如闻一多所言,海市蜃楼是神仙说得以流传的因素之一,但并非必然关系。③甚至也有学者推测蓬莱三神山为三火山之说者④,但这些对蓬莱神山的物理科学解释,以及对蓬莱神话的现实地理还原⑤,并非本书探讨之重点,因为正如黑格尔(G. W. F. Hegel,1770—1831)所说:

> 神话是想象的产物,但不是任性的产物,虽说在这里任性也有其一定的地位。但神话的主要内容是想象化的理性作品,这种理性以本质作为对象,但除了凭借感性的表象方式外,尚没有别的机能去把握它,因此神灵便被想象成人的形状。神话可以为了艺术、诗歌等而被研究,但思维的精神必须寻求那潜伏在神话里面的实质内容、思想、哲学原则。⑥

因此,对蓬莱神话的诠释、分析与掌握,对于其蕴含的深层文化心理意涵及象征的破译,自有重要的意义。

蓬莱神山神话自战国以来即广泛流传,在宗教、文学中被反复作为仙境乐园的象征符号,至明清而不绝,实是人类集体潜意识心理的投射。正如同人文地理学者保罗·柯拉法乐(Paul Claval,1931—)所言:

> 人们所居的"世界"并非那可被客观描述的薄面表层,而是由很多层次构成的,那些深层次才扮演着人们生存中的重要角色。⑦

---

① 如(明)杨慎:《山海经补注》,见《百部丛书集成》第562册,台北:艺文印书馆,1968年。(清)郝懿行注:《山海经笺疏》,台北:艺文印书馆,1967年。梅新林:"至于神仙思想与海上幻景——海市蜃楼的渊源关系则更为明显,古代以辽东半岛海市蜃楼幻景出现频次最高,故其地神仙思想亦最为发达。由此可见,作为神仙思想赖以产生的最初渊源之一,山海幻景的刺激确曾起到了十分重要的作用。"见梅新林:《仙话——神人之间的魔幻世界》,上海:生活·读书·新知三联书店,1992年,第19页。
② (清)钱泳:《履园丛话》,北京:中华书局,1979年,第71页。
③ 闻一多:《神仙考》,见闻一多:《神话与诗》,上海:华东师范大学出版社,1997年,第166页。
④ 如陈建中:《神山即火山》,载《自然杂志》1998年第6期,第355—359页。
⑤ 对于蓬莱神话地理的还原,实证考察之作当属鞠德源:《中国先民海外大探险之谜》,北京:北京图书馆出版社,2003年。
⑥ [德]黑格尔:《哲学史讲演录》第1卷,贺麟等译,北京:商务印书馆,1959年,第81页。
⑦ [法]保罗·柯拉法乐(Paul Claval):《地理学思想史》,郑胜华、刘德美、刘清华、阮绮霞译,台北:五南图书出版股份有限公司,2005年,第322页。

蓬莱神山作为神话地景，具备着"山岳""海洋""岛屿""洲""丘"等地貌形式，以及"宫殿""台观"的建筑形式，"珠玕之树"等特殊又神圣的植物和"禽兽尽白"的珍禽异兽，神话的特殊地景以及特殊物的集结，呈现着符号的意义。神话地景不仅仅是表面的叙述，更是人们表达意识、创造想象和文化认同的重要手段，而当神话的地景符号完成其象征的指涉时，又反过来形塑文化，并赋予人们生活上的意义。

因此，"蓬莱"如同"昆仑"一般，不宜作具体的地理位置、地理名词的考证，因为正如伊利亚德研究所言："它同样是一个内在经验，回到出生前的原初胚胎状态。"①美国神话学家坎伯（Joseph Campbell，1904—1987）也认为神话追求的是一种"存在的经验"，"神话帮助我们发现内在的自我"。②坎伯认为神话是隐喻和象征的表达，因此不能以历史或实证的角度来理解神话。③昆仑与蓬莱神话讲述的正是人存在的生命经验，以及人在宇宙中生存与秩序的抽象建构。本书即从蓬莱神话进行考察，剖析其作为神圣空间的文化形式，从而探讨此一与现实存在空间相对的仙境空间结构，在文化符号系统中的象征意涵及其宇宙思维。

三、原型与回归：海上蓬莱与宇宙圣山

近代学者对于蓬莱神话的研究，大都采用顾颉刚的"东西两大仙乡神话说"，认为中国古代文化中的两大仙乡神话系统为东方蓬莱神话与西方昆仑神话。顾颉刚指出：

> 昆仑神话发源于西部高原地区，它那神奇瑰丽的故事流传到东方以后，又跟苍莽窈冥的大海这一自然条件结合起来，在燕、吴、齐、越沿海地区形成了蓬莱神话系统。④

日本神话学者御手洗胜依民族学考察亦持相近的观点，认为中国仙山有两大

---

① Mircea Eliade ed., *A History of Religious Ideas*. vol. 2. Translated by Willard R. Trask. Chicago: University of Chicago Press, 1978-1985. p. 141.
② [美]乔瑟夫·坎伯（Joseph Compbell）：《神话》，朱侃如译，台北：立绪文化事业有限公司，1995年，第7页。
③ 李子宁：《乔瑟夫·坎伯的神话研究》，见[美]乔瑟夫·坎伯（Joseph Compbell）：《神话的智慧：时空变迁中的神话》，李子宁译，台北：立绪文化事业有限公司，1996年，第19页。
④ 顾颉刚：《〈庄子〉和〈楚辞〉中昆仑和蓬莱两个神话系统的融合》，载《中华文史论丛》1979年第2辑，第31—57页。

系统：一为由神、巫、昆仑及黄河之源所组成的西方系山岳仙山说；一为由仙人、方士、蓬莱及归墟所组成的东方海系神山说。旅日学者王孝廉的《仙乡传说——仙山与归墟的信仰》一文亦大致持同样的看法。① 此两神山系统：昆仑、蓬莱，一在西、一在东、一在地中、一在海上，皆为古代神话舆图上的"神圣空间"（sacred space）②。此二神圣空间，在汉代逐渐成形——"览观县圃，浮游蓬莱"两大仙境。《汉书·郊祀志》载谷永谏汉成帝之言：

> 世有仙人，服食不终之药，遥兴轻举，登遐倒景，览观县圃，浮游蓬莱，耕耘五德，朝种暮获，与山石无极。③

县圃昆仑与海上蓬莱，两者皆是汉代丰饶富足、长生不死的乐园象征符号。

在《山海经》中即有颇多原始乐园的书写，且大都集中在西部的昆仑神话区中。其中最具神圣性的即是"昆仑之虚"，"昆仑"作为"帝之下都"，具有"圣山"的特性：

> 海内昆仑之虚，在西北，帝之下都。昆仑之虚，方八百里，高万仞。上有木禾，长五寻，大五围。面有九井，以玉为槛，面有九门，门有开明兽守之，百神之所在。……开明北有视肉、珠树、文玉树、玗琪树、不死树。④

从《山海经·海内西经》的记载中可见，昆仑是一座丰饶不死的原始乐园。而在《史记·封禅书》中有关"三神山"的记载如下：

> 自威、宣、燕昭使人入海求蓬莱、方丈、瀛洲。此三神山者，其传在渤海中，去人不远，患且至，则船风引而去。盖尝有至者，诸仙人及不死之药皆在焉。其物禽兽尽白，而黄金银为宫阙。未至，望之如云；及到，三神山反居水下。临之，风辄引去，终莫能至云。世主莫不甘心焉。⑤

在此一神话叙事中，有仙人、不死之药、奇禽异兽、黄金宫殿，已具有鲜明的乐园意象，并增添了战国以来方仙道所鼓吹的神仙思想。在仙境乐园神话中，

---

① 王孝廉：《中国的神话世界》，北京：作家出版社，1991年，第68—89页。
② 宗教学家伊利亚德（Mircea Eliade, 1907—1986）研究认为神圣空间（sacred space）是实存的神明（hierophany）显圣的地方；不同于凡俗（profane）的同质性（homogeneous）的空间经验，是一种异质化（heterogeneous）的空间。参见［罗马尼亚］伊利亚德：《圣与俗：宗教的本质》，杨素娥译，台北：桂冠图书股份有限公司，2000年，第71—114页。
③（汉）班固：《汉书》卷25下《郊祀志》，台北：鼎文书局，1981年，第1260页。
④ 袁珂注：《山海经校注》第11《海内西经》，台北：里仁书局，1982年，第294—299页。
⑤［日］泷川龟太郎考证：《史记会注考证》卷28《封禅书》，台北：洪氏出版社，1981年，第502页。

异质的身体（不死仙人）、异质的饮食（不死之药）常是神圣世界与凡俗世界间的识别象征，是以在《史记·封禅书》中的三神山——蓬莱、方丈、瀛洲在先秦两汉之际已具有如昆仑一般原始乐园的神圣空间性质。蓬莱三神山发展到魏晋时期，作为神山仙岛的空间性质，渐趋稳定，蓬莱成为三神山之首，有"蓬莱三神山""蓬莱三山"之称。东晋郭璞注《山海经·海内北经》之"海中蓬莱"云：

  上有仙人宫室，皆以金玉为之，鸟兽尽白，望之如云，在渤海中也。①

  郭璞吸收了先秦两汉以来的蓬莱神山的神话传说，在注解时强调海中"蓬莱"有宫殿、珍宝、珍禽异兽、神人、仙人的圣山特质。魏晋时期，蓬莱神山作为圣山、圣地与仙境的象征符号已十分稳定。此一海上圣山仙境与地上圣山昆仑，同为汉代仙境的表征，尤其蓬莱神话在秦皇、汉武的帝王求仙活动中，更带动了神话的发展与传播。蓬莱神山神话与昆仑神话作为一个相对于人境的异质空间，以"山岳"的地理空间蕴含着"宇宙山"的象征，又同为丰饶不死的"乐园"。从伊利亚德宗教现象学来考察，蓬莱神山仙岛可视为异于凡俗世界的异次元存在，是一个与俗世相对的神圣时空。若从李丰楙所建构的"常"与"非常"的文化心理结构考察，即是异于常人与常世的"非常世界"②。此一非常世界以神山、仙岛的地景建构在原始的大海中，寓托着人类集体潜意识中逃脱历史线性空间、超越此界有限空间的永恒欲望。

  于是，不论是昆仑或蓬莱，还是乐园或仙乡，这种在此界俗世中建构神圣他界的永恒回归神话，被伊利亚德称为"原型"，此一"原型"不同于荣格（Carl Gustav Jung，1875—1961）心理学上的集体潜意识（collective unconscious），它更接近于一种"典范"（paradigms）的意义，如同哲学上最高的"存有"。③蓬莱神山作为海洋中的神圣山岳，是海洋（原水）中的圣域，寓托着先民对宇宙的认知模式④，也使对环境及信仰的知识的描述具有丰富的宇宙论意涵。宇宙论依人类学家基辛（R. Keesing）定义为：宇宙观是一个民族对于世界的看法和假设——什

---

① 袁珂注：《山海经校注》第12《海内北经》，台北：里仁书局，1982年，第325页。
② 李丰楙：《误入与谪降：六朝隋唐道教文学论集》，台北：台湾学生书局，1996年，第13页。
③ 杨儒宾：《译序》，见［罗马尼亚］耶律亚德：《宇宙与历史：永恒回归的神话》，杨儒宾译，台北：联经出版事业公司，2000年，第4页。
④ "认知（cognized）模式"是"一个民族对于其环境以及有关它的信仰的知识的描述"。（Rappaport, 1979, p. 97）译文参见［英］菲奥纳·鲍伊（Fiona Bowie）：《宗教人类学导论》，金泽、何其敏译，北京：中国人民大学出版社，2004年，第140页。

么实体及力量控制它，宇宙如何组成，人在世界中有怎样的角色及地位。[①]因此，宇宙观中蕴含着人对宇宙的认知、人在宇宙中的地位、人面对宇宙的态度，以及人在现世生活中的行动准则。正如卡西勒所言：

> 因此，神话似乎不仅是幻想的产物，而且还是人类最初求知欲的产物。神话并不满足于描述事物的本来面目，而且还力图追溯到事物的根源。它想知道事物何以如此。它包含着宇宙论和一般人类学。[②]

蓬莱神话不仅是求知欲的产物，神话中对不死仙境的向往、追寻又具有强烈的现世精神；而"山岳""海洋""岛屿"的神话地理空间与"壶"的寓象世界，又与宇宙之起源、宇宙之图式以及宇宙秩序建构、现世存在的思考有密切之关系。神话以隐喻的语言对宇宙之谜作解释。本研究即探讨封禅仪式与蓬莱神话之关系，再进一步由海洋、神山、洲岛与"壶"的神圣叙事中，探究其所潜藏的神话思维及其宇宙观。

---

① Keesing, Roger M, *Cultural Anthropology*. New York：Holt, Rinehart and Winston, 1981. p. 509. 译文参见吕理政：《天、人、社会——试论中国传统的宇宙认知模型》，台北："中央研究院"民族学研究所，1990年，第1页。

② [德]恩斯特·卡西勒：《语言与神话》，于晓等译，台北：桂冠图书股份有限公司，1990年，第139页。

第二章　神圣仪式与宇宙秩序：封禅泰山与望祀蓬莱

一、企求神通：封禅祀典与天地祭仪

（一）天地祭仪与方圆祭坛

蓬莱三神山神话经历了秦汉之间的增衍、发展，与秦汉帝王的封禅祀典有密切的关系。燕齐方士对蓬莱神话的渲染传播和流布，间接带动了帝王封禅祀典的举行；而帝王的频繁封禅、巡临海上，更加速了蓬莱神话的传播以及神仙思想的盛行。

"封禅"，据《史记·封禅书》张守节《正义》云：

> 此泰山上，筑土为坛以祭天，报天之功，故曰封；泰山下小山上除地，报地之功，故曰禅。言禅者，神之也。《白虎通》云：或曰封者，金泥银绳，或曰石泥金绳。封之印玺也。《五经通义》云：易姓而王致太平，必封泰山，禅梁父，何？天命以为王，使理群生，告太平于天，报群神之功。①

《汉书·郊祀志》颜师古注云：

> 封禅者，封土于山而禅祭于地也。②

《汉书·武帝纪》引服虔注曰：

> 封者，增天之高，归功于天。③

张晏注云：

> 天高不可及，于泰山上立封，又禅而祭之，冀近神灵也。④

---

① ［日］泷川龟太郎考证：《史记会注考证》卷28《封禅书》，台北：洪氏出版社，1981年，第496页。
② （汉）班固：《汉书》卷25上《郊祀志》，台北：鼎文书局，1981年，第1197页。
③ （汉）班固：《汉书》卷6《武帝纪》，台北：鼎文书局，1981年，第192页。
④ （汉）班固：《汉书》卷6《武帝纪》，台北：鼎文书局，1981年，第192页。

项威注：

> 封泰山，告太平，升中和之气于天。祭土为封，谓负土于泰山为坛而祭也。①

服虔之注指出"封"在"增天之高，归功于天"，张晏之注指出封禅在"冀近神灵"，论者大都以封禅与祭祀天地的仪式有关，项威之注则以"负土于泰山为坛而祭也"，指出其负土、为坛的具体仪式活动。《说文·示部》：

> 禅，祭天也。从示，单声。②

禅，其本字应为"墠"，本指经过整治、除草后的野外空地，后专指祭祀场地，为原始的祭坛。③上古时期之宗庙郊社多筑坛以祭天地，《说文·土部》云：

> 坛，祭坛场也。④

此一祭场之形式为用土石堆砌而成的高台，圆形象天为"圆丘"，方形象地为"方丘"，这种祭祀天地的祭场空间形式历史悠久。据现今考古资料考证，当可推溯至公元前三千年。20世纪80年代初期，在辽宁省建平县牛河梁发现一处属于红山文化晚期的"积石冢"群迹（附图一），遗迹的主体部分是一座编号为Z3的三环石坛和一座编号为Z2的三重方坛，年代依经树轮校正的碳-14测定，大约为公元前三千年。⑤考古天文学者冯时研究认为："这样，我们便有可能得出古人以三环石坛以象天，方形石坛以象地，表示天圆地方的结论。可以肯定的是，两处方圆遗迹绝非只为提醒人们记住天地的形状，它应是古人对天地的祭祀之所。"⑥（附图二、附图三）圆丘与方丘为祭祀天地之所。《周礼·春官·大司乐》云：

> 凡乐，圜钟为宫，黄钟为角，大蔟为徵，姑洗为羽，雷鼓雷鼗，孤竹之管，云和之琴瑟，云门之舞，冬日至，于地上之圜丘奏之，若乐六变，则天神皆降，可得而礼矣。凡乐，函钟为宫，大蔟为角，姑洗为徵，南吕为羽，灵鼓灵鼗，孙竹之管，空桑之琴瑟，咸池之舞，夏日

---

① （南朝·宋）范晔：《后汉书·志》第7《祭祀上》，（唐）李贤等注，台北：鼎文书局，1981年，第3162页。
② （清）段玉裁注：《说文解字注》，台北：黎明文化事业股份有限公司，1993年，第7页。
③ 雷汉卿：《〈说文〉"示部"字与神灵祭祀考》，成都：巴蜀书社，2000年，第180页。
④ （清）段玉裁注：《说文解字注》，台北：黎明文化事业股份有限公司，1993年，第699页。
⑤ 辽宁省文物考古研究所：《辽宁牛河梁红山文化"女神庙"与积石冢群发掘简报》，载《文物》1986年第8期，第1—27页；冯时：《红山文化三环石坛的天文学研究——兼论中国最早的圜丘与方丘》，载《北方文物》1993年第1期，第9—17页。
⑥ 冯时：《中国天文考古学》，北京：社会科学文献出版社，2001年，第352页。

至，于泽中之方丘奏之，若乐八变，则地示皆出，可得而礼矣。①

郑玄注云："天神则主北辰，地祇则主昆仑……先奏是乐以致其神，礼之以玉而祼焉，乃后合乐而祭之。"②《吕氏春秋·圜道》："天道圜，地道方。"③天圆地方为上古盖天说学派重要的宇宙论。祭坛方圆之形，正是象天地之形，故以行天地之祭。而先秦两汉的封禅之礼，也是属于祭祀天地的祀典。《史记·封禅书》张守节《正义》云："此泰山上，筑土为坛以祭天，报天之功，故曰封；泰山下小山上除地，报地之功，故曰禅。"④依《礼记·祭法》云，古代"王立七庙，一坛一墠"⑤。一坛、一墠也就是祭天坛，一为封土而祭的高台，一为除地而祭的平地之墠场。两种祭法之空间形式不同，但《礼记·礼器》云："至敬不坛，埽地而祭。"⑥是知除地而墠为至敬之礼。就其祭祀的目的而言，《礼记·郊特牲》云："祭有祈焉，有报焉，有由辟焉。"⑦此为依祭祀目的不同之分类，报谢祭是祈祷得福而报谢神灵，通常有报、赛、祠、蜡等名称。⑧报即报答，《国语·鲁语上》："禘、郊、祖、宗、报，此五者，国之典祀也。"⑨韦昭注："报，报德，谓祭也。"⑩秦始皇封禅旨在报天地之功，又礼祠天地名山大川及八神⑪，其礼为报谢天地山川之祭。秦汉封禅之礼，即是于泰山顶上封土以祭天，为"封"，又在梁父埽地为墠以祭地，墠又称"禅"，合称"封禅"。司马迁在《史记·封禅书》中引管仲之言：

> 古者封泰山、禅梁父者七十二家，而夷吾所记者十有二焉。昔无怀氏封泰山，禅云云；虙羲封泰山，禅云云；神农封泰山，禅云云；炎帝封泰山，禅云云；黄帝封泰山，禅云云；颛顼封泰山，禅云云；帝俈封

---

① （汉）郑玄注，（唐）贾公彦疏：《周礼注疏》卷22，台北：艺文印书馆，1982年，第342页。
② （汉）郑玄注，（唐）贾公彦疏：《周礼注疏》卷22，台北：艺文印书馆，1982年，第342页。
③ 陈奇猷校释：《吕氏春秋校释（上）》卷3《圜道》，台北：华正书局，1985年，第171页。
④ ［日］泷川龟太郎考证：《史记会注考证》卷28《封禅书》，台北：洪氏出版社，1981年，第496页。
⑤ （清）孙希旦：《礼记集解》卷45《祭法》，台北：文史哲出版社，1982年，第1098页。
⑥ （清）孙希旦：《礼记集解》卷23《礼器》，台北：文史哲出版社，1982年，第582页。
⑦ （清）孙希旦：《礼记集解》卷26《郊特牲》，台北：文史哲出版社，1982年，第659页。
⑧ 詹鄞鑫：《神灵与祭祀——中国传统宗教综论》，南京：江苏古籍出版社，2000年，第175—176页。
⑨ （三国·吴）韦昭：《国语韦氏解》，（清）黄丕烈札记，台北：世界书局，1975年，第119页。
⑩ （三国·吴）韦昭：《国语韦氏解》，（清）黄丕烈札记，台北：世界书局，1975年，第119页。
⑪ 詹鄞鑫："'祠'，即'食'（饲），宗庙四时祭春祭叫'祠'，是用新获的农产品敬报祖先，所以引申指报谢神灵。但汉代以后'祠'泛指祭祀，不再专指报谢祭了。"见詹鄞鑫：《神灵与祭祀——中国传统宗教综论》，南京：江苏古籍出版社，2000年，第176页。

泰山，禅云云；尧封泰山，禅云云；舜封泰山，禅云云；禹封泰山，禅会稽；汤封泰山，禅云云；周成王封泰山，禅社首。皆受命然后得封禅。①

从无怀氏封泰山到虙羲、神农、炎帝、黄帝、颛顼、帝俈、尧、舜、禹、汤、周成王等史上圣王，皆受命然后得封禅。南宋马端临《文献通考》记封禅礼从秦始皇开始，认为"七十二家"之说是"诗书所不载，非事实"②。虽然有学者或认为封禅之制度起源与泰山崇拜有关③，但亦有学者认为封禅与部落联盟时代的天子巡守制度间有密切之关联④。学者论点各有不同，但考之于文献记载，封禅实应同时具有祭祀天地的宗教意义和巡守天下的政治意义两种目的。

（二）上封泰山与求仙蓬莱

封禅祀典本源于远古时期的天地祭祀仪典，但随着社会的发展，原始祭祀中的政治因素日趋浓厚，封禅成为最高统治者应天改制的祀典。⑤在方士的渲染下，封禅又成为巡游求仙的仪典。《史记·秦始皇本纪》记载秦始皇即帝位三年：

> 二十八年，始皇东行郡县上邹峄山。立石与鲁诸儒生议，刻石颂秦德，议封禅望祭山川之事。乃遂上泰山，立石封祠祀。下，风雨暴至，休于树下，因封其树为五大夫。禅梁父。⑥

《史记·封禅书》云：

> 始皇遂东游海上，行礼祠名山大川及八神，求仙人羡门之属。⑦

从文献记载中可知，秦始皇是在泰山上祭天以"封"，而在梁父祭地以"禅"，"封""禅"之礼是在不同地方举行的。故《史记·封禅书》云：

> 天子既已封泰山，无风雨灾，而方士更言蓬莱诸神，若将可得。⑧

---

① ［日］泷川龟太郎考证：《史记会注考证》卷28《封禅书》，台北：洪氏出版社，1981年，第499页。

② （宋）马端临：《文献通考》卷84，台北：新兴书局，1963年，第761页。

③ 徐北文：《泰山崇拜与封禅大典》，载《文史知识》1987年第10期。

④ 詹鄞鑫："秦皇汉武东巡而登泰山祭天地，便是著名的封禅大典。毫无疑问，封禅礼乃是帝王巡守四方诸侯而进行的典礼。可见，封禅礼的起源，既不是无怀氏以来七十二家的所谓'封禅'，也与泰山崇拜没有必然的联系。从本质上说，封禅起源于部落联盟时代的盟主（王）巡视邦国的制度。"见詹鄞鑫：《神灵与祭祀——中国传统宗教综述》，南京：江苏古籍出版社，2000年，第427页。

⑤ 参见何平立：《崇山理念与中国文化》，济南：齐鲁书社，2001年，第50—76页。

⑥ ［日］泷川龟太郎考证：《史记会注考证》卷6《秦始皇本纪》，台北：洪氏出版社，1981年，第119页。

⑦ ［日］泷川龟太郎考证：《史记会注考证》卷28《封禅书》，台北：洪氏出版社，1981年，第501页。

⑧ ［日］泷川龟太郎考证：《史记会注考证》卷28《封禅书》，台北：洪氏出版社，1981年，第515页。

《汉书·郊祀志》亦云：

> 天子既已封泰山，无风雨，而方士更言蓬莱诸神，若将可得。①

上文中皆仅言及"封泰山"，"封"之祭应行之于泰山，"禅"之礼应行之于梁父。张振安研究指出："何谓封禅？'封'是帝王在接近天庭的泰山之颠，聚土筑圆坛祭天帝，增泰山之高以表功归于天；'禅'是帝王到泰山附近的梁父山（或社首、肃兰等）积土筑方坛祭地，增大地之厚以报福广恩厚之情。圆台方坛表示天圆地方。"②但秦始皇之封泰山与东游海上，不单纯只是告祭天地以颂秦功，更增添了求仙延寿的目的。在《史记·封禅书》与《汉书·郊祀志》中皆记载，"礼祠名山大川及八神"与"求仙人羡门之属"的关系，以及"天子既已封泰山"与"蓬莱诸神，若将可得"的联结。可见封禅祭仪除了是政治上的统治要取得宗教仪式上的承认外，发展到秦汉时期，封禅也成为告祭天地神人，以求"神通"、长生不死、持久统治的仪式。

二、探求不死：封禅祀典与海上求仙

（一）药与仙：求蓬莱不死仙药

《史记·封禅书》开篇即云："自古受命帝王，曷尝不封禅？盖有无其应而用事者矣，未有睹符瑞见而不臻乎泰山者也。"③《白虎通·封禅》亦云："王者易姓而起，必升封泰山，何教告之义也。始受命之时，改制应天，天下太平，功成封禅，以告太平也。"④封禅意味着承天命为帝王，又意指天下太平，故秦始皇之封禅既是"报秦功"，亦具有炫耀功德威加海内的政治目的。但这种泰山封禅以报功的报德之祭，在方士的渲染下成为从祭祀天地到"求仙人""求不死"的仪式目的转换。而封禅大典后的求仙之所，即为海中的蓬莱三神山。秦皇、汉武的封禅之礼，已从封禅祭天的国家祀典变成封禅以求仙，追求个人延寿不死

---

① （汉）班固：《汉书》卷25上《郊祀志》，台北：鼎文书局，1981年，第1236页。
② 张振安：《说"泰山封禅"》，载《德州学院学报》2006年第3期，第29—30页。
③ ［日］泷川龟太郎考证：《史记会注考证》卷28《封禅书》，台北：洪氏出版社，1981年，第496页。
④ （清）陈立疏证：《白虎通疏证》，台北：中国子学名著集成编印基金会，1978年，第329页。

的生命仪式。《史记·封禅书》中尚有许多相关事例，如：

> 封禅七十二王，唯黄帝得上泰山封。……上封则能仙登天矣。①

> 自得宝鼎，上与公卿诸生议封禅。……齐人丁公年九十余，曰："封禅者，合不死之名也。……"……天子既闻公孙卿及方士之言，黄帝以上，封禅皆致怪物与神通，欲放黄帝以上，接神仙人蓬莱士。②

> 天子既已封泰山，无风雨灾，而方士更言蓬莱诸神，若将可得。于是上欣然庶几遇之。乃复东至海上望，冀遇蓬莱焉。③

从《史记·封禅书》的记载中明确可知，方士将"封泰山"和"上泰山封"的祭典仪式与"能仙登天""冀遇蓬莱"的求仙活动做了有机的因果联结。《史记·秦始皇本纪》中有关于蓬莱三神山神话与秦始皇入海求仙的记载：

> 齐人徐市等上书，言海中有三神山，名曰蓬莱、方丈、瀛洲，仙人居之，请得斋戒，与童男女求之，于是遣徐市发童男女数千人，入海求仙人。④

此为徐市船队第一次入海去蓬莱三神山，但无功而返。《史记·秦始皇本纪》记载：

> 方士徐市等，入海求神药，数岁不得，费多，恐谴，乃诈曰：蓬莱药可得，然常为大鲛鱼所苦，故不得至，愿请善射与俱，见则以连弩射之。⑤

秦始皇入海所求之蓬莱"神药"是"延年益寿药""不死之药"。《史记·淮南衡山列传》云：

> 又使徐福入海求神异物，还为伪辞曰："臣见海中大神，言曰：'汝西皇之使邪？'臣答曰：'然。''汝何求？'曰：'愿请延年益寿药。'神曰：'汝秦王之礼薄，得观而不得取。'即从臣东南至蓬莱山，见芝成宫阙，有使者，铜色而龙形，光上照天。于是臣再拜，问曰：'宜何资以

---

① ［日］泷川龟太郎考证：《史记会注考证》卷28《封禅书》，台北：洪氏出版社，1981年，第512页。
② ［日］泷川龟太郎考证：《史记会注考证》卷28《封禅书》，台北：洪氏出版社，1981年，第513—514页。
③ ［日］泷川龟太郎考证：《史记会注考证》卷28《封禅书》，台北：洪氏出版社，1981年，第515页。
④ ［日］泷川龟太郎考证：《史记会注考证》卷6《秦始皇本纪》，台北：洪氏出版社，1981年，第121页。
⑤ ［日］泷川龟太郎考证：《史记会注考证》卷6《秦始皇本纪》，台北：洪氏出版社，1981年，第127页。

献？'海神曰：'以令名男子，若振女，与百工之事，即得之矣。'"秦皇帝大说，遣振男女三千人，资之五谷种种百工而行。徐福得平原广泽，止王不来。①

在《史记·淮南衡山列传》求仙叙事中的"蓬莱山"，同样被渲染成"求神异物""请延年益寿药"之地。在《史记·封禅书》中记载三神山中"诸仙人及不死之药皆在焉。其物禽兽尽白，而黄金银为宫阙"②。而《史记·淮南衡山列传》中的蓬莱山："芝成宫阙，有使者，铜色而龙形，光上照天。"③其亦具备仙境特质。二文皆述及蓬莱宫阙，但未明言"延年益寿药""不死之药"之具体形态。但从"芝成宫阙"判断，"芝草"应该就是蓬莱仙境中不死灵药中的一种。《史记·秦始皇本纪》卷6言："卢生说始皇曰：'臣等求芝奇药仙者，常弗遇，类物有害之者。'"④卢生所求为"芝奇药仙者"，"芝"当为蓬莱仙境中可以延年益寿的不死药。在汉魏的诸游仙诗中，诗人多吟咏上神山、采芝草的游仙之旅。如汉代诗歌中颇多游仙之唱：

仙人骑白鹿，发短耳何长，导我上太华，揽芝获赤幢。来到主人门，奉药一玉箱，主人服此药，身体日康强，发白复更黑，延年寿命长。⑤（《长歌行》）

来日大难，口燥唇干。今日相乐，皆当喜欢。经历名山，芝草翻翻。⑥（《善哉行》）

诗歌吟咏上神山、采芝草的情节，又如曹植《平陵东行》之唱：

阊阖开，天衢通，被我羽衣乘飞龙。乘飞龙，与仙期，东上蓬莱采灵芝。灵芝采之可服食，年若王父无终极。⑦

---

① ［日］泷川龟太郎考证：《史记会注考证》卷118《淮南衡山列传》，台北：洪氏出版社，1981年，第1270页。

② ［日］泷川龟太郎考证：《史记会注考证》卷28《封禅书》，台北：洪氏出版社，1981年，第502页。

③ ［日］泷川龟太郎考证：《史记会注考证》卷118《淮南衡山列传》，台北：洪氏出版社，1981年，第1270页。

④ ［日］泷川龟太郎考证：《史记会注考证》卷6《秦始皇本纪》，台北：洪氏出版社，1981年，第124页。

⑤ 逯钦立辑校：《汉诗》卷9，见《先秦汉魏晋南北朝诗》，台北：木铎出版社，1983年，第262页。

⑥ 逯钦立辑校：《汉诗》卷9，见《先秦汉魏晋南北朝诗》，台北：木铎出版社，1983年，第266页。

⑦ 逯钦立辑校：《魏诗》卷6，见《先秦汉魏晋南北朝诗》，台北：木铎出版社，1983年，第437页。

诗中道出"东上蓬莱"采食"灵芝"，以求年若王父无终极之愿望，亦见蓬莱不死药与灵芝、芝草间之关系。早在《山海经》的叙事中已有关于不死药的神话传说，《山海经·海内西经》：

> 开明东有巫彭、巫抵、巫阳、巫履、巫凡、巫相，夹窫窳之尸，皆操不死之药以距之。窫窳者，蛇身人面，贰负臣所杀也。①

《山海经·大荒西经》：

> 大荒之中，有山名曰丰沮玉门，日月所入。有灵山，巫咸、巫即、巫盼、巫彭、巫姑、巫真、巫礼、巫抵、巫谢、巫罗十巫，从此升降，百药爰在。②

"灵山"有十巫"从此升降"，具有可以通天的宇宙山的功能，在此一神圣空间中的"不死之药"亦由神巫所持掌。《山海经》中又有不死民、羽民、不死国。《楚辞·远游》："仍羽人于丹丘兮，留不死之旧乡。"已见"羽人"与"不死"之联结。东汉王逸注云："《山海经》言有羽人之国，不死之民。"③亦以羽人为不死之民。"不死"在《山海经》中的相关记载如下，《山海经·海外南经》：

> 羽民国在其东南，其为人长头，身生羽。一曰在比翼鸟东南，其为人长颊。有神人二八，连臂，为帝司夜于此野。在羽民东。其为人小颊赤肩，尽十六人。④

《山海经·海外南经》：

> 不死民在其东，其为人黑色，寿，不死。一曰在穿匈国东。⑤

《山海经·海内经》：

> 流沙之东，黑水之间，有山名不死之山。⑥

《山海经·大荒南经》：

> 有不死之国，阿姓，甘木是食。⑦

《山海经》的羽民国、不死民、不死之山、不死之国，以及神巫所掌的不死之药等记载中所跃动的不死企求、长生想望，为方仙道所吸收、转化，融合到

---

① 袁珂注：《山海经校注》第11《海内西经》，台北：里仁书局，1982年，第301页。
② 袁珂注：《山海经校注》第16《大荒西经》，台北：里仁书局，1982年，第396页。
③（宋）洪兴祖注：《楚辞补注》，台北：长安出版社，1991年，第167页。
④ 袁珂注：《山海经校注》第6《海外南经》，台北：里仁书局，1982年，第187—188页。
⑤ 袁珂注：《山海经校注》第6《海外南经》，台北：里仁书局，1982年，第196页。
⑥ 袁珂注：《山海经校注》第18《海内经》，台北：里仁书局，1982年，第444页。
⑦ 袁珂注：《山海经校注》第15《大荒南经》，台北：里仁书局，1982年，第370页。

汉代飞升成仙的神仙思想中。李丰楙研究道：

"不死的探求"是神仙神话核心，也是贯串初期仙说到道教仙说的一贯精神。①

汉代的方仙道以具有异质身体的羽人转变为仙人，具有飞行的能力。如《列子·汤问》中言蓬莱仙人："一日一夕飞相往来者，不可数焉。"②能飞行的仙人在汉代画像石中大都呈身肩上生有翅膀的"羽人"之形（附图四）。变形与飞行正是汉代仙人的具体形象与非常人的能力。《论衡·无形》云：

图仙人之形，体生毛，臂变为翼，行于云，则年增矣，千岁不死。此虚图也。世有虚语，亦有虚图，假使之然，蝉蛾之类，非真正人也。海外三十五国，有毛民、羽民，羽则翼矣。毛羽之民，土形所出，非言为道身生毛羽也。③

可见东汉仙人是"体生毛，臂变为翼，行于云"，可飞行云端有毛有翼的"羽人"之形。而这种身体产生形变的"羽人"，可以"千岁不死"。在《山海经》中"羽民国"并未明言其为"不死之国"，"羽民"也未有直接证据说明其是"不死民"。但在汉代方仙道神仙思想的渲染下，"羽人"兼具飞行与不死两种生命特质，方仙道所鼓吹的云中能飞行的蓬莱仙人，应是传统羽人观与不死观的现世融合。

这些不死羽人由凡入仙的关键，即是服食"不死之药"，在汉代画像石中有颇多羽人手持灵芝图④（附图四）。因此"不死之药"是凡俗之人越界飞升的重要中介，而"蓬莱奇药"就是"不死之药"。服用不死之药，进而"形解销化"变化成仙。葛洪《抱朴子》曾引《神农四经》曰：

上药令人身安命延，升为天神，遨游上下，使役万灵，体生毛羽，行厨立至。⑤

"体生毛羽"之形变，以及"遨游上下"之飞行，正是羽人成仙后的生命特质，成仙得以"身安命延，升为天神"，"药"正是其关键所在。于是"探求不死"的期望，成为"探求不死之药"的具体行动。秦皇、汉武乃多次巡游在大海中寻找长生不死的生命灵药，但不论是遣人入海以求仙或巡游海上以求药，秦始皇借由封禅仪式"希冀海中三神山之奇药"的"不死探求"，都终致幻灭。

---

① 李丰楙：《忧与游：六朝隋唐游仙诗论集》，台北：台湾学生书局，1996年，第8页。
② （晋）张湛注：《列子注》卷5《汤问》，台北：世界书局，1962年，第53页。
③ 黄晖校释：《论衡校释》卷2，北京：中华书局，1990年，第66—67页。
④ 王建中主编：《中国画像石全集》第6卷，郑州：河南美术出版社，2000年，第115页。此图之羽人形态："羽人肩生羽毛，伸颈张口，手持灵芝作腾跃之状。"见图版说明第50页。
⑤ 王明校释：《抱朴子内篇校释》，北京：中华书局，1985年，第196页。

（二）寿与仙：会蓬莱仙人安期与羡门

蓬莱神山此一不死境域的神秘召唤，并不因秦始皇的死去而告终，汉武帝亦借"封禅泰山"既而"望祀蓬莱"以求长生不死。齐方士李少君更将"封禅"/"不死"/"蓬莱"/"成仙"进行了思想上的统整，于是帝王期望借封禅祭天地、告山川神灵的神圣仪式，进入蓬莱不死的神圣空间，求期长生不死的愿望实现。《史记·孝武本纪》：

> 少君言于上曰："祠灶则致物，致物而丹砂可化为黄金，黄金成，以为饮食器，则益寿，益寿而海中蓬莱仙者可见，见之以封禅则不死，黄帝是也。臣尝游海上见安期生，食巨枣大如瓜。安期生仙者，通蓬莱中，合则见人，不合则隐。"于是天子始亲祠灶，而遣方士入海求蓬莱安期生之属，而事化丹砂诸药齐为黄金矣。居久之，李少君病死。天子以为化去不死也，而使黄锤史宽舒受其方，求蓬莱安期生，莫能得，而海上燕齐怪迂之方士多相效，更言神事矣。①

方士李少君以黄帝行封禅之礼而不死之说，鼓吹汉武帝求仙、会仙，在言论中指出：

> 祠灶→得黄金食器→益寿→海中蓬莱仙者可见→封禅→不死。

可见其将"封禅"仪式与"见海中蓬莱仙"联结，而"不死"则为此一连串的祭祀活动的终极企求。而此"海中蓬莱仙"即是安期生。安期生是蓬莱山仙系的仙人。齐国方士李少君即宣称曾会见安期生，在《神仙传》卷6中有记载：

> 李少君……少好道，入泰山采药，修绝谷、遁世全身之术。道未成而疾，困于山林中。遇安期先生经过，见少君。少君叩头求乞活，安期愍其有至心，而被病当死，乃以神楼散一匕与服之，即起。少君于是求随安期，奉给奴役使任，师事之。②

足见齐国方士与安期生之间之关系。在现存的先秦两汉文献中，仙人安期生分别见于《史记》中《孝武本纪》《封禅书》《乐毅列传》《田儋列传》③等篇的记载，在《列仙传》中有较完整的仙人形象：

> 安期先生者，琅邪阜乡人也。卖药于东海边，时人皆言千岁翁。秦

---

① ［日］泷川龟太郎考证：《史记会注考证》卷12《孝武本纪》，台北：洪氏出版社，1981年，第212—213页。
② （晋）葛洪：《神仙传》，见《景印文渊阁四库全书》第1059册，台北：台湾商务印书馆，1983年，第285页。
③ ［日］泷川龟太郎考证：《史记会注考证》卷12，第212—213页；卷28，第507—508页；卷80，第989页；卷96，第1083页。

始皇东游，请见，与语三日三夜，赐金璧度数十万。出于阜乡亭，皆置去。留书以赤玉舄一量为报。曰："后数年，求我于蓬莱山。"始皇即遣使者徐市、卢生等数百人入海，未至蓬莱山，辄逢风波而还。立祠阜乡亭海边十数处云。①

在《列仙传》中的安期生为"千岁翁"，可见其长寿的生命特质。而"求我于蓬莱山"亦点明安期生与蓬莱山之关系，安期生仙人与蓬莱仙境间有了更紧密之关联。在《列仙传》中又增添了"卖药"的情节，居于"蓬莱山"的掌药仙人，尚有"负局先生"：

负局先生者，不知何许人也。语似燕、代间人。常负磨镜，局徇吴市中，炫磨镜，一钱因磨之。辄问主人，得无有疾苦者，辄出紫丸药以与之，得者莫不愈，如此数十年。后大疫病，家至户到，与药活者万计，不取一钱。吴人乃知其真人也。后止吴山绝崖头，悬药下与人，将欲去时，语下人曰："各还蓬莱山，为汝曹下神水。"崖头一旦有水，白色流从石间来下，服之多愈疾，立祠十余处。②

以药活人的负局先生其所归之处亦是"蓬莱山"。《列仙传》中卖药的仙人除了安期生外尚有范蠡、崔文子、东方朔、鹿皮公、玄俗。③"不死之药"在《山海经》中为神巫所掌有，到汉代的神仙思想中，卖药、掌药，拥有不病、不老乃至不死之方，则由神仙所专有。因此欲求不死之药，自必寻访不死仙境，会见不死仙人。其后，《后汉书·方术列传》中仙人费长房，也是悬壶卖药的老翁。"壶/药/老翁/仙人/仙境/蓬莱/不死"，形成一套长生不死的仙境符号系统与神话象征叙事，言说着人类逃脱线性时间，摆脱生死循环，追求长生不死的原始心灵的渴望。

在《史记·秦始皇本纪》《史记·封禅书》中，秦始皇入海求会仙人，其目的是求不死之药，成为不死之人。秦始皇所求的海中不死仙人，除了安期生外，还有羡门，《史记·秦始皇本纪》载：

始皇之碣石，使燕人卢生求羡门、高誓，刻碣石门……因使韩终、

---

① 王叔岷：《列仙传校笺》，台北："中央研究院"文哲所，1995年，第70页。
② 王叔岷：《列仙传校笺》，台北："中央研究院"文哲所，1995年，第150页。
③ 王叔岷：《列仙传校笺》，台北："中央研究院"文哲所，1995年，《范蠡》，第58页；《崔文子》，第95页；《东方朔》，第103页；《鹿皮公》，第119页；《玄俗》，第165页。

侯公、石生求仙人不死之药。①

裴骃《集解》云:"韦昭曰:羡门,古仙人。"张守节《正义》云:"高誓,亦古仙人。"此一仙人亦出现在宋玉《高唐赋》中:"有方之士,羡门、高谿。"②安期生与羡门为仙道所鼓吹的蓬莱仙人,栾大更自称曾会见安期生、羡门等海上神仙:

  (栾)大言曰:臣常往来海中,见安期、羡门之属,顾以臣为贱,不信臣。③

并曰:"黄金可成,而河决可塞,不死之药可得,仙人可致也。"④后栾大求仙无成,腰斩而死。但汉武帝的求仙热情不曾稍减,曾有多次封禅泰山、东巡海上,以求蓬莱仙人的活动。⑤《汉书·郊祀志》言:

  东至海上,考入海及方士求神者,莫验,然益遣,几遇之。……临渤海,将以望祀蓬莱之属,几至殊庭焉。⑥

封禅祭典除了原有的宗教意涵与政治功能外,在秦皇、汉武的诠释下,又多了追求帝王个人长生不死的意涵。汉武帝"望祀蓬莱",东巡海上,冀会海上"蓬莱山"的巡游,实如余英时所云:

  它反映了这样的信念——与仙相见将带来"不死"的后果,并由此说明汉武帝为何醉心于求仙。⑦

但蓬莱仙山终不可得,武帝听从方士公孙卿、公玉带等人之言,在宫中兴建蜚廉、桂观等以及候仙、迎仙之楼阁,并扩建甘泉宫的通天台、延寿馆,兴造建章宫。《史记·封禅书》云:

  于是作建章宫,度为千门万户,前殿度高未央。其东则凤阙,高二十余丈。其西则唐中,数十里虎圈。其北治大池、渐台,高二十余丈,命曰太液,池中有蓬莱、方丈、瀛洲、壶梁,象海中神山龟鱼之属。其南

---

① [日]泷川龟太郎考证:《史记会注考证》卷6《秦始皇本纪》,台北:洪氏出版社,1981年,第122页。
② (清)严可均校辑:《全上古三代文》卷10,见《全上古三代秦汉三国六朝文》,北京:中华书局,1995年,第73页。
③ [日]泷川龟太郎考证:《史记会注考证》卷28《封禅书》,台北:洪氏出版社,1981年,第510页。
④ [日]泷川龟太郎考证:《史记会注考证》卷28《封禅书》,台北:洪氏出版社,1981年,第510页。
⑤ 依《汉书·武帝纪》载,武帝自元封元年到武帝死前二年,在二十二年间,曾到泰山封禅祭祀有八次之多。参见汤贵仁:《泰山封禅与祭祀》,济南:齐鲁书社,2003年,第60页。
⑥ (汉)班固:《汉书》卷25下《郊祀志》,台北:鼎文书局,1981年,第1244页。
⑦ 余英时:《东汉生死观》,侯旭东等译,上海:上海古籍出版社,2005年,第31页。

有玉堂、璧门、大鸟之属。乃立神明台、井干楼，度五十丈，辇道相属焉。①

建章宫、太液池中"海上神山""龟鱼之属"的具象建筑，正是虚拟的神话空间——蓬莱三神山仙境在现实人间具象的复制构筑。而蓬莱、方丈、瀛洲、壶梁"神山"构建于太液池之中，不仅反映了汉人哲学思维的宇宙图式，也是不死境域在有限时空中存在的希望投影。在汉代，不仅是皇家建筑物中充满着"通天""候仙""迎仙""延寿"等命名，在《汉书·地理志》中显示民间也有"仙人祠"的记载。②这反映了汉世从宫廷到民间候仙、迎仙、求仙的风气，人间建筑的仙境命名正是凡俗之人对不死仙居之心灵企求。

三、神圣仪式：神山祀典与宇宙秩序

（一）绝地天通与神山祀典

封禅是祭祀天地之神圣仪典，这种天地祭仪承自上古，历史久远。凌纯声研究认为这种于野外负土筑坛的封禅文化源自西亚，延及中美、南美，并指出秦国之时，燕国之祖，齐之社稷，宋之桑林，楚之云汉，都可视为封禅文化中的一种。祖、社、畤、台四者都疑是两河流域"Ziggurat"一词的第一音节的缩译。据此证明两河流域的昆仑文化在纪元前可分三或四个时期传入中国。③中国封禅文化是否承自西亚，"Ziggurat"是否缩译音节成为中国的祖、社之祭，这些尚待考证。但其研究却已指出在上古时期的西亚、东亚甚至都有筑坛、建台以祭祀天地的祭仪。

据辽宁省牛河梁红山文化地下考古材料的发掘报告推测，早在三千年前这种祭祀天地的祭场空间就已存在。而圆以祭天，方以祭地的祭场空间形式，又暗喻着上古盖天说中"天圆地方"的宇宙模式。在上古时期，能掌握此一宇宙模式，沟通天地神灵的是"巫"。在远古社会时人人均可通天，《国语·楚语下》记载，少昊之时：

---

① ［日］泷川龟太郎考证：《史记会注考证》卷28《封禅书》，台北：洪氏出版社，1981年，第517页。

② 《汉书》记载："刘聚，周大夫刘子邑。有延寿城仙人祠。"（汉）班固：《汉书》卷28上《地理志》，台北：鼎文书局，1981年，第1555页。

③ 凌纯声：《中国的封禅与两河流域的昆仑文化》，见凌纯声：《中国边疆民族与环太平洋文化》下册，台北：联经出版事业公司，1979年，第1491—1551页。

> 昭王问于观射父曰:"《周书》所谓重黎实使天地不通者,何也?若无然,民将能登天乎?"对曰:"非此之谓也。古者民神不杂,民之精爽不携贰者,而又能齐肃衷正,其智能上下比义,其圣能光远宣朗,其明能光照之,其聪能听彻之,如是则明神降之,在男曰觋,在女曰巫,是使制神之处位次主,而为之牲器时服,而后使先圣之后之有光烈,而能知山川之号、高祖之主、宗庙之事、昭穆之世、齐敬之勤、礼节之宜、威仪之则、容貌之崇、忠信之质、禋洁之服,而敬恭明神者,以为之祝。使名姓之后,能知四时之生、牺牲之物、玉帛之类、采服之仪、彝器之量、次主之度、屏摄之位、坛场之所、上下之神、氏姓之出,而心率旧典者为之宗。于是乎有天地神民类物之官,是谓五官,各司其序,不相乱也。民是以能有忠信,神是以能有明德,民神异业,敬而不渎,故神降之嘉生,民以物享,祸灾不至,求用不匮。及少皞之衰也,九黎乱德,民神杂糅,不可方物。夫人作享,家为巫史。"①

韦昭注云:"夫人,人人也;享,祀也。巫主接神,史次位序。言人人自为之。"②即道出家家可为巫师,以接天神。但这种人神可自由相通的秩序却受到了政治与宗教力量的重整,《国语·楚语下》载颛顼命"重"与"黎"绝地天通的神话故事:

> 颛顼受之,乃命南正重司天以属神,命火正黎司地以属民,使复旧常,无相侵渎,是谓绝地天通。③

自此,沟通天地,必经过重、黎,重、黎为颛顼所任命,颛顼身兼部族首领与巫师二职,掌握了沟通天地的宇宙之秘,也掌握了部族统领的职能。张光直云:"《国语·楚语》中观射父讲的绝天地之通的古代神话,在研究中国古代文明的性质上具有很大的重要性。神话中的绝天地之通并不是真正把天地完全隔绝。……这个神话的实质是巫术与政治的结合,表明通天地的手段逐渐成为一个独占的现象。就是说,以往经过巫术、动物和各种法器的帮助,人们都可以与神相见。但在社会发展到一定程度之后,通天地的手段便为少数人所独占。"④人神分离后,秦皇、汉武的封禅仪式也同样具备宗教与政治的功能。

封禅之礼承自远古时的天地祭仪,在告天、报天、祈天的仪式中,主祭者掌

---

① (三国·吴)韦昭:《国语韦氏解》,(清)黄丕烈札记,台北:世界书局,1975年,第401—403页。
② (三国·吴)韦昭:《国语韦氏解》,(清)黄丕烈札记,台北:世界书局,1975年,第403页。
③ (三国·吴)韦昭:《国语韦氏解》,(清)黄丕烈札记,台北:世界书局,1975年,第403页。
④ 张光直:《考古学专题六讲》,北京:文物出版社,1986年,第10页。

握了与天地沟通的管道与权力，进而掌握宇宙之秘，重建人与宇宙间之秩序。美国人类学家克里福德·吉尔兹（Clifford Geertz, 1926—2006）从古印度爪哇的政治文献，14世纪的叙事诗《那伽拉卡达伽玛》中探讨皇家巡游的意义时指出：

> 印度尼西亚治世经邦之本的一个根本原则即王朝统治应该是宇宙和谐秩序的翻版，王土则应是朝廷统治和谐秩序的翻版。那么，作为介乎其中的国王，他是上帝和人之间的一个中介，是一个在双方面调节者的形象。①

封禅天地祭仪，同样也具有重返神圣时空，确认宇宙秩序的象征功能。宇宙秩序、国家秩序在仪式中被重新定位与确认。

在萨满（Shaman）思维中，联系天地的宇宙中心最重要的意象即是"山"，高耸入云的"山"，或是作为登天之"天梯"，或是作为天神下界的道路，为"宇宙山"或"宇宙柱"。因此沟通天地的神圣祭仪，大都在神圣的山岳举行，而封禅泰山的仪式，也是一种沟通人神、强化宇宙秩序的方式。因此封禅仪式也常是模仿宇宙结构而进行，通过仪式的行为活动，生存的世界与想象中的世界、凡俗的时空与神圣的时空，借助一套象征性的动作展演而融合。此界凡俗之人，以具体仪式地操演重复人与宇宙的和谐互动，在方圆的天地祭场中，进入天圆地方的宇宙认知模式，参与着宇宙开辟与神圣的原初，进而得到圣显的满足。

（二）强化的仪式与圣化的空间

秦皇、汉武的封禅仪式，也是希冀借助沟通天地的仪式，进入神圣空间，在仪式的"通过"象征中，重新获得新生的宇宙能量，获致圣显（hierophany）②的降临。于是在方士的宣传鼓动下，秦皇、汉武多次于封禅泰山后，巡游海上，以期获得神圣的灵验以及不死的神灵能量。在《汉书·武帝纪》中载有武帝多次东巡海上的活动：

---

① ［美］克里福德·吉尔兹：《地方性知识：阐释人类学论文集》，王海龙、张家瑄译，北京：中央编译出版社，2000年，第170页。

② 伊利亚德解释"圣显"："它所表达的，仅仅是字源上的内容，也就是，神圣向我们显示出他自己。我们可以说，宗教历史（从最原始的到最高度发展的宗教），便是建立于极大量的圣显及无数神圣实体（sacred realities）的显现上。从最初的圣显（神圣在一些普通物质上的显现，如石头、树木），到最高度的圣显（对基督徒而言，就是上帝在耶稣中的道成肉身），这之间并没有连续性的关系。在每一次圣显的例子中，我们都是面对同样的奥秘的行动。这奥秘的行动，是某种完全不同于此世界状态的显现，是一个不属于我们这个世界的实体，以一个我们在自然凡俗世界中不可或缺部分的物质，向我们显现。"见［罗马尼亚］伊利亚德：《圣与俗：宗教的本质》，杨素娥译，台北：桂冠图书股份有限公司，2001年，第62页。Mircea Eliade, *Patterns in Comparative Religion.* New York：Sheed & Word, 1958. p. 7.

（太初）三年春正月，行东巡海上。①

（天汉）二年春，行幸东海。②

（太始三年）二月，令天下大酺五日。行幸东海，获赤雁，作《朱雁之歌》。幸琅邪，礼日成山。登之罘，浮大海。③

（太初四年）夏四月，幸不其，祠神人于交门宫，若有乡坐拜者，作《交门之歌》。④

（征和四年）春正月，行幸东莱，临大海。⑤

汉武帝"东至海上望""行幸东海""浮大海""临大海"的兼具宗教性、政治性的巡游海上活动中，跃动着帝王乞求不死的强烈欲望。而所谓"上封则能仙登天矣""封禅者，合不死之名也"，在这些记载中，封禅天地仪式与泰山、蓬莱神山空间形成相应的结构：

封禅：告祭天地、祈求的仪式。

泰山：陆上圣山、祭祀神灵的空间。

蓬莱：海中圣山、长生不死的空间。

由于封禅之礼必筑坛、除地，而"筑坛""除地"从宗教现象学的角度观察，都具有重现宇宙开辟的意义。伊利亚德指出：

> 现有古代文献中许多事件都显示：神殿或祭坛的建造，都重视宇宙的开辟，原因不仅是神殿代表世界，而且它是各种时间循环周期的化身。⑥

筑坛重现宇宙的开辟，而献祭之目的则具有"欲复原天地创造以前的太初统一状态"⑦。因此封禅除了有报德之义外，此一在方圆祭坛所举行的天地祭仪，其深层象征也具有重返原初神圣时空之意义。而原初时空也就是宇宙开辟时空，也是神圣时空。于是参与此一神圣的仪式，也参与了宇宙开辟神圣时空。在仪式中获得参与宇宙时间之循环，消弭俗世线性时间的不返，进而获得新生的力量。

蓬莱神话以"探求不死"为核心，封禅天地祭仪则提供了重返神圣时空的中介管道。于是在带有"巫"色彩的方士的推波助澜下，神话与仪式成为相互定

---

① （汉）班固：《汉书》卷6《武帝纪》，台北：鼎文书局，1981年，第201页。
② （汉）班固：《汉书》卷6《武帝纪》，台北：鼎文书局，1981年，第203页。
③ （汉）班固：《汉书》卷6《武帝纪》，台北：鼎文书局，1981年，第206—207页。
④ （汉）班固：《汉书》卷6《武帝纪》，台北：鼎文书局，1981年，第207页。
⑤ （汉）班固：《汉书》卷6《武帝纪》，台北：鼎文书局，1981年，第210页。
⑥ [罗马尼亚] 耶律亚德：《宇宙与历史：永恒回归的神话》，杨儒宾译，台北：联经出版事业公司，2000年，第67页。
⑦ [罗马尼亚] 耶律亚德：《宇宙与历史：永恒回归的神话》，杨儒宾译，台北：联经出版事业公司，2000年，第68页。

义的叙事，诉说着希冀沟通神灵、探求不死的永恒追寻。在"不死的探求"的神话思维下，以及具体仪式的展演中，"蓬莱"跃升至与"泰山"同具有神圣空间的性质。而"望"与"封禅"的神圣仪式成为蓬莱神话与不死信仰的具体实践。①仪式是行动的象征，神话以语言符号使仪式的展演合理化，仪式则以具体行为表达神话的意蕴。神话与仪式互为表里言说着相同的心灵。抽象的蓬莱神话传说已由具体的国家封禅、望祀仪式来定义，而蓬莱不死的神圣空间，亦经由封禅、望祀神圣仪式来实现。国家的宗教仪式已转换为帝王个人延寿的生命仪式。正如维克多·特纳（Victor Turner，1920—1983）研究伊利亚德"圣"与"俗"的区分时所阐释："圣"的领域是无法触及的，除非它本身以其神话或仪式象征的类比来作自我揭示。②帝王希冀通过仪式活动与神灵沟通交流，进而获得不死的神圣能量。因此世俗凡人欲理解宇宙时空之秘密，甚至从世俗有限的时空中逃离，追求"圣显"，只有通过仪式行为才能达到。仪式成为沟通人与神、有形与无形、世俗界与神圣界的桥梁。

故《史记·封禅书》中多重复叙述文字："黄帝以上，封禅皆致怪物与神通"；"而方士更言蓬莱诸神，若将可得。于是上欣然庶几遇之"；"复东至海上望，冀遇蓬莱焉"。千篇一律地强调武帝欲借封禅、望祀之仪式，与蓬莱神灵沟通的心理渴望。卡西勒研究道：

> 礼仪的确是心智生活运动的现象。它所揭示的是某些根本的倾向、爱好、需要和愿望，而不是纯粹的"表象"和"观念"。而这些倾向是会变成某些运动的——它们或者节律庄重，或者粗野狂放，或是井然有序的礼仪活动，或者是放浪不羁的一场宣泄。③

---

① "望"即为"望祭"，为先秦祭祀的方式之一。王者祭祀名山不亲历所在，遥望而祭之。"望祭"据《春秋》记载，僖公三十一年，"夏，四月，四卜郊，不从，乃免牲，犹三望"。《公羊传》曰："鲁郊，非礼也。……天子祭天，诸侯祭土。天子有方望之事，无所不通；诸侯山川有不在，其封内者则不祭也。三望者何？望祭也。然则曷祭？祭泰山河海。山川有能润于百里者，天子秩而祭之。触石而出，肤寸而合，不崇朝而雨乎天下者唯泰山尔。河海润于千里。"泰山河海之祭其源甚久。故学者丁山研究认为："封禅也者，盖即初民燓山神而事祈羊之遗迹也。……余谓祭山川，即祭山川之神。"故"望与封禅，非祭天地，但祭山神"。见丁山：《古代神话与民族》，北京：商务印书馆，2005年，第390—391页。

② Victor W. Turner：《神话与象征》，许文德译，见尹建中编：《台湾山胞各族传统神话故事与传说文献编纂研究》，台北：台湾大学人类学系，1994年，第427页。

③ ［德］恩斯特·卡西尔：《国家的神话》，张国忠译，杭州：浙江人民出版社，1988年，第30页。

仪式有两种形态，一种是严肃庄重的，一种是狂欢①放浪的。在秦皇、汉武的封禅仪式中，则是充满对神灵的敬崇，戒慎恐惧，行礼如仪，皆企求与神灵交接，并将世俗凡人心中对灾难、疾病、死亡的恐惧，通过仪式的进行得到心灵宣泄的快感。法国文化人类学家涂尔干（Emile Durkheim，1858—1917）认为：宗教的核心不是教义，而是仪式。宗教仪式的功能就是强化一种价值的行为方式，也是一种集体情感与观念的沟通关系。②Brereton 则指出，举行仪式的地方即是神圣的空间。③在秦始皇、汉武帝的"封禅泰山"以祭神、"望祀蓬莱"、海上巡游以求仙的神圣仪式之下，强化了追求长生不死的仪式意涵，以及"蓬莱"的"神圣空间"意涵。蓬莱三神山被授以集体的情感寄托，成为帝王确认宇宙秩序，乃至破译宇宙时空之秘的神圣空间。因此秦皇、汉武必须通过仪式，来确认他自己的宇宙秩序——不论是世俗的国土疆界，还是神圣的不死境域；不论是家国的生命，还是个人的生命。蓬莱三神山神话及其相关的仪式活动，成为以帝王、方士为主的文化集团确认其宇宙秩序，实现沟通神圣与世俗、此界与他界的符号象征。蓬莱三神山神话，在秦汉以后，逐渐发展为以"蓬莱"为首的海上神山系统，在中古时期，成为帝王、方士、文人、道士冀求他界的想望与书写中反复出现的仙境符号。

---

① "狂欢"（orgy）一词的英文原义指那些宣泄性的纵欲行为。参见［美］伯高·帕特里奇：《狂欢史》，刘心勇、杨东霞译，上海：上海人民出版社，1992 年，第 2 页。
② 参见夏建中：《文化人类学理论学派——文化研究的历史》，北京：中国人民大学出版社，1997 年，第 102—103 页。
③ Brereton: "A sacred place is first of all a defined place, a space distinguished from other spaces. The rituals that a people either practice at a place or direct toward it mark its sacredness and differentiate it from other defined spaces." 参见 Brereton, J. P., "Sacred Space," in M. Eliade ed., *The Encyclopaedia of Religion*. vol.12. New York: Macmillan, 1987. pp. 526-535.

第三章　蓬莱神话的海洋思维及其宇宙观

一、前言：海洋、神山与仙乡

海洋是生命的起源，也是人类的精神家园，世界上许多民族，如西亚的苏美尔、巴比伦，东南亚的印度、菲律宾，以及北欧、埃及、希腊等都有与海洋相关的神话。神话中海洋常与宇宙的起源有关，被视为宇宙的原初形态，可以形成大地，孕育人类。相对于海上文明发达的文明古国，古代中国与海洋有关的神话并不多见。①但在《山海经》中关于海中神灵、海上异域与海上乐园的书写，也透射着先民对海洋的自然观察与神话想象。而《山海经》中的海中"蓬莱山"，发展到秦汉时期，以海中的"三山"或"五山"的地貌形式，寓托着初民对不死仙境的企求与想望。

日益增衍的蓬莱神山神话中对海底大壑、海中巨灵、海上他界的书写与想象，积淀着先民对于大海的宗教情怀、哲学思辨与宇宙思维，具有丰富的文化意涵。目前，学界研究以蓬莱神山为"仙乡""乐园"的神圣空间以及其所蕴含的"神仙""不死"的思维，已是既有的定论，但若从比较神话学的研究视角下，重新检视传世古籍，如《山海经》《楚辞》《列子》《列仙传》《海内十洲记》《拾遗记》等文献中对"蓬莱"神话的相关零散记载，可以发现在这些片段、随意、简短、有限的蓬莱神话叙事文本中，其意象情节如"渤海""大壑""归墟""巨鳌负山""龙伯大人"等皆与"大海"关系密切，蕴含着对海洋的浪漫想象、地理观察以及宇宙现象的指述和解释。具有丰富的"海洋"（原水）及空间思维，神话语言书写表面的"随意性"，实则潜隐着初民的世界观与宇宙思维。本章即采用比较神话学的研究方法，从神话的母题分析入手，并结合汉字具象符号的字源考察与分析，尝试在学界已有定论的论题上，重新检视和探讨蓬莱神话的深层象征意涵及其在古代宇宙论上的意义。

---

① 谢选骏：《神话与民族精神》，济南：山东文艺出版社，1997年，第267—271页。

二、海洋与神山：海洋型宇宙创生与海上蓬莱

在丰富多样的世界神话中，最能具体反映初民的世界观及宇宙起源与形成的即是创世神话。日本神话学者高木敏雄研究天地开辟神话时依其所反映的自然地理特征将其分为海洋型与大陆型天地开辟神话。[①]在其研究中即突显了日本开天辟地神话中的海洋神话思维与象征之阐发。在世界神话中，海洋大都与宇宙创生论有密切关联。"宇宙创生论"（cosmogony）一词，语源来自希腊文 kosmos 和 genesis，kosmos 指宇宙秩序，genesis 指创生，尤其是从没有秩序变成存有（being），意指宇宙的起源以及宇宙秩序形成的过程。[②]本书所用之宇宙创生神话主要对译为 cosmogonic myth。世界神话中的创世论在《宗教百科全书》中有以下六种类型：①从无创生（creation from nothing）；②从混沌创生（creation from chaos）；③从宇宙卵创生（creation from a cosmic egg）；④从世界父母创生（creation from world parents）；⑤经由一种孕生的过程创生（creation through a process of emergence）；⑥经由大地潜水者创生（creation through the agency of an earth diver）。[③]不论是二类或是六类的分法，其中"经由大地潜水者创生"类型是两种分类法中所共有的，而大地潜水者的宇宙创生又与"海洋"关系密切。海洋在世界宇宙创生神话中具有重要的意义。

由于蓬莱神话与上古其他的圣山、圣地神话相比较，具有独特的"海洋"性质，而"海"，依许慎《说文解字》云："天池也，以纳百川者。"[④]刘熙《释名》云："海，晦也。主承秽浊，其色黑而晦也。"[⑤]在汉人的解释中，"海"为一众水所归、混沌不明的空间形态。从宇宙创生论考察，海洋（原水）所具有的"无形""窈冥""晦暗""流动"的内在状态，又与混沌（chaos）同具有"宇宙创生"前的"水""气"等神圣性质。[⑥]因此，本书研究特别关注与海洋、混沌有

---

① [日] 高木敏雄：《比较神话学》，东京：武藏野书院，1924年，第148页。
② Charles H. Long, "Cosmogony," in Lindsay Jones ed., *The Encyclopedia of Religion*. vol. 3. Detroit：Macmillan Reference USA/Thomson-Gale, 2005. p. 1985.
③ Charles H. Long, "Cosmogony," in Lindsay Jones ed., *The Encyclopedia of Religion*. vol. 3. Detroit：Macmillan Reference USA/Thomson-Gale, 2005. p. 1986.
④ （清）段玉裁注：《说文解字注》，台北：黎明文化事业股份有限公司，1993年，第550页。
⑤ （清）毕沅疏证：《释名疏证》，台北：广文书局，1971年，第8页。
⑥ N. J. Giradot, *Myth and Meaning in Early Taoism：The Theme of Chaos (Hun-tun)*. Berkeley：University of California Press, 1983.

关的"从混沌创生"以及"经由大地潜水者创生"两种宇宙创生类型。在此两类型的参照下，对蓬莱神话的相关文本进行比较探讨，以期对蓬莱神话中"海洋"的象征意涵及其宇宙观有较深的掌握。

在《山海经》中已见"蓬莱山"的记载，但叙述十分简略，《山海经·海内北经》：

> 蓬莱山在海中，大人之市在海中。①

在叙述中已见"蓬莱山"在"海中"的远隔空间性质，但还未见明确的圣山性质以及神圣书写。"海中"的"蓬莱山"，在与方丈、瀛洲神山神话相互结合增衍后，始见其神圣空间的性质。在先秦两汉文献中，对于蓬莱神山神话有较详尽书写记载的是《史记·封禅书》以及《列子·汤问》。

《史记·封禅书》中载："未至，望之如云；及到，三神山反居水下。临之，风辄引去，终莫能至云。世主莫不甘心焉。"②这说明了三神山的浮动性，而它"终莫能至"的远隔与神秘，更加强了其封闭、隔绝的神圣空间意象，以及它异于凡俗的异质化空间特征。此一可浮动于水上水下的神山岛屿，其较完整的记载则是见于《列子·汤问》中：

> 渤海之东，不知几亿万里，有大壑焉，实惟无底之谷。其下无底，名曰归墟。八纮九野之水，天汉之流，莫不注之，而无增无减焉。其中有五山焉。一曰岱舆，二曰员峤，三曰方壶，四曰瀛洲，五曰蓬莱。其山高下周旋三万里，其顶平处九千里，山之中间相去七万里，以为邻居焉。其上台观皆金玉，其上禽兽皆纯缟。珠玕之树皆丛生，华实皆有滋味，食之皆不老不死。所居之人，皆仙圣之种，一日一夕飞相往来者，不可数焉。而五山之根无所连着，常随潮波上下往还，不得暂峙焉。仙圣毒之，诉之于帝。帝恐流于西极，失群圣之居，乃命禺强使巨鳌十五举首而戴之，迭为三番，六万岁一交焉，五山始峙。而龙伯之国有大人，举足不盈数步而暨五山之所，一钓而连六鳌，合负而趣，归其国，灼其骨以数焉。于是岱舆、员峤二山，流于北极，沉于大海，仙圣之播迁者巨亿计。帝凭怒，侵减龙伯之国使厄，侵小龙伯之民使短。至伏羲、神农时，其国人犹数十丈。③

---

① 袁珂注：《山海经校注》第12《海内北经》，台北：里仁书局，1982年，第324—325页。
② [日]泷川龟太郎考证：《史记会注考证》卷28《封禅书》，台北：洪氏出版社，1981年，第502页。
③（晋）张湛注：《列子注》卷5《汤问》，台北：世界书局，1962年，第52—53页。

在此段叙事中，共有以下重点：

（1）五神山位于渤海之东的无底大壑、水流无增无减的归墟之中。

（2）五神山之名称及其特殊地貌景观。

（3）五神山的神圣空间特质与仙居、仙禽、仙树、仙果、仙圣等仙境描写。

（4）五神山的浮动性以及帝令禺强使巨鳌负山。

（5）龙伯大人钓鳌灼骨，以至岱舆、员峤二神山，流沉北极大海。

（6）五神山中之二神山，流沉于北极大海，以致仙圣播迁。

（7）天帝惩罚龙伯国大人，使其国隘民短。

以《列子》五神山与《史记》三神山神话相较，二者对海上神圣空间的语言叙事及对其空间形式的表述十分相近，只是在《列子·汤问》中更为详尽而完备。在五神山的神话中除了原有的"海上三神山"外，多了"岱舆""员峤"二山，并将"方丈"书写为"方壶"，又结合了"大壑归墟"①"巨鳌负山"以及"龙伯钓鳌"的神话叙事，使原本朴质的东方蓬莱三神山神话的内涵更为丰富。因此"大海""归墟""神山""仙人""不死之药""巨鳌""大人"等意象，共同构筑，日益增衍成为东方海域上的神圣空间——一个不死的仙境乐园。而在《列子·汤问》中的五神山，虽比《史记》中所载三神山多出了两神山——岱舆、员峤，但两山因龙伯大人之钓鳌灼骨终至流沉于北极大海，故海中神山乐园终是以"三"的圣数结构而构筑于东海大壑之中。

在此一蓬莱海上神山仙境系统中，"神山""仙人""不死之药"等意象所构成的仙境特质与神仙思想，一向为学界所重视，相关之研究论述颇丰。但在先秦两汉以来的蓬莱神话叙事中，"大海""大壑""归墟""巨鳌负山""龙伯大人"等意象情节，又皆与"大海"关系密切，却较少为学界所关注。蓬莱神山神话中所蕴含的鲜明"海洋"神话思维以及在神话叙事深层里所寓托的初民宇宙观，实有进一步探究阐释的必要。

近代神话学者或人类学家对中国古代创世神话的研究，大都侧重于对盘古开天辟地的分析或女娲补天造人的探讨，较少论及中国大地潜水者的创世分析。在创世神话中的大地潜水者的创世神话（earth-diver myths）有两个母题：宇宙起源前是一片混沌大水，一个文化英雄，通常是由一个前人类的动物潜入原初之水中以求得一块泥土或沙，成为创世的开端。而人类所赖以生息繁衍的大地，即

---

① 日本学者杉本直治与御手洗胜研究皆认为三神山属于"归墟"神话，是为解释海水涨落现象而有的神话传说。参见［日］御手洗胜：《神山传说と归墟传说》，见《东方学论集》第2集，1954年，第63—84页。

是由原初大水中这块神土生成变化而来的。① 神话学者叶舒宪在世界创世神话分类上，增列"尸体化生型"创世神话，计有六种类型②，其研究认为：

> 笔者确信，中国上古曾有潜水型创世神话流传。它虽然没有完整的叙述保存到后世文献中，但却留下了两个基本的叙述结构要素——原始大水和动物取土造陆。根据它们在历代神话中反复出现的情况，我们可以把这两个结构素看成上古华夏文学的重要原型。从这两个原型同世界神话中同类原型的比较中，似可追索出已失传的中国原始创世神话的结构模式。③

当代学者已对潜水型创世神话有了更多的关注与考证。如日本学者大林太良从比较神话学的观点考察"鲧盗息壤"神话与"大地潜水者"创世神话之间之关系。④ 又如胡万川对"捞泥造陆"神话的阐释⑤，吕微对鲧、禹神话以及息壤的考辨等⑥，皆是对潜水型宇宙创生神话的重诠与意义探索。然神话学者们大都以鲧、禹神话为论述的重点。但若从宇宙创生论的研究视角，以及神话母题的分析考察，重新检视中国上古的神话传说，可以发现在《史记》《列子》《淮南子》等传世文献中，所载相关的东方海上蓬莱神山系统神话，其神话叙事中的"巨鳌负山"等意象、情节，皆与世界宇宙创生神话"大地潜水者"创世神话中的"动物负地"母题关系密切。而"大壑归墟"中的原初大水（海洋）又与混沌宇宙创生之水性质相近，实蕴含着丰富的海洋宇宙创生神话的思维结构模式，也

---

① Charles H. Long, "Earth-diver myths"："In earth-diver myths water constitutes the primordial stuff of the beginning. Water, in its undifferentiated in inderterminacy, covers everything in the manner of a chaos. A culture hero, usually an animal, dives into the primordial waters in an attempt to bring up a particle of sand, mud, or earth, any substantial form of matter out of which a more stable mode of order might be established." in Lindsay Jones ed., *The Encyclopedia of Religion*. vol. 3. Detroit：Macmillan Reference USA/Thomson-Gale, 2005. p. 1988.

② 叶舒宪道："用这六种结构类型的眼光重新审查中国古代的神话材料，包括那些已经或多或少地哲学化、历史化的创世观念，我们有理由说，上述六种答案中没有一种是我们中国初民未曾想到的。"见叶舒宪：《中国神话哲学》，北京：中国社会科学出版社，1992年，第333页。

③ 叶舒宪：《中国神话哲学》，北京：中国社会科学出版社，1992年，第337页。

④ ［日］大林太良：《神话学入门》，林相泰、贾福水译，北京：中国民间文艺出版社，1989年，第51—52页。

⑤ Uno Holmberg, *The Mythology of All Races*. vol. 4. Finno-Ugric, Siherian. New York：Cooper Square, 1964. p. 327. 亦可见胡万川《捞泥造陆——鲧、禹神话新探》一文中对世界"取土造陆"神话的引介说明及阐释研究，见胡万川：《真实与想象——神话传说探微》，新竹："清华大学"出版社，2004年，第16页。

⑥ 见吕微：《神话何为——神圣叙事的传承与阐释》，北京：社会科学文献出版社，2001年，第58—149页。

隐喻着先民对宇宙秩序、自然现象的解释。然历来对于蓬莱神话的研究，大都侧重于其神仙思想的阐发，较少触及其神话意象情节中所具有的"大海""海洋"空间性质及其所蕴含的宇宙思维，因此本章即在比较神话学的视野下，试图追溯出已被仙道化、文学化的蓬莱神话的海洋思维模式及其宇宙观。

三、大壑归墟：原初大水与谷形宇宙海

> 遂古之初，谁传道之？上下未形，何由考之？冥昭瞢暗，谁能极之？冯翼惟像，何以识之？明明暗暗，惟时何为？①（《楚辞·天问》）

宇宙，是由时间与空间所建构而成。破译宇宙时空之秘，一直是古代哲学家、文学家的难解迷思。《天问》即是诗人屈原面对茫茫苍天，思索宇宙时空形成之秘而发出的疑问。在《列子·汤问》蓬莱神话的叙事中，一个重要的空间意象，即是大壑与归墟，而包含蓬莱在内的三座神山即坐落于此一极大的水域当中。《列子·汤问》：

> 渤海之东，不知几亿万里，有大壑焉，实惟无底之谷。其下无底，名曰归墟。八纮九野之水，天汉之流，莫不注之，而无增无减焉。其中有五山焉。②

此一无底之谷的大壑，亦可见于先秦的典籍当中。《山海经·大荒东经》中有"大壑"：

> 东海之外大壑，少昊之国。少昊孺帝颛顼于此，弃其琴瑟。（郭璞注：《诗含神雾》曰："东注无底之谷。"谓此壑也。《离骚》曰：降望大壑。）③

《庄子·外篇·天地》中言：

> 谆芒将东之大壑，适遇苑风于东海之滨。苑风曰："子将奚之？"曰："将之大壑。"曰："奚为焉？"曰："夫大壑之为物也，注焉而不满，酌焉而不竭，吾将游焉。"④

在先秦两汉的文献中，"大壑"位于极远的东海之外，是一个远隔的空间，而其作为众水所归、无底之谷，又是一个注而不满、无底无限的深广空间。

---

① （宋）洪兴祖注：《楚辞补注》，台北：长安出版社，1991年，第85—86页。
② （晋）张湛注：《列子注》卷5《汤问》，台北：世界书局，1962年，第52页。
③ 袁珂注：《山海经校注》第14《大荒东经》，台北：里仁书局，1982年，第338页。
④ （清）王先谦：《庄子集解》，台北：世界书局，1962年，第76页。

对于此一无底无限的谷形大壑的具象描写,尚可见于《远游》之描绘中:

> 违绝垠乎寒门,轶迅风于清源兮,从颛顼乎增冰,历玄冥以邪径兮……经营四荒兮,周流六漠。上至列缺兮,降望大壑。下峥嵘而无地兮,上寥廓而无天,视儵忽而无见兮,听惝恍而无闻。超无为以至清兮,与泰初而为邻。①

"大壑"据洪兴祖注曰:"《列子》曰:渤海之东有大壑焉,实惟无底之谷,名曰归墟。注引《山海经》:东海之外有大壑。"②屈原在上下的飞升远游中,上至"列缺",降望"大壑"的神游空间里,"大壑"之地,亦是"峥嵘而无地",在无天无地的空间中是一片的混沌,"视儵忽""听惝恍",生理的感官功能丧失,故诗人无"见"亦无"闻",乃至"超无为以至清兮,与泰初而为邻",进升到创世之初混沌之"道"的境界。因此屈原神游于"列缺"与"大壑"间,也即进入了非常的异质空间,邻近了"道"的境界,托身于时空永恒之中。"大壑"是神话空间,也是文学心灵空间。③《远游》中"大壑"与"列缺"相对,"列缺"为天之缺口,是天门,而"大壑"则是海中无底之洞,是地户,二者都有宇宙空间中的甬道性质,是宇宙的缺口,作为异质空间而存在。而在《圣经·创世记》的叙事中,也有"地户"与"天门"这两个宇宙的缺口:

> 所有深渊的泉水都冒出,天上的水闸都开放了,大雨在地上下了四十天四十夜。④(《创世记》7:11:12)

在《圣经》洪水神话中,造成宇宙失序的大洪水即是来自地渊与天户。因此,神话中的"天门"与"地户"是宇宙的异次元空间甬道,也是宇宙中秩序失衡的隘口。

对于海中无底之洞能"注焉而不满,酌焉而不竭"的空间想象,应是先民对于现实中国地理环境西北高、东南低,江河皆东流注海的神话解释,此一对人所定居的宇宙时空生成的神话解释,也表现在共工的神话中。共工神话见于《淮南子·天文》:

> 昔者,共工与颛顼争为帝,怒而触不周之山。天柱折,地维绝。天

---

① (宋)洪兴祖注:《楚辞补注》,台北:长安出版社,1991年,第173—175页。
② (宋)洪兴祖注:《楚辞补注》,台北:长安出版社,1991年,第174页。
③ 在屈原的《远游》与庄子《天地》篇中的"吾将游焉"的神游想象中,"大壑"成为两汉魏晋文学中文人神游仙游之最佳空间之一。例如东方朔《七谏·怨思》载:"观天火之炎炀兮,听大壑之波声。"(清)严可均校辑:《全汉文》卷25,见《全上古三代秦汉三国六朝文》,北京:中华书局,1995年,第263页。
④ 思高圣经学会译释:《圣经》,台北:思高圣经学会,1968年,第17页。

倾西北,故日月星辰移焉;地不满东南,故水潦尘埃归焉。①

共工神话中"天倾西北""地不满东南"以致有"日月星辰移"以及"水潦尘埃归"之宇宙时空之产生,其中亦反映出先秦的宇宙观。《淮南子·天文》在叙述共工神话之前,开篇即论原初混沌宇宙的生成状态:

天墬未形,冯冯翼翼,洞洞灟灟,故曰太昭。道始于虚霩,虚霩生宇宙,宇宙生气,气有涯垠。清阳者薄靡而为天,重浊者凝滞而为地。清妙之合专易,重浊之凝竭难。故天先成而地后定,天地之袭精为阴阳,阴阳之专精为四时,四时之散精为万物。积阳之热气生火,火气之精者为日;积阴之寒气为水,水气之精者为月。日月之淫为精者为星辰。天受日月星辰,地受水潦尘埃。②

《淮南子·天文》先论原初混沌宇宙,续言共工与颛顼争帝——"天柱折,地维绝"神话,明显将共工神话放置在宇宙生成论中进行论述。而在《楚辞·天问》中屈原亦对共工神话提出了疑惑:

康回冯怒,墬何故以东南倾?

九州安错?川谷何洿?东流不溢,孰知其故?③

在共工神话中,由于"天柱折,地维绝"造成"地不满东南",故"水潦尘埃归",然江河水潦向东南倾注,势必引起海水漫溢,故屈原有"东流不溢,孰知其故"的疑问。在先秦两汉神话思维中,"大壑"即为"东流不溢"之水以及"水潦尘埃"的归所。

在《庄子·秋水》中除了"大壑",尚有"尾闾",也具有同样的空间性质:

天下之水,莫大于海,万川归之,不知何时止而不盈。尾闾泄之,不知何时已而不虚。④

《庄子·秋水》中的"尾闾"就是《列子·汤问》中的"归墟",二者空间相同,都是"万川归之","不知何时止而不盈"的纳水与泄水空间,正因为有大壑,有尾闾,有归墟,所以水潦尘埃始能"东流不溢"。御手洗胜研究即认为"归墟"的功能和"尾闾"相同,二者在声韵上是一音之转,都是指大海中的排

---

① (汉)高诱注:《淮南子》卷3《天文》,台北:世界书局,1955年,第35页。
② (汉)高诱注:《淮南子》卷3《天文》,台北:世界书局,1955年,第35页。
③ (宋)洪兴祖注:《楚辞补注》,台北:长安出版社,1991年,第91页。
④ (清)王先谦:《庄子集解》,台北:世界书局,1962年,第100页。

水地穴。①而"尾闾"此一能纳水空间，发展到魏晋时期，又创造出"沃焦"此一海中神异空间。旧题为郭璞所著的《玄中记》：

> 天下之强者，东海之沃焦焉，水灌之而不已。沃焦者，山名也。在东海南方三万里。②

《神异经·东荒经》中亦有"沃焦"：

> 东海之外荒海中，有山焦炎而峙，高深莫测，盖禀至阳之为质也。海中激浪投其上，噏然而尽，计其昼夜，噏摄无极，若熬鼎受其洒汁也。③

> 大荒之东，极至鬼府山臂沃椒山，脚巨洋海中，升载海日，盖扶桑山。有玉鸡，玉鸡鸣则金鸡鸣，金鸡鸣则石鸡鸣，石鸡鸣则天下之鸡悉鸣，潮水应之矣。④

按《神异经》中记载，沃焦（或作沃椒）山因同是能纳水的空间，"若熬鼎受其洒汁"的"容器"空间，而蠹于苍茫大海之中。郭璞《江赋》：

> 出信阳而长迈，淙大壑与沃焦。⑤

直到魏晋"大壑"与"沃焦"并举，仍是文学中容纳众水的重要空间意象。

海中大壑的传说，发展到六朝，成为文人笔下描绘江海的空间想象。梁简文帝《大壑赋》曰：

> 渤海之东，不知几亿，大壑在焉，其深无极，悠悠既凑，滔滔不息，观其浸受，壮其吞匿，历详众水，异导殊名，江出濯锦，汉吐珠瑛，海逢时而不波，河遇圣而知清，嗟乎，使夫怀山之水积，天汉之流驶，彭潜与渭湿俱臻，四渎与九河同至，余乃知巨壑之难满，尾闾之为异。⑥

---

① ［日］御手洗胜：《神山传说と归墟传说》，见《东方学论集》第 2 集，1954 年，第 63—84 页。王孝廉亦持相同之看法："东方的仙乡传说起源，或谓是由于古代燕齐一带的人们，在东方旭日升起的时候在渤海湾的雾气之中所见的海市蜃楼，由此而联想到遥远的海面东方，有仙乡存在，或谓是由于古代人对于'巨鳌负山'的地理观念的信仰，这些说法固然或多或少都与古代东方的仙乡信仰起源有关，但最肯切而重要的原因，应该是如同御手洗胜师所做的结论，神仙的传说是源于古代的归墟信仰，归墟信仰是仙山传说发生的母胎，而产生归墟信仰传承的是黄河之水，是古代人见黄河之水日夜不停地注入渤海，而海水并无增减的现象而产生的神话性的信仰。"参见王孝廉：《仙乡传说——仙山与归墟的信仰》，见王孝廉：《中国神话世界》下编，台北：洪叶文化事业有限公司，2006 年，第 89—90 页。
② （晋）郭璞：《玄中记》，李肖点注，见史仲文主编：《中国文言小说百部经典》，北京：北京出版社，2000 年，第 388 页。
③ （汉）东方朔：《神异经》，北京：中华书局，1991 年，第 6 页。
④ （汉）东方朔：《神异经》，北京：中华书局，1991 年，第 6 页。
⑤ （清）顾施祯：《昭明文选六臣汇注疏解》下册，台北：华正书局，1974 年，第 1108 页。
⑥ （清）陈元龙：《御定历代赋汇》正集（上），京都：中文出版社，1974 年，第 394 页。

梁简文帝对"大壑"的颂美，明显承袭于先秦两汉以来的"大壑"神话母题与情节要素："渤海之东，不知几亿"；"其深无极，悠悠既凑，滔滔不息"；"四渎与九河同至"；"巨壑之难满"；"尾闾之为异"。"大壑"此为原初大水（海）所归之地（谷），不论是在神话思维、哲学论述或文学想象中，皆以其具有容纳百川、源源不绝，又泄去众水、滔滔不息之功能。此一异质化的空间不但是"水潦尘埃归"的死亡归所、"地户"的象征，它也是"不盈""不虚"再生的基础、原初生命的符号，具有强大的空间能量。

在汉晋文学书写中，"大壑"与"大禹""洪水"神话间又有了密切的联结。庾阐《海赋》：

> 昔禹启龙门，群山既凿，高明澄气而清浮，厚载势广而盘礴。坎德泽臻，水源深博。灌注百川，控清引浊，始乎滥觞，委输大壑。①

赋中禹启龙门，乃为了疏导洪水，而造成宇宙失衡之洪水必须要委输于"大壑"之中。"大壑"是调节宇宙、平衡宇宙秩序的隘口。此一神话思维与西方《圣经·创世记》中的洪水神话相较，大壑与大渊，一为"洪水"所归之所，一为"洪水"所出之地，二者虽有情节之差异，海底大壑无疑皆具有宇宙甬道及宇宙隘口的神圣象征。而"大海"与"无底之谷"的空间模式，也是原初宇宙的模型之一。

依据伊利亚德之研究，在神话思维中，具有"中心的象征"的"宇宙轴"，常以"山"或"树"的形式展现，是凸起之物，属于宇宙的中心，具有神圣性。《史记·封禅书》中的三神山、《列子·汤问》中的五神山，乃至《玄中记》中的沃焦山，皆是坐落于无底之谷"归墟""大壑"的原初宇宙海中，其空间形式是谷形"宇宙海"中凸起的"山岳"，故亦具有"宇宙轴"的象征。②因此蓬莱神山具有东海海域中通达天、地与地下三界的宇宙轴象征。而此谷形大壑、宇宙圣山又都位于东方海域中，如《山海经·大荒东经》中的"东海之外大壑"、《庄子·天地》中的"谆芒将东之大壑"、《列子·汤问》中的"渤海之东"，故"东方""大海""大壑""归墟""蓬莱山"，自成一个相对于"西方""高山""昆仑"的宇宙图式，蕴含着道家"海洋""容纳"哲学以及海洋创世的宇宙思维。因此蓬莱山之所以被安置于此东海大壑的空间结构中，实与汉人的宇宙观有密

---

① （清）陈元龙：《御定历代赋汇》正集（上），京都：中文出版社，1974年，第392页。
② 见［罗马尼亚］耶律亚德：《宇宙与历史：永恒回归的神话》，杨儒宾译，台北：联经出版事业公司，2000年，第9页。

切的关系。

从宇宙创生论的角度分析，蓬莱神话中的"渤海大壑"之"八纮九野之水"所蕴含的"创世"观，是属于"创世前"的非人格化的原初之"水"与"谷"为其典范原型所形成的混沌宇宙观。这也就是原初混沌大水为谷形大壑所容受，而在此深凹的谷形宇宙中又有浮凸而起的圣山蓬莱为其宇宙轴。此神话宇宙图式所具有的神圣性，已见蓬莱神山日益增衍为东方海域上的"不死仙境""仙境乐园"的空间因素了。

四、巨鳌负山：龟驮大地与宇宙创建

> 鳌戴山抃，何以安之？释舟陵行，何以迁之？①（《楚辞·天问》）

（一）龟使者：负地之巨灵

水中圣山——蓬莱神山，坐落在谷形宇宙海中，因此必须要有负地者之帮助，始能在水中建构圣山或圣土，进而创建神圣的原初。在世界海洋创世神话中，"大地潜水者"（an earth diver）的创世是最普遍且重要的母题之一。在"大地潜水者"创世神话中，潜水者入水取土造陆，而此一水中漂浮陆地必须由一个背负者（earth bearer）来支撑，而此一大地的背负者，常由动物扮演。这种讲述漂浮大地与动物负地的神话，至今仍普遍流传于中国各少数民族的神话传说中。如青海土族的《地球的形成》神话中，即述及远古世界大地原为一片汪洋，天神乃取土置于金蛤蟆背上，蛤蟆翻过身负抱泥土，于是形成后来的陆地。在世界创世神话中的负地者尚有龟、鳌、蛙、鱼、牛之属，其中尤其以龟居多。②如在北美的创世神话中，世界只有一片原水，造物者命令水禽入水中捞泥，但皆无所获，只有乌龟发现最后下水的蛙（或蟾蜍）口中含有泥土，于是造物者自蛙口中取泥，放在龟的背上，土地就在龟背上逐渐生长形成大地。而在西伯利亚布里亚特人（Buriats）以及邻近民族所流传的神话中，亦有造物者将泥土放置于龟腹上，创造出大地；或是神将龟取自水中的泥土放置于蛙腹上，造出大地；

---

① （宋）洪兴祖注：《楚辞补注》，台北：长安出版社，1991年，第102页。
② 陶阳、钟秀：《中国创世神话》，上海：上海人民出版社，1989年，第173—174页。

或是神取泥土放置于龟背上，造出大地等神话。①不论在欧亚大陆或北美地区，在创世神话及取土造陆神话中，两栖动物"龟"与"蛙"常扮演着重要的角色。而在蓬莱神话中，"巨鳌负蓬莱山"的神话叙事，即与世界"大地潜水者"创世神话中的"动物负地"母题有密切的关系。

在先秦时期，早在《楚辞·天问》中已见"鳌戴山抃，何以安之"的记载，汉人王逸注引《列仙传》亦云：

> 鳌，大龟也。击手曰抃。《列仙传》曰：有巨灵之鳌，背负蓬莱之山而抃舞，戏沧海之中，独何以安之乎？②

《天问》为战国初期的作品③，可以推测巨鳌负山之说，早在司马迁《史记》之前已流传久远。④而负地者为"鳌"，王逸注引《列仙传》言即"大龟"也。《列子·汤问》："帝恐流于西极，失群圣之居，乃命禺强使巨鳌十五举首而戴之"，晋代张湛注言："《列仙传》云：巨鳌戴蓬莱山而抃沧海之中。《玄中记》云即巨龟也。"⑤巨鳌负神山的神话发展到汉晋时期成为文人咏叹书写的重要意象：

> 登蓬莱而容与兮，鳌虽抃而不倾。留瀛洲而采芝兮，聊且以乎长生。⑥（张衡《思玄赋》）

> 翩衔钩以振掉，吁骇人而可恶，既颠坠于岩岸，方盘跚而雅步。或延首以鹤顾，或顿足而鹰距，或曳尾于泥中，或缩头于壳里。若乃秋水暴骇，百川沸流，有东海之巨鳌，乃负山而吞舟。⑦（潘岳《鳌赋》）

> 东海有鳌焉，冠蓬莱而浮游于沧海。腾跃而上，则千云之峰迈类于群岳；沉没而下，则隐天之丘潜峤于重泉。有红蚁者，闻而悦之，与群

---

① Charles H. Long, "Earth-diver myths"："In earth-diver myths water constitutes the primordial stuff of the beginning. Water, in its undifferentiated in inderterminacy, covers everything in the manner of a chaos. A culture hero, usually an animal, dives into the primordial waters in an attempt to bring up a particle of sand, mud, or earth, any substantial form of matter out of which a more stable mode of order might be established." in Lindsay Jones ed., *The Encyclopedia of Religion*. vol. 3. p. 1988.

② （宋）洪兴祖注：《楚辞补注》，台北：长安出版社，1991年，第102页。

③ 顾颉刚、杨向奎：《三皇考》，见《古史辨》第7册中编，台北：蓝灯文化事业股份有限公司，1987年，第61页。

④ （清）萧云从《天问图》，清初刊本中有《鳌戴山抃图》，参见附图五。收入马昌仪：《全像山海经图比较》第6册，北京：学苑出版社，2003年，第1223页。

⑤ （晋）张湛注：《列子注》卷5《汤问》，台北：世界书局，1962年，第53页。

⑥ （清）严可均校辑：《全后汉文》卷52，见《全上古三代秦汉三国六朝文》，北京：中华书局，1995年，第759页。

⑦ （清）严可均校辑：《全晋文》卷94，见《全上古三代秦汉三国六朝文》，北京：中华书局，1995年，第2001页。

蚁相邀乎海畔，欲观鳌之行焉。月余日，鳌潜未出，群蚁将反，遇长风激浪，崇涛万仞，海中沸，地雷震，群蚁曰："此将鳌之作也。"数日，风止雷默，海中隐沦如岊，其高概天，或游而西，群蚁曰："彼之冠山，何异我之戴笠也。"消摇乎壤封之巅，归伏乎窟穴之下，此乃物我之失，自已而然，何用数百里劳形而观之乎。①（符朗《符子》）

> 巨鳌戴蓬莱，大鲲运天池。倏忽云雨兴，俯仰三州移。②（江道载《诗》）

在诗赋家的笔下，东海负山者为巨鳌或巨鲲，亦以巨鳌所负之山为蓬莱山，而鳌即是龟。《一切经音义》卷19"龟鳌"引《字林》："海中大龟也，力负蓬瀛壶三山是也。"③"鳌""龟"是水陆两栖动物。而"蓬莱之山"为"巨灵之鳌"所背负，在世界创世神话中，负地神话是一个十分普遍的母题。原始初民认为，原初大地是漂浮在大海上的，大地必须有一背负者，才不致下沉。如太平洋中的东干岛（Tongan）岛民即认为大地是由马威（Maui）所伏身背负，而地震之起因，即是因为他转换姿势而造成；西里伯人（Celebes）则认为，背负大地的是一只猪，地震也是因为猪身摩擦树身去痒而形成。④这些负地者有神祇、有动物，"负地神话"不但用以解释大地生成的原因，也解释自然界地震的现象。《列子·汤问》中"不得暂峙"浮动的海上神山，与帝令禹强使巨鳌负山的神话叙事，显然同属于此一世界性的神话母题。

在斯蒂·汤普森（Stith Thompson, 1885—1970）的《民间文学母题索引》(*Motif-Index of Folk-Literature*)中，A.八一五条亦有大地立在龟背上（Earth form turtle's back. Earth erected on back of a turtle floating in primeval water）此一类母题。⑤神话学者胡万川研究捞泥造陆神话，进一步归纳出七种母题，其中第四条为："造物者把捞上来的这一块泥土放在水面上，由于这是会生长不息的泥土，因此就长成如今这样的大地。"再增列"四·一"条为"造物者把捞上来的泥土放在龟背上长成大地，从此龟就驮负着大地"。"龟驮大地"神话是创世神话中极重要的一个母题。而此一由巨鳌所驮负的水上大地，除了有平坦的大地外，另一地貌形式就是岛屿（island），例如在太平洋美拉尼西亚群岛的原住民传说中就

---

① （清）严可均校辑：《全晋文》卷152，见《全上古三代秦汉三国六朝文》，北京：中华书局，1995年，第2336页。
② 逯钦立辑校：《晋诗》卷12，见《先秦汉魏晋南北朝诗》，台北：木铎出版社，1983年，第879页。
③ （唐）释元应：《一切经音义》卷19，台北：新文丰出版公司，1973年，第1页。
④ 林惠祥：《神话论》，台北：台湾商务印书馆，1995年，第46—47页。
⑤ Stith Thompson, *Motif-Index of Folk-Literature*. vol. 1. Bloomington：Indiana UP, 1989. p. 163.

有很多龟驮岛屿（turtle island）的神话，而当地的原住民亦以自己为龟的子民，如以下三则故事皆述及龟与岛屿的创生以及龟驮岛屿的神话传说。

在何阿西亚（Ho'asia）地方的东边有一石名"地震石"，下由一龟所撑住，而圣克利斯多瓦（San Cristoval）岛即立于其上，龟的运动即造成该岛的地震。此龟在圣克利斯多瓦远近闻名，有时以乌头形状出现，以前在老地娃（Old tawao）的墙上有此龟之图，现已为土崩所毁。①

在远古的时候，圣塔安娜（Santa Anna）岛尚不存在，有一龟住在邻岛圣塔卡塔琳娜（Santa Catalina），有二子，一男一女。孩子们注意到龟经常将椰子与香蕉种植在海底某一点上，离圣塔卡塔琳娜不远，他们问母亲为何这样做，龟则嘱咐其子用其壳制成一钩，然后乘边架艇至龟在海底植树处，在该地他们投下钩，龟则将此钩附着在一块石上，孩子们用力拉。石头裂了，龟又将钩附在另一块更坚的岩石上，孩子们又拉，圣塔安娜就慢慢升上来了，上面一切植物都已种好。目前该岛东端尚可见一裂石，更使这个传说言之凿凿。龟的子女，男子名为惠加里尼帕里苏（Waikariniparisu），女子名叫加普娃罗娜罗（Kapwaronaro），以后加普娃罗娜罗生了子女，即为龟族的来源。他们对于水中之龟投掷钱币、硬果以及各种食物，龟族成员把食用龟的任何部分列为禁忌，犯此禁忌者一定会身亡。②

海洋岛（Ocean Island）是驮在龟背上的。他巴记（Tabakea）是只在海底的大龟，背上顶着瘦长圆柱形的岩石，顶部张开像珊瑚形的菌类，上面就是海洋岛。当岛民所住的礁岩受到海浪的冲击而感到颤动时，就认为是他巴记在移动了。他们相信，有一天他巴记会大大地移动，陆地将会摇摇欲坠，而卷入咆哮的海水中，不过这种想法不会令他们有很大的困扰，因为他们知道他们的英雄祖宗，一个航海家、征服者，名为"上升的太阳"（Au-of-the-Rising-Sun），既已为其子民选择此地为家时，便会将他巴记钉住，来保护他们安全地通过这个灾难，每个黎明的到来，都是他为此的再三保证。逐渐地，岛民对待这位受限制的巨人——指他巴记——如同一位朋友，而使之渐渐进入他们的日常生活里，它变成了海

---

① 转引自凌纯声：《中国与海洋洲的龟祭文化》，台北："中央研究院"民族学研究所，1972年，第100页。

② 转引自凌纯声：《中国与海洋洲的龟祭文化》，台北："中央研究院"民族学研究所，1972年，第100页。

洋的控制者,年轻人都转向它祈求好的渔获量,并能安全通过必经的暗礁。①

在这些太平洋群岛的部族神话中,海底大龟或是扮演着驮负岛屿的角色,或是扮演岛屿生成的指导者。在这些神话中充满了对岛屿(即实存的宇宙)的来源与生成的象征讲述。

龟属水生动物,龟负岛屿的神话传说,实与"漂浮大地""动物负地"的初民原始宇宙观有密切的关系。这种宇宙观也表现在马王堆汉墓T形帛画上。T形帛画分为三层:上层为天界,有主神、龙,有"日"之象征的"金乌",以及"月"之象征的"蟾蜍";中层为世界的墓主及其侍从;下层世界中则有两条大鱼与巨人擎举大地。(见附图六)在T形帛画中,下层的大鱼与巨人擎举大地亦与"漂浮大地""动物负地"的宇宙思维有关。

又如在山东沂南汉墓中室的画像石柱上,画面即是有神龟背负着主峰三峰耸立的蓬莱山,蓬莱山则有西王母端坐其上(见附图七),其画面的呈现由上而下是:西王母→蓬莱神山→巨鳌→神兽一→神兽二。在此一画像石图像中的"西王母"已与蓬莱神山神话以及巨鳌负山神话相结合,成为天界的主神。巫鸿指出,巨鳌所驮负之山为"昆仑山"②,西王母则端坐于昆仑山上。但由神话叙事考察,昆仑山多为层级式置景,与蓬莱三神山并列水平置景不同。(详见后文中讨论)海中"圣山"作为浮动的岛屿、漂浮的大地,并由巨鳌驮负的神话说明的是较原始的"漂浮大地"以及"动物负地"的宇宙观,与昆仑作为地中圣山的神话地理,以及层级式、阶梯式的"天柱"不同。且在两汉诗赋中"巨鳌"多与"蓬莱"相联结,如:

　　登蓬莱而容与兮,鳌虽抃而不倾。③(张衡《思玄赋》)
　　东海有鳌焉,冠蓬莱而浮游于沧海。④(苻朗《苻子》)

故在此画像石中,巨鳌所驮负者应该就是蓬莱神山而非昆仑神山。又如王小

---

① 转引自凌纯声:《中国与海洋洲的龟祭文化》,台北:"中央研究院"民族学研究所,1972年,第101页。
② 巫鸿:"然而,昆仑山在汉代文献记载中更常见的构成是一座包括三个高矮不一的山峰的大山。这种形状可以被视作昆仑山的多种形式之一,与蘑菇状的山形并存。比如在山东沂南汉墓中室的画像柱上,西王母端坐在三峰耸立的昆仑山上,其下有神龟背负昆仑(古人相信海中仙山由神龟所驮,抵达该地便可长生不老)。"见[美]巫鸿:《武梁祠——中国古代画像艺术的思想性》,柳扬、岑河译,北京:生活·读书·新知三联书店,2006年,第136页。巫鸿引用"海上仙山"蓬莱神话说明图像意涵,却又判断此三座神山为昆仑山,颇有矛盾之处。
③ (清)严可均校辑:《全后汉文》卷52,见《全上古三代秦汉三国六朝文》,北京:中华书局,1995年,第759页。
④ (清)严可均校辑:《全晋文》卷152,见《全上古三代秦汉三国六朝文》,北京:中华书局,1995年,第2336页。

盾从太阳崇拜、东西贯通观念、神灵观念、黑水观念、玄圃观念五大方面指出昆仑、蓬莱神话的共通性，其说颇有新意。但就第一、二点而言，王小盾指出："蓬莱由巨灵之鳌背负，这一形象来自神龟负日形象，说明蓬莱即旭日之山。"①但从比较神话学以及中国上中古的传世文献考察，巨鳌负山实与"水中圣土""漂浮大地""大地生成"等宇宙思维有关，巨鳌所负者为大地，并非太阳。黄崇铭评论王小盾"龟载太阳通过地底黑水"之说道："这些说法虽然有趣，但是文献中以龟背象天的说法最早出现于汉代纬书，此为先秦传世文献所未见的说法。龟载太阳通过黑水的说法则为传世文献所未闻。"②至于黑水观念，则引《海内十洲记》之说：

> 蓬丘，蓬莱山是也。对东海之东北岸，周回五千里，外别有圆海绕山，圆海，水正黑，而谓之冥海。③

但《海内十洲记》是六朝时期综合了纬书地理、魏晋杂记体及道教新说而形成的，在《海内十洲记》中以蓬莱属黑水，主死亡，应与道教宇宙论以及灵魂信仰有关。至于"玄圃"观念，王小盾则指出"蓬莱山上的玄圃，是从黑水神话、昆仑神话中移植而来的"④。但以"园""圃"作为乐园的具体形态无一不是世界乐园神话的共同母题。蓬莱神山作为海上的仙境乐园，拥有金玉之观、纯白禽兽以及珠玕之树等动植物产，正是其作为仙境乐园具体的空间性质，此一特质不一定非自黑水神话或昆仑神话移植过来。王小盾提出把蓬莱神话视为太阳黑水神话以及昆仑玄圃神话的一个分支，其说虽有新意，但尚待进一步考证。王小盾云：

> 就以上意义而言，"黑水"、"昆仑"、"蓬莱"也可以看作关于古代宇宙论的几个术语。同"青龙"、"白虎"、"朱雀"、"玄武"、"乾"、"坤"、"震"、"巽"、"坎"、"离"、"艮"、"兑"等术语一样，它们为中国哲学的产生奠定了基础。⑤

---

① 王小盾：《论古神话中的黑水、昆仑与蓬莱》，见复旦大学中文系编：《选堂文史论苑——饶宗颐先生任复旦大学顾问教授纪念文集》，上海：上海古籍出版社，1994年，第239页。
② 黄崇铭：《先秦宇宙观中的"龟使者"》，见蒲慕州编：《鬼魅神魔——中国通俗文化侧写》，台北：麦田出版社，2005年，第42—43页。
③（汉）东方朔：《海内十洲记》，见《景印文渊阁四库全书》第1042册，台北：台湾商务印书馆，1983年，第279页。
④ 王小盾：《论古神话中的黑水、昆仑与蓬莱》，见复旦大学中文系编：《选堂文史论苑——饶宗颐先生任复旦大学顾问教授纪念文集》，上海：上海古籍出版社，1994年，第240页。
⑤ 王小盾：《论古神话中的黑水、昆仑与蓬莱》，见复旦大学中文系编：《选堂文史论苑——饶宗颐先生任复旦大学顾问教授纪念文集》，上海：上海古籍出版社，1994年，第242页。

其文指出神话语言表现了宇宙论的讲述，此说则有意义。蓬莱神话与"水""渊""谷"的空间以及"龟"之神兽、"玄""黑"之颜色间有象征的联结，应是可以确定的。

在《楚辞·天问》《列子·汤问》《列仙传》中所记载"巨鳌负山"的神话，即属于龟驮大地、龟驮岛屿此一世界性创世神话中"大地潜水者"母题在中国的生成形式之一。《楚辞·天问》《列子·汤问》中的"巨鳌负山"神话，与上述太平洋群岛原住民的神话传说相较，虽有神话主题及叙事情节繁简之不同，但其基本叙事结构，神话的"原元素"——"龟"与"海上大地"间的关系，"龟"与"岛屿"创生间的象征性讲述中，实存有惊人的相似性。

（二）龟使者：柱天之巨灵

"龟"或"鳌"在中国神话与宇宙生成之间的关系，不但可从作为负地者的角色中探讨，亦可从其他传世文献中去印证考察。在传世古籍中，"龟"不但作为"负地者"的角色，亦具有"顶天柱"的功能。在女娲神话中，"鳌足"扮演着修补重建宇宙的"天柱"的角色。女娲炼五色石补苍天，"断鳌足以立四极"的完整记载，见于《淮南子·览冥》中：

> 往古之时，四极废，九州裂，天不兼覆，地不周载，火爁炎而不灭，水浩洋而不息，猛兽食颛民，鸷鸟攫老弱。于是女娲炼五色石以补苍天，断鳌足以立四极，杀黑龙以济冀州，积芦灰以止淫水。①

女娲修补天地崩坏的神话，又与共工神话关系密切。共工神话见于《淮南子·天文》中：

> 昔者，共工与颛顼争为帝，怒而触不周之山。天柱折，地维绝。天倾西北，故日月星辰移焉；地不满东南，故水潦尘埃归焉。②

相同的记载，也见于《淮南子·原道》：

> 昔共工之力，触不周之山，使地东南倾；与高辛争为帝，遂潜于渊，宗族残灭，继嗣绝祀。③

不论"共工破坏""女娲修补"二者孰先孰后，共工和女娲，都是形塑九州大地的神灵，其神话主题意义乃在于宇宙秩序的创始生成、破坏及重整的深层意涵。故在女娲神话中，"四极废""九州裂"是宇宙秩序的破坏，而女娲修补

---

① （汉）高诱注：《淮南子》卷6《览冥》，台北：世界书局，1955年，第95页。
② （汉）高诱注：《淮南子》卷3《天文》，台北：世界书局，1955年，第35页。
③ （汉）高诱注：《淮南子》卷1《原道》，台北：世界书局，1955年，第7页。

天地，炼石补天，又以"鳌足"为四根顶天柱，以立四极，于是：

> 苍天补，四极正，淫水涸，冀州平，狡虫死，颛民生。背方州，抱圆天。①

"天柱折，地维绝"此一天地崩坏的神话是建立在先秦两汉之际的宇宙观上。"四极"即是"方形"大地上支撑圆形天盖的"天柱"，"四极"天柱既折，女娲以鳌足"立四极"，鳌在宇宙结构中扮演着天柱的角色。从"绝四极"到"四极立"，宇宙之生态秩序始得以重建。而女娲补天修地后出现的"背方州，抱圆天"的宇宙模式，也就是具"神龟之象"的宇宙大地。《尔雅·释鱼》："一曰神龟。"②《礼统》云：

> 神龟之象，上圆法天，下方法地，背上有盘，法丘山，玄文交错，以成列宿，五光昭若，玄锦文运，转应四时。长尺二寸，明吉凶不言而信。③

神龟之象："上圆法天""下方法地"，正是先秦两汉之际盛行的上古"天圆地方"的"盖天说"的宇宙空间显象。而龟背有盘，法丘山"玄文交错，以成列宿"又是天体星空"运转四时"的时空喻象。汉代文献中，以"龟"为宇宙的缩影、宇宙时空的象征，《尚书·洪范》载：

> 天乃锡禹洪范九畴，彝伦攸叙。④

孔安国传曰：

> 天与禹，洛出书。神龟负文而出，列于背，有数至于九。禹遂因而第之，以成九类，常道所以次叙。⑤

故又与汉代的谶纬之说的增衍论述有关。⑥但在汉代谶纬学中，选择"龟"为"宇宙图说"的显象，实有其承自远古神话宇宙论的深层文化心理意涵。故汉人的解说中，有先秦宇宙论的残留。英国学者艾兰（Sarah Allan，1945—）研究指出：

> 龟与宇宙的相提并论并非是学者的比喻，而是古代神话里肯定的说

---

① （汉）高诱注：《淮南子》卷6《览冥》，台北：世界书局，1955年，第95页。
② （清）郝懿行注：《释鱼》，见《尔雅义疏》，台北：艺文印书馆，1973年，第1215页。
③ （梁）贺述：《礼统》，见《汉魏遗书钞》，台北：艺文印书馆，1971年，嘉庆三年金溪王光耀印本，第3页。
④ （汉）孔安国传，（唐）孔颖达疏：《洪范》，见《尚书注疏》，台北：艺文印书馆，1982年，第168页。
⑤ （汉）孔安国传，（唐）孔颖达疏：《洪范》，见《尚书注疏》，台北：艺文印书馆，1982年，第168页。
⑥ 黄崇铭：《先秦宇宙观中的"龟使者"》，见蒲慕州编：《鬼魅神魔——中国通俗文化侧写》，台北：麦田出版社，2005年，第41—81页。

法；当然我们也得知龟足是立于西北、西南、东北、东南"四极"，而不是在东、南、西、北基本方位上。……我上面曾谈到了对"十"形结构的两种推想，我认为它是后来"地为方"这个信仰的来源。如果一个大方形被拿掉了四角，就极像龟腹中的形状，四角缺凹；或像方鼎的底座，它在安置鼎足之前也是一个"十"形，有了这个"十"形，再在它的东北面、西北面、东南面、西南面四处放上四支足（山），支撑着一个圆形的天。①

龟足立于四极，支撑圆天的神话思维，是初民"天圆地方""地载水而浮"宇宙观的神话象征讲述。②故不论是"负地"或"柱天"，在中国神话中，"龟"与宇宙秩序的重整、建立有密不可分的关系：倾斜的大地，由鳌足所支撑而不坠；浮动的岛屿大地，由神龟背负而不移。在世界潜水型创世神话中，"龟""蛙"之所以驮负大地，都是在"天神"或"造物者"的指派之下，而担任神圣使命。因此"龟"不是创世的主动者，而是担任被动的"使者"角色。人类学者黄铭崇先生考察先秦文献与考古器物亦研究认为，龟在先秦宇宙观中扮演"使者"的角色，且在上古宇宙观中以龟为使者的概念，应该是商代巫术宇宙观中重要的观念。③在《列子·汤问》的蓬莱神话叙事中，"巨鳌负山"亦是奉"帝"之命，为海神禺强之使者而背负。巨龟无疑是创建、重整宇宙秩序的"神使者"，也是"天圆地方""地载水而浮"宇宙模式的象征。在蓬莱神话中，"巨鳌负山"的神话叙事，与女娲、共工神话中部分神话情节母题相同，实隐含着先民神圣的宇宙思维。

（三）龙伯大人与宇宙失序

《山海经·海内北经》载："蓬莱山在海中，大人之市在海中。"《山海经》中"蓬莱山"与"大人之市"二则排比陈述，隐然可见"蓬莱"与"大人"的关系。而这些海中"大人"的记载与蓬莱相同，大都见于东方滨海地区④，可以推见在

---

① [英]艾兰（Sarab Allan，1945—）：《龟之谜——商代神话、祭祀、艺术和宇宙观研究》（*Myth, Art, and Cosmos in Early China*），汪涛译，成都：四川人民出版社，1992年，第118—119页。

② 参见赵林研究道："然而汤问篇曰仙山在归墟、漂动这一记叙，显然这是得自'地载水而浮'这个老观念，这则神话特别值得注意的是巨鳌背负仙山这一个母题。"见赵林：《中国古代的宇宙观及创世神话》，载《人文学报》1981年第6期，第147页。

③ 黄崇铭：《先秦宇宙观中的"龟使者"》，见蒲慕州编：《鬼魅神魔——中国通俗文化侧写》，台北：麦田出版社，2005年，第41—81页。

④ （晋）郭璞、（明）杨慎、（清）郝懿行等皆以海市蜃楼所产生的幻境加以解释。参见袁珂《山海经校注·海内北经》中注文。

东方海域里早已流传着海中大人的传说。与"大人"有关之记载，在《山海经》中尚有以下几例：

> 跂踵国在拘缨东，其为人大，两足亦大。一曰大踵。①（《海外北经》）
>
> 东海之外，大荒之中，有山名曰大言，日月所出。有波谷山者，有大人之国，有大人之市，名曰大人之堂，有一大人踆其上，张其两耳。②（《大荒东经》）
>
> 嗟丘，爰有遗玉、青马、视肉、杨柳、甘柤、甘华。百果所生。在东海，两山夹丘，上有树木。一曰嗟丘，一曰百果所在，在尧葬东。大人国在其北，为人大，坐而削船。③（《海外东经》）
>
> 有人名曰大人。有大人之国，厘姓，黍食，有大青蛇，黄头，食麈。④（《大荒北经》）

《山海经·大荒东经》郭璞注引《河图玉版》曰："从昆仑山以北九万里，得龙伯国人，长三十丈。"⑤《博物志》卷2载："《河图玉版》云：龙伯国人长三十丈，生万八千岁而死。"⑥可见龙伯国即是"大人国"，"大人"具有超出一般常人的高大身躯——"为人大，坐而削船""长三十丈"等身体特征。这种超出常人形貌的"大人"亦同样具有超人的"非常"能力。在《列子·汤问》中，海中浮动的五仙山——岱舆、员峤、方壶、瀛洲、蓬莱，在十五只巨鳌的背负下"五山始峙"，而为"群圣之居"的仙境乐园。但此一仙境却因"龙伯大人"之钓鳌灼骨，而导致岱舆、员峤二山流于北极、沉于大海的命运。《列子·汤问》云：

> 而五山之根无所连着，常随潮波上下往还，不得暂峙焉。仙圣毒之，诉之于帝。帝恐流于西极，失群圣之居，乃命禺强使巨鳌十五举首而戴之，迭为三番，六万岁一交焉，五山始峙。而龙伯之国有大人，举足不盈数步而暨五山之所，一钓而连六鳌，合负而趣，归其国，灼其骨以数焉。于是岱舆、员峤二山，流于北极，沉于大海，仙圣之播迁者巨亿计。帝凭怒，侵减龙伯之国使厄，侵小龙伯之民使短。至伏羲、神农时，其国人犹数十丈。⑦

---

① 袁珂校注：《山海经校注》第8《海外北经》，台北：里仁书局，1982年，第242页。
② 袁珂校注：《山海经校注》第14《大荒东经》，台北：里仁书局，1982年，第340—341页。袁珂注："经文'张其两耳'之'两耳'，《太平御览》卷377、卷394并引作'两臂'，作'两臂'是也。"
③ 袁珂校注：《山海经校注》第9《海外东经》，台北：里仁书局，1982年，第251—252页。
④ 袁珂校注：《山海经校注》第17《大荒北经》，台北：里仁书局，1982年，第422页。
⑤ 袁珂校注：《山海经校注》第14《大荒东经》，台北：里仁书局，1982年，第341页。
⑥ 范宁校证：《博物志校证》，台北：明文书局，1981年，第23页。
⑦（晋）张湛注：《列子注》卷5《汤问》，台北：世界书局，1962年，第53页。

从神话叙事中可见建筑在大海中的原初神山仙境并不稳定，"常随潮波上下"，因此虽然仙境美好，但"不得暂峙"。直到帝命禺强使巨鳌十五负山，"五山始峙"。"帝"在此扮演着调整宇宙乐园的神圣角色，而作为宇宙象征的"神使者"——巨鳌，其负山之举，更是世界神话中创建原初宇宙的类型之一。"帝命禺强使巨鳌负山"的神话，实隐含着"经由大地潜水者创生"此一神话类型结构。在"帝"与"禺强""巨鳌十五"的创建、重整下，原初宇宙乐园——五神山始能屹立不摇。

由于龟是宇宙秩序的奠基者，因此掌领巨鳌，也即掌领了宇宙秩序之稳定。而掌领宇宙秩序者，多为宇宙的创建者或守护者，因此"帝"与"禺强"即是海上五神山此一宇宙乐园的创建者与守护者。龟又具有宇宙的象征，而"灼骨"则是占卜探求宇宙之秘的方式。《史记·龟策列传》载：

> 王者决定诸疑，参以卜筮，断以蓍龟，不易之道也。[1]

> 龟者是天下之宝也，先得此龟者为天子，且十言十当，十战十胜。生于深渊，长于黄土。知天之道，明于上古。游三千岁，不出其域。安平静正，动不用力。寿蔽天地，莫知其极。[2]

《周礼·春官宗伯·龟人》：

> 龟人掌六龟之属，各有名物，天龟曰灵属，地龟曰绎属，东龟曰果属，西龟曰雷属，南龟曰猎属，北龟曰若属，各以其方之色与其体辨之，凡取龟用秋时，攻龟用春时，各以其物入于龟室，上春衅龟，祭祀先卜，若有祭祀则奉龟以往，旅亦如之，丧亦如之。[3]

由于"龟者是天下之宝也，先得此龟者为天子，且十言十当，十战十胜"，又"有祭祀则奉龟以往"，龟具天地之秘的神圣性，而"鳌"即"大龟"。《左传》僖公十五年载：

> 龟，象也。筮，数也。物生而后有象，象而后有滋，滋而后有数。[4]

龟是宇宙衍生以及结构之模拟，因此"龟"可预知未来之吉凶。因此"钓鳌""灼骨"之举也即象征了对原初乐园宇宙秩序的破坏、对宇宙之秘的窃取，

---

[1] [日] 泷川龟太郎考证：《史记会注考证》卷128《龟策列传》，台北：洪氏出版社，1981年，第1338页。
[2] [日] 泷川龟太郎考证：《史记会注考证》卷128《龟策列传》，台北：洪氏出版社，1981年，第1342页。
[3] （汉）郑玄注，（唐）贾公彦疏：《周礼注疏》卷24，台北：艺文印书馆，1982年，第374页。
[4] （周）左丘明传，（晋）杜预注，（唐）孔颖达疏：《左传正义》，台北：艺文印书馆，1982年，第234页。

以及对原初乐园创造主身份的僭越。此一破坏宇宙乐园秩序者即是"龙伯大人",龙伯大人以其"大人"的"非常人"的身体与能力象征挑战"帝"创宇宙的神权。

在上古洪水神话中,挑战帝权、破坏宇宙秩序的共工的形貌也是"大人"。世界神话中的"大人"常与创世神话有关,或是开天辟地的创世主如盘古,或是挑战帝权、化生宇宙者,如北欧霜巨人尤弥儿(Ymir)[①],或是导致宇宙失序的破坏者,如共工、龙伯大人。王孝廉认为:"在许多古老的神话里,巨人被认为是和幽冥地狱有关的。如希腊神话中的巨人 Atlas,北欧神话中的冰巨人 Ymir 和 Uranus 所逐闭于极北大荒之中司地下之谷的巨人族 Titans 等,这些巨人在神话里常是伟大的英雄,也常是扰乱世界的恶神代表。"[②]在蓬莱神话中"龙伯大人"导致五神山宇宙乐园结构破坏的神话,可与《淮南子·天文》中共工与颛顼争帝而导致原初宇宙失衡的神话对比。两者之语言叙事层不同,但其深层结构相同。

宇宙论	初创宇宙	挑战帝权	宇宙失序	天帝惩罚	宇宙重整
秩序论	有序	失序	失序	整理秩序	重回有序
乐园论	乐园初建	乐园破坏	乐园破坏	乐园重整	重返乐园
《列子·汤问》	五山始峙而不动	龙伯大人钓鳌灼骨	岱舆、员峤二山,流于北极,仙圣之播迁者巨亿计	侵减龙伯之国使厄,侵小龙伯之民使短	
《淮南子·天文》《淮南子·原道》		共工与颛顼(或高辛)争为帝	天柱折,地维绝	宗族残灭,继嗣绝祀	

因此,《列子·汤问》中的大壑归墟五神山,帝令禺强使巨鳌负山、龙伯大人钓鳌灼骨的表层神话叙事,从神话母题分析以及宇宙论的研究视角下探讨,其深层意涵实隐喻着海上乐园、原初宇宙由和谐到破坏到再建立的象征结构,也即宇宙秩序由有序到无序到再重返有序的有机图式。

(四)水中名山与水中圣土

宇宙的重整、岛屿的生成除了与灵龟负地神话有关外,亦与水上生生不息的泥土有关。在世界创世神话中,颇多水中岛屿大地是由生长不息的泥土所逐渐

[①] 李映荻编译:《北欧神话》,台北:水牛图书出版公司,2002年,第3页。
[②] 王孝廉:《夸父神话——古代的幽冥信仰之一》,见王孝廉:《中国神话世界》下编,台北:洪叶文化事业有限公司,2006年,第232页。

形成的神话叙事。在北美阿尔衮琴印第安人的创世神话《米恰勃》中说：

>神兔米恰勃（Michabo）是阿尔衮琴族的主神。古老的旅行者的记载中把他描写为风的主宰、图画文字的发明者，甚至世界的创造者和保存者。他从海底中抓起一粒沙来，用它造成一个岛，把岛投入原始时代的水中。这岛很快地伸展，变得很大很大。①

在北美印第安人的洪水神话中则说：

>天帝将土放在水面上，不让之下沉，等到它长大为一个岛时，他又派一只鹿上岛探查岛的大小程度。鹿很快在岛上跑了一圈，回来对他说岛还不够大。于是他继续向岛吹气，直到岛上有了山峰、湖泊和河流，他才下船走上这新创造的世界。②

在上两则神话中，创世岛屿即是由水上生生不息的沙土增长而成。而岛上蓬勃的生气，是由天帝不断向岛"吹气"而形成的。而天帝吹气生土生成岛和大地的情节叙述，又隐然与中国创世神话中"息壤"的母题相合。

在中国神话中，大禹用以堙洪水的"息壤"，即为生生不息的泥土。鲧、禹以息壤堙洪水以造大地的神话，见于《山海经》《淮南子》的记载中。《山海经·海内经》：

>洪水滔天，鲧窃帝之息壤以堙洪水，不待帝命。帝令祝融杀鲧于羽郊。鲧复生禹，帝乃命禹卒布土以定九州。③

晋人郭璞注《山海经·海内经》云：

>息壤者，言土自长息无限，故可以塞洪水也。《开筮》曰："滔滔洪水，无所止极，伯鲧乃以息石息壤，以填洪水。"汉元帝时，临淮徐县地踊长五六里，高二丈，即息壤之类也。④

《淮南子·时则》云：

>东方之极，自碣石山过朝鲜，贯大人之国。东至日出之次，榑木之地，青土树木之野。太皞句芒之所司者，万二千里。其令曰：挺群禁，开闭阖，通穷室，达障塞。行优游，弃怨恶。解役罪，免忧患，休罚刑，开关梁。宣出财，和外怨，抚四方，行柔惠，止刚强。南方之极，自北户孙之外，贯颛顼之国，南至委火炎风之野，赤帝祝融之所司者，万二千里。其令曰：爵有德，赏有功，惠贤良，救饥渴，举力农，赈贫

---

① 丰华瞻编译：《世界神话传说选》，北京：外国文学出版社，1982年，第199页。
② James George Frazer, *Folklore in the Old Testament*. U. K.：Curzon Press, 1994.
③ 袁珂注：《山海经校注》第18《海内经》，台北：里仁书局，1982年，第472页。
④ 袁珂注：《山海经校注》第18《海内经》，台北：里仁书局，1982年，第472页。

穷，惠孤寡，忧罢疾，出大禄，行大赏，起毁宗，立无后，封建侯，立贤辅。中央之极，自昆仑东绝两恒山，日月之所道，江汉之所出。众民之野，五谷之所宜，龙门河济相贯，以息壤堙洪水之州。东至于碣石，黄帝后土之所司者，万二千里。其令曰：平而不阿，明而不苛，包裹覆露，无不囊怀。溥氾无私，正静以和，行稃鬻，养老衰，吊死问疾，以送万物之归。西方之极，自昆仑绝流沙沉羽，西至三危之国，石城金室，饮气之民，不死之野。少皞蓐收之所司者，万二千里。其令曰：审用法，诛必辜，备盗贼，禁奸邪，饰群牧，谨著聚，修城郭，补决窦，塞蹊径，遏沟渎，止流水，雝溪谷，守门闾，陈兵甲，选百官，诛不法。北方之极，自九泽穷夏晦之极，北至令正之谷，有冻寒积冰、雪雹霜霰、漂润群水之野，颛顼玄冥之所司者，万二千里。①

《淮南子·墬形》云：

> 禹乃以息土填洪水，以为名山。②

东汉高诱注曰：

> 息土不耗减，掘之益多，故以填洪水。③

此一"息土"即是"息壤"，在古籍中皆认为其是一种神性的土壤。因为息壤的生生不息，不断增长，它才可以填堵滔天洪水。④且此一"以息壤堙洪水之州"，即位于"中央之极"，在《淮南子·时则》中，中央之极之外的空间都是"野"，中央之极在神话思维中即是宇宙中心之神圣空间，《淮南子》的神话地理舆图中，"以息壤堙洪水之州"，以"州"命名，也即在洪水中以息壤建造的"始地"为中心之"州"，也是宇宙的神圣空间、原初的圣土。以息壤所堙之洪水之州，无疑具有"水中圣土""大地中心"之象征。《拾遗记》卷2载：

> 禹尽力沟洫，导川夷岳，黄龙曳尾于前，玄龟负青泥于后。玄龟，河精之使者也。龟颔下有印，文皆古篆，字作九州山川之字。禹所穿凿之处，皆以青泥封记其所，使玄龟印其上。⑤

---

① （汉）高诱注：《淮南子》卷5《时则》，台北：世界书局，1955年，第83—85页。
② （汉）高诱注：《淮南子》卷4《墬形》，台北：世界书局，1955年，第56页。
③ （汉）高诱注：《淮南子》卷4《墬形》，台北：世界书局，1955年，第56页。
④ 神话学者亦从现实社会中治水、务农的角度探讨"息壤"。如尹荣芳研究论道："普普通通的芦灰也变成为神力无边的神土'息壤'，但'营莆堇''积芦灰''息壤'等传说仍顽固地将一些远古治水信息保留了下来，使我们得以窥见远古人民治水力农的一些真实面貌。"参见尹荣芳：《鲧、禹治水的神话与现实》，见尹荣芳：《神话求原》，上海：上海古籍出版社，2003年，第87页。
⑤ （晋）王嘉：《拾遗记》卷2，（梁）萧绮录，齐治平校注，台北：木铎出版社，1982年，第37页。

可见治水者大禹与玄龟背负青泥间的关系。而玄龟所负之青泥，袁珂研究认为："青泥当是息壤之属，使龟负之，以堙洪水。相传禹治水所以成功，缘疏导与堙塞并施，龙与龟所做的工作，应即是此。"①日本学者大林太良从比较神话学的角度考察指出："《山海经·海内经》上也记载有中国古代的洪水神话。鲧从上帝那里盗走了叫做息壤的永远成长不止的土，并用它平息了洪水。此事惹怒了上帝，命令火神祝融，在羽山将鲧杀死，把余下的息壤要了回来。我想这大概是狩猎民创造的世界潜水神话受违背天神意志而盗取对人类有价值的事物这一农耕民神话母题的影响之后演变而成的。从其分布情况看，上述论断并不奇怪，而且，从水中带来的一把土和潜水者爪上的一块土都像息壤那样不停地膨胀生长，最后变成大地，这一要素是潜水母题的重要特征。"②多位神话学者研究亦认为"青泥"即是"息壤"，属于"取土造地"此一神话的变异③，吕微指出：

    尽管在不同文献的表层叙事中，息壤又变形为青泥、芦灰等不同的物质，但从深层象征与结构功能的角度看，息壤、青泥、芦灰均为同质等值物，即"取土造地"这一世界性神话母题在中国的生成形式。④

玄龟所背负即是一块生生不息的"息壤"圣土。而此一神圣土壤又与名山大地有密切的关系，在《淮南子·墬形》"禹乃以息土填洪水，以为名山"的叙述中，"息土""洪水""名山"形成对立又相应的结构，隐喻着"名山"由"息土"所形成的意涵。再对照《淮南子·时则》中"以息壤堙洪水之州"位于"中央之极"，具有神圣空间、大地中心之象征。"息壤""洪水""名山""中央"形成符号化的象征系统——一个神话地理的宇宙图式。伊利亚德指出：

    和许多其他传说一样，埃及的宇宙起源说也是以一座土堆从远古之水中浮现出来开始的。这个"初地"（First Place）从浩瀚的水世界中出现，表示土地、光、生命以及意识的出现。在日城（Heliopolis），有个

---

① 袁珂：《古神话选释》，台北：长安出版社，1986年，第300页。
② [日] 大林太良：《神话学入门》，林相泰、贾福水译，北京：中国民间文艺出版社，1989年，第51—52页。
③ 吕微：《神话何为——神圣叙事的传承与阐释》，第3章《息壤：农业文化的意识形态符号》，北京：社会科学文献出版社，2001年，第95—101页。
④ 吕微：《神话何为——神圣叙事的传承与阐释》，第3章《息壤：农业文化的意识形态符号》，北京：社会科学文献出版社，2001年，第95页。

名叫"沙丘"的地方，是太阳神庙的一部分，被认为是"太初之丘"。①

"初地"从浩瀚的水中而生，大禹在洪水中布息壤以为名山，此名山从深层象征考察，具有水中"初地"的性质，无疑是神圣之土。

在中国神话中，立于龟背之上的，除了青泥、生生不息的土壤、神圣的大地外，尚有此一神圣的山岳——蓬莱之山。故对照玄龟青泥的"取土造陆"神话、巨鳌负神山的蓬莱神话，以及环太平洋地区的潜水型创世神话，可以发现蓬莱三神山具有水中"圣土"、水中"息土"的特质。"息土"与"神山仙岛"皆以"土"的形式，作为空间中的物质元素与地貌形式，二者相较，一为水中神圣的土壤，一为海上神圣山岳岛屿，二者皆是具有神性之"土"，皆漂浮于汪洋大水之中。二者皆只有在巨鳌灵龟的背负下，才能在流动的混沌水面上，创造出大地，而凡人或神灵始能在此生息居住。

故对照《列子·汤问》中，原本五神山位于归墟大壑中，"常随潮波上下往还，不得暂峙焉"，"帝恐流于西极，失群圣之居"，于是帝令禺强使巨鳌十五负山，"五山始峙"，在此一神话叙事中作为"群圣之居"的蓬莱神山必须在巨鳌的背负下始能峙立于大海之中，具有神性土壤的性质。而在此一神圣空间中，"珠玕之树皆丛生，华实皆有滋味，食之皆不老不死"，足见蓬莱三神山此一空间所具有强大的生命再生神圣能量。则《列子·汤问》中为巨鳌所负的三神山，与宇宙创生神话中在大龟背上所生成的大地——"息壤"的功能近似。这两块由灵龟所负的"海中土壤"，一以"圣土"，一以"名山"之形式，同样具有灵魂、生命、生长不息的神圣能量。

"水中息壤"与"海上仙岛"皆是由"水"与"土"两种空间中的基本元素所衍生建构而成，也是人类生命存在的基本元素。水中的圣境蓬莱，既为"群圣之居""诸仙人及不死之药皆在焉"，就是一座为神灵仙人所居的岛屿乐园，这座岛屿乐园与"息壤"相对照，它同样是由自水中浮出的圣土所形成的海上他界，又具有宇宙中心之象征。因此水中蓬莱神话不仅仅只有神话表层的意义，单纯是人间仙境理想的虚构投影以及道教修真的圣境，在其神话叙事的深层，实蕴含着宇宙形成的象征性意涵。因此蓬莱神山之所以以水中神山的地貌形式存在，正隐喻着此一神圣空间是在世界海洋"原水"中所创造生成的"山岳"。此一"山岳"具有"初地"、"始地"（First Place）的性质。此一山岳原型即是由神性

---

① ［美］米尔恰·伊利亚德：《宗教思想史》，晏可佳、吴晓群、姚蓓琴译，上海：上海社会科学院出版社，2004年，第77页。

的负地者——巨鳌所托举的原初大地形式之一。

在世界宇宙创生神话和负地神话中都讲述道：宇宙生成之初，世界为一片茫茫大水，无边无涯，这就是缥缈浩瀚的原初之水（primordial water）或是宇宙海（cosmic ocean），而宇宙万物正是从水中逐渐诞生。此一原始海不但生成了大地，生成了神山，生成了岛屿，也是万事万物的生成之源。在岛国日本宇宙起源神话中，海洋是生命之源，日本列岛也是在苍茫的海洋上诞生。依《日本书纪》和《古事记》所载之岛屿起源的神话如下：

> 于是众天神诏示伊邪那岐命、伊邪那美命两位神，去修固那漂浮的国土，并赐给一支天沼矛。两位神站在天浮桥上，把矛头探入海中，咕噜咕噜地搅动海水，提起矛时，从矛头滴下来的海水，积聚成岛，这就是淤能基吕岛。①

> 伊奘诺尊、伊奘冉尊，立于天浮桥之上共计曰：底下岂无国欤？乃以天之琼矛指下而探之，是获沧溟，其矛锋滴沥之潮，凝成一岛，名之曰：磤驭卢岛。②

岛国日本圣土是在原初宇宙海中，由创世二神伊邪那岐命和伊邪那美命以矛头搅动海水，矛头上滴下的海水凝固淤积而形成。海洋是原初宇宙的形式，为人所生息的岛屿则是从窈冥、浩瀚的海洋中生成。此一神话据日本学者大林太良研究认为："这一神话和潜水母题有着渊源关系。"③学者从神话母题分析，亦判断日本国形成的神话中，与世界宇宙起源神话中大地潜水者创世的母题间有密切的关系。

蓬莱三神山空间之所以被赋予神圣的能量，成为长生不死的仙境象征，实与此一空间同样具有"水中圣土""水中圣山""原初宇宙"的深层象征有关，亦即海中蓬莱神话与潜水取土造地神话、灵龟负地神话间有密不可分的关系。而此三种神话又都与"海洋"/"原水"/"创世"/"圣土（山）"等原始神话思维有关，也就是《山海经·海内北经》中"海中蓬莱"文本，《山海经·海内经》鲧、禹布土治水、取土造地神话文本，《楚辞·天问》灵龟负地神话文本，《列子·汤问》巨鳌负山文本中皆蕴含了海洋创世神话中的部分因子，它们都触及了宇宙创生神话中对原初宇宙生成或宇宙本源的象征性讲述，也反映了不同的神话文

---

① ［日］仓野宪司校注：《古事记》，东京：岩波书店，2000年，第19页。译文参见［美］戴维·利明、［美］埃德温·贝尔德：《神话学》，上海：上海人民出版社，1992年，第210页。
② ［日］阪本太郎校注：《日本书纪》，东京：岩波书店，2000年，第22页。
③ ［日］大林太良：《神话学入门》，林相泰、贾福水译，北京：中国民间文艺出版社，1989年，第51页。

本在讲述、记录、书写、传播中相互黏合、渗透的情形。

五、洲与岛：海上乐园与环水大地

（一）海中洲岛与不死仙境

对于异于凡俗空间的神仙世界的图绘，人神自由往来的神话，早已出现在殷商两代的文献中。张光直研究指出："东周的文献中，除了这种人神交往的神话之外，还有不少关于一个与凡俗的世界不同的世界的记录，这个世界常常是美化了与理想化了的，为神灵或为另一个境界中的人类所占居，偶然也可以为凡人所达。这种美化了的世界似乎可分为三种：其一为神仙界，如《天问》《穆天子传》《九章》以及《淮南子》之类的汉籍所叙述的'昆仑'与'悬圃'。……其二为远方异民之国，如《山海经》之载民之国（《大荒南经》）、沃之国（《大荒西经》）与都广之国（《海内经》）及《列子》中的终北之国与华胥氏之国。……其三为远古的世界。"①张光直研究认为，这三类具有为人所美化的世界乐园（paradise）的性质，其中的"神仙界"，即是在《淮南子》以及《楚辞》等传世古籍中所叙述的"昆仑"与"悬圃"。但在先秦两汉的文献中，仙乡乐园除了在西部的圣山昆仑外，另一仙界圣境，是在东方的海上蓬莱。蓬莱神山与昆仑神山同为先秦两汉神话中理想的仙乡乐园。但蓬莱不同于西方的"地中"昆仑，它是建构在东方茫茫大海之中，或东海，或渤海，蓬莱乐园为深广难越的"海"所环绕，"海"成为圣界与俗界的隔绝意象，"海水"成为圣俗空间转化的"阈限"（liminal）象征。②虽然乐园可爱，但仙境难求，此一海中仙岛总是"终莫能至"（《史记·封禅书》），它作为一种相对于人境的异质化空间而存在，这样的异于凡俗时空的异次元世界，是常人所无法造访，而只有神人、仙人才能升登的乐园。"海"在神话叙事中，具有"阈限"的作用与功能，具备着分隔新旧、转换圣俗的中介功能。

---

① 张光直：《商周神话之分类——中国古代神话研究之二》，载《"中央研究院"民族学研究所集刊》1962 年第 14 期，第 16 页。
② "阈限"（liminal）：拉丁语"limen"，意为"阈限"或"门槛"，人类学家特纳（Victor Turner，1920—1983）所提出仪式过程中的类型化模式。有阈限（liminality）及准阈限（liminoid）两种阶段。见［英］菲奥纳·鲍伊（Fiona Bowie）：《宗教人类学导论》（*The Anthropology of Religion：An Introduction*），金泽、何其敏译，北京：宗教文化出版社，2001 年，第 186 页。

《史记·封禅书》记蓬莱三神山有"诸仙人及不死之药皆在焉"①；《列子·汤问》则强调："所居之人，皆仙圣之种，一日一夕飞相往来者，不可数焉。"②其后《海内十洲记》中的蓬丘（即蓬莱山）亦是"唯飞仙有能到其处耳"③。此种境外海上乐园，除了蓬莱山外，在《山海经》的记载中，尚有"列姑射"及"射姑国"。此二地与蓬莱山皆见于《山海经·海内北经》的记载中：

> 列姑射在海河洲中。④

> 射姑国在海中，属列姑射。⑤

列姑射与射姑国在《山海经》中的叙述十分简略，也是被置于"海河"的空间之中。在《庄子·逍遥游》及《列子·黄帝》的记载中，列姑射山已成为海上的仙境乐园：

> 藐姑射之山，有神人居焉，肌肤若冰雪，淖约若处子。不食五谷，吸风饮露。乘云气，御飞龙，而游乎四海之外。⑥

> 列姑射山在海河洲中，山上有神人焉，吸风饮露，不食五谷。心如渊泉，形如处女；不偎不爱，仙圣为之臣；不畏不怒，愿悫为之使；不施不惠，而物自足；不聚不敛，而已无愆。阴阳常调，日月常明，四时常若，风雨常均，字育常时，年谷常丰；而土无札伤，人无夭恶，物无疵厉，鬼无灵响焉。⑦

此二书中所记载"在海河洲中"的道家海上乐园——列姑射山上有吸风饮露、不食五谷的神人，以及字育常时、年谷常丰的环境。其乐园空间模式与蓬莱神山乐园十分接近，可见此种"海上理想国度"的空间模式，在战国时期已流传广远。《史记·封禅书》和《列子·汤问》中的蓬莱三神山以及《列子·黄帝》中的列姑射山皆是位于苍茫"海中"或"海河洲中"的乐园——现实地理之外的宇宙山与仙岛。这种带有古神话色彩的海上洲岛乐园幻想，日益增衍，发展至六朝时期，

---

① [日]泷川龟太郎考证：《史记会注考证》卷28《封禅书》，台北：洪氏出版社，1981年，第502页。
② （晋）张湛注：《列子注》卷5《汤问》，台北：世界书局，1962年，第53页。
③ （汉）东方朔：《海内十洲记》，见《景印文渊阁四库全书》第1042册，台北：台湾商务印书馆，1983年，第279页。
④ 袁珂注：《山海经校注》第12《海内北经》，台北：里仁书局，1982年，第321页。
⑤ 袁珂注：《山海经校注》第12《海内北经》，台北：里仁书局，1982年，第322页。
⑥ （清）王先谦：《庄子集解》卷1，台北：世界书局，1962年，第4页。
⑦ （晋）张湛注：《列子注》卷2《黄帝》，台北：世界书局，1962年，第14页。

又吸收了纬书的神秘舆图，进而形成道教新的海上仙境传说[1]，大约成书于晋、宋之间[2]的《海内十洲记》正是此一思想下的文学仙境地图。

《海内十洲记》原题《十洲记》，首见于《隋书·经籍志》"史部·地理类"，其结构分成两大部分，首尾为汉武帝与东方朔的对话，中间部分则罗列海内洲岛，其中所记的洲岛依序为：祖洲、瀛洲、玄洲、炎洲、长洲、元洲、流洲、生洲、凤麟洲、聚窟洲、沧海岛、方丈洲、扶桑、蓬丘、昆仑，所记十洲全安置在"巨海之中"，而其中洲岛的地理位置和自然景观以及地景中的沙石、矿物、植物、禽兽、建筑、颜色、物产皆明显具有神圣性，承袭了《山海经》地理博物式的书写传统，更强调海中仙境乐园的叙事与演变。李丰楙研究认为《十洲记》后题为《海内十洲记》之原因与道教经籍中的宇宙观有关："乃十洲记所反映的海内地理观，大抵而言十洲记属于解说十洲三岛等仙境传说的道教思想类笔记小说，乃六朝时期的道教艺术。"[3]王国良则指出："'海内'一词，当自邹衍大九州之说而来。"[4]秦汉典籍中的海上三神山——蓬莱、方丈、瀛洲，则被吸收统合在此一道教仙境舆图中。其中瀛洲、方丈名称不变，"蓬丘"下则有文字叙述："蓬莱山是也。"是秦汉的海中蓬莱三神山在晋、宋之际，以其水中"洲""岛"的地貌形式，在新兴道家神圣空间的舆图中，继续承载着凡俗世人对不死境域的图绘想象。

《海内十洲记》中洲岛的神异叙事可列表如下[5]：

洲岛名＼题目	地理位置	地貌景观	物产特色
祖洲	近在东海之中，地方五百里，去西岸七万里		上有不死之草，草形如菰苗，长三四尺。人已死三日者，以草覆之，皆当时活也，服之令人长生
瀛洲	在东海中，地方四千里；大抵是对会稽，去西岸七十万里		上生神芝、仙草。又有玉石，高且千丈。出泉如酒，味甘，名之为玉醴泉。饮之数升，辄醉，令人长生

---

[1] 参见李丰楙：《十洲记研究》，见李丰楙：《六朝隋唐仙道类小说研究》，台北：台湾学生书局，1997年，第123—181页。
[2] 李丰楙研究指出《十洲记》的成书年代："大约在东晋末到刘宋初上清伪经造制时期。"李丰楙：《十洲记研究》，见李丰楙：《六朝隋唐仙道类小说研究》，台北：台湾学生书局，1997年，第123—181页。又王国良亦判断道："十洲记最多可能出现的时段，应该在宋、齐之间才对。"王国良：《海内十洲记研究》，台北：文史哲出版社，1993年，第8页。
[3] 李丰楙：《十洲记研究》，见李丰楙：《六朝隋唐仙道类小说研究》，台北：台湾学生书局，1997年，第124页。
[4] 王国良：《海内十洲记研究》，台北：文史哲出版社，1993年，第10页。
[5]（汉）东方朔：《海内十洲记》，见《景印文渊阁四库全书》第1042册，台北：台湾商务印书馆，1983年，第274—280页。

续表

洲岛名\题目	地理位置	地貌景观	物产特色
玄洲	在北海之中，戌亥之地，方七千二百里，去南岸三十六万里。上有太玄都，仙伯真公所治	多丘山	饶金芝玉草
炎洲	在南海中，地方二千里，去北岸九万里		上有风生兽，似豹，青色，大如狸，张网取之……以铁锤锻其头数十下乃死；而张口向风，须臾复活。以石上菖蒲塞其鼻即死，取其脑，和菊花服之，尽十斤，得寿五百年
长洲	在南海辰巳之地，地方各五千里，去岸二十五万里	上饶山川，及多大树	1. 树乃有二千围者，一洲之上，专是林木，故一名青丘 2. 又有仙草、灵药，甘液、玉英，靡所不有
元洲	在北海中，地方三千里，去南岸十万里		上有五芝、玄涧。涧水如蜜浆，饮之长生，与天地相毕，服此五芝，亦得长生不死
流洲	在西海中，地方三千里，去东岸十九万里	上多山川积石	上多山川积石，名为昆吾，冶其石成铁，作剑，光明洞照，如水精状，割玉物如割泥
生洲	在东海丑寅之间，接蓬莱十七万里，地方二千五百里，去西岸二十三万里	天气安和，芝草长生。地无寒暑，安养万物	亦多山川、仙草、众芝。一洲之水，味如饴酪，至良洲者也
凤麟洲	在西海之中央，地方一千五百里	洲四面有弱水绕之，鸿毛不浮，不可越也	洲上多凤麟，数万各为群。又有山川池泽及神药百种
聚窟洲	在西海中申未之地，地方三千里，北接昆仑二十六万里，去东岸二十四万里	洲上有大山，形似人鸟之象，因名之为神鸟山	山多大树，与枫木相类，而花叶香闻数百里，名为反魂树。……斯灵物也，香气闻数百里，死者在地，闻香气乃却活，不复亡也。以香薰死人，更加神验

续表

洲岛名＼题目	地理位置	地貌景观	物产特色
沧海岛	在北海中,地方三千里,去岸二十一万里	海四面绕岛,各广五千里,水皆苍色,仙人谓之沧海也	岛上俱是大山,积石至多,石象、八石、石脑、石桂英、流丹、黄子、石胆之辈百余种,皆生于岛。石,服之神仙长生
方丈洲	在东海中心,西南东北岸正等方丈方,面各五千里		上专是群龙所聚,有金玉琉璃之宫……种芝草
扶桑	在东海之东岸,岸直陆行登岸一万里,东复有碧海,海广狭浩汗,与东海等。水既不咸苦,正作碧色,甘香味美。扶桑在碧海之中,地方万里	地多林木,叶皆如桑	又有椹树,长者数千丈,大二千余围,树两两同根偶生,更相依倚,是以名为扶桑。仙人食其椹,而一体皆作金光色,飞翔空玄。其树虽大,其叶椹故如中夏之桑也。但椹稀而色赤,九千岁一生实耳。味绝甘香
蓬丘	蓬莱山是也。对东海之东北岸,周回五千里	外别有圆海绕山,圆海水正黑,而谓之冥海也。无风而洪波百丈,不可得往来也	
昆仑	号曰昆崚,在西海之戌地,北海之亥地也。去岸十三万里,又有弱水周回绕匝	积石圃南头是王母。告周穆王云:咸阳去此四十六万里,山高平地三万六千里,上有三角,方广万里,形似偃盆,下狭上广,故名曰昆仑	1. 品物群生,希奇特出,皆在于此 2. 生玉芝及神草四十余种

由表可知这些"洲""岛"之地理位置，皆"在海中"，或东海、南海，或西海、北海，其特殊地貌大都是海水绕陆地的空间形式，并强调其远隔不可逾越的神圣性：

> 洲四面有弱水绕之，鸿毛不浮，不可越也。①（凤麟洲）

> 海四面绕岛，各广五千里，水皆苍色，仙人谓之沧海也。②（沧海岛）

> 外别有圆海绕山，圆海水正黑，而谓之冥海也。无风而洪波百丈，不可得往来也。③（蓬丘）

这些海中难越"不可得往来也"的大地高山，却是仙境乐园的所在地。如生洲"天气安和，芝草长生。地无寒暑，安养万物"，以及秦汉蓬莱三神山之一的瀛洲在《海内十洲记》中的记载：

> 上生神芝、仙草。又有玉石，高且千丈。出泉如酒，味甘，名之为玉醴泉。饮之数升，辄醉，令人长生。④

这些环水大地的封闭洲岛，成为凡俗常人建构神圣非常的不死乐园的最佳境域。

秦汉时期的蓬莱、方丈、瀛洲三神山，所形成蓬莱神山系统除了为《海内十洲记》统整为道教仙岛圣境之外，亦为后出的《拾遗记》所沿袭吸收。《拾遗记》中的神异叙事以时空为其架构，卷一至卷九，以时代为纲，起于伏羲迄于西晋之末，旨在"专说伏羲以来异事"，末卷卷十则专记海内外八大仙山⑤。其中昆仑原为《山海经》中的圣山，而蓬莱、方丈、瀛洲、员峤、岱舆原为《列子·汤问》中的五神山，再加上昆吾、洞庭共同组成《拾遗记》中的仙山系统。在此一仙山系统中，蓬莱系统的海上神山，在《拾遗记》的仙境舆图中仍有重要的地位。

---

① （汉）东方朔：《海内十洲记》，见《景印文渊阁四库全书》第1042册，台北：台湾商务印书馆，1983年，第276页。
② （汉）东方朔：《海内十洲记》，见《景印文渊阁四库全书》第1042册，台北：台湾商务印书馆，1983年，第278页。
③ （汉）东方朔：《海内十洲记》，见《景印文渊阁四库全书》第1042册，台北：台湾商务印书馆，1983年，第279页。
④ （汉）东方朔：《海内十洲记》，见《景印文渊阁四库全书》第1042册，台北：台湾商务印书馆，1983年，第275页。
⑤ （晋）王嘉：《拾遗记》卷10，（梁）萧绮录，齐治平校注，台北：木铎出版社，1982年。

《拾遗记》中的五神山可列表如下①：

山名＼题目	地理位置与地貌景观	物产特色
蓬莱山	蓬莱山亦名防丘，亦名云来。高二万里，广七万里 水浅，有细石如金玉，得之不加陶冶，自然光净，仙者服之 东有郁夷国，时有金雾。诸仙说此上常浮转低昂，有如山上架楼，室常向明以开户牖，及雾灭歇，户皆向北	1. 有冰水、沸水，饮者千岁 2. 螺名裸步，负其壳露行，冷则复入其壳；生卵着石则软，取之则坚，明王出世，则浮于海际焉 3. 有葭，红色，可编为席，温柔如罽毹焉 4. 有鸟名鸿鹅，色似鸿，形如秃鹙，腹内无肠，羽翮附骨而生，无皮肉也。雄雌相眄则生产 5. 南有鸟，名鸳鸯，形似雁，徘徊云间，栖息高岫，足不践地，生于石穴中，万岁一交则生雏，千岁衔毛学飞，以千万为群，推其毛长者高翥万里
方丈山	一名峦雉。东有龙场，地方千里，玉瑶为林，云色皆紫	1. 有龙，皮骨如山阜，散百顷，遇其蜕骨之时，如生龙。……山西有照石，去石十里，视人物之影如镜焉。碎石片片，皆能照人，而质方一丈，则重一两。昭王春此石为泥，泥通霞之台，与西王母常游居此台上 2. 常有众鸾凤鼓舞，如琴瑟和鸣，神光照耀，如日月之出。台左右种恒春之树，叶如莲花，芬芳如桂，花随四时之色。……恒春一名"沉生"，如今之沉香也 3. 有草名濡奸，叶色如绀，茎色如漆，细软可萦，海人织以为席荐，卷之不盈一手，舒之则列坐方国之宾 4. 莎萝为经。沙萝草细大如发，一茎百寻，柔软香滑，群仙以为龙、鹄之辔
瀛洲	瀛洲一名魂洲，亦曰环洲 东有渊洞，有鱼长千丈，色斑，鼻端有角，时鼓舞群戏。远望水间有五色云；就视，乃此鱼喷水为云，如庆云之丽，无以加也 有金峦之观，饰以众环，直上干云	1. 有树名影木，日中视之如列星，万岁一实，实如瓜，青皮黑瓤，食之骨轻。上如华盖，群仙以避风雨 2. 有兽名嗅石，其状如麒麟，不食生卉，不饮浊水，嗅石则知有金玉，吹石则开，金沙宝璞，粲然而可用 3. 有草名芸苗，状如菖蒲，食叶则醉，饵根则醒 4. 有鸟如凤，身绀翼丹，名曰"藏珠"，每鸣翔而吐珠累斛。仙人常以其珠饰仙裳，盖轻而耀于日月也

---

① （晋）王嘉：《拾遗记》，（梁）萧绮录，齐治平校注，台北：木铎出版社，1982年，第223—232页。

续表

山名 \ 题目	地理位置与地貌景观	物产特色
员峤山	一名环丘。上有方湖，周回千里 东有云石，广五百里，驳骆如锦，扣之片片，则蓊然云出 西有星池千里，池中有神龟，八足六眼，背负七星、日、月、八方之图，腹有五岳、四渎之象。时出石上，望之煌煌如列星矣 南有移池国，人长三尺，寿万岁，以茅为衣服，皆长裾大袖，因风以升烟霞，若鸟用羽毛也 北有浣肠之国，甜水绕之，味甜如蜜，而水强流迅急，千钧投之，久久乃没	1. 多大鹊，高一丈，衔不周之粟。粟穗高三丈，粒皎如玉。鹊衔粟飞于中国，故世俗间往往有之 2. 有木名猗桑，煎椹以为蜜 3. 有冰蚕长七寸，黑色，有角有鳞，以霜雪覆之，然后作茧，长一尺，其色五彩，织为文锦，入水不濡，投之以火，经宿不燎 4. 有草名芸蓬，色白如雪，一枝二丈，夜视有白光，可以为杖
岱舆山	一名浮析，东有员渊千里，常沸腾，以金石投之，则烂如土矣 南有平沙千里，色如金，若粉屑，靡靡常流，鸟兽行则没足 西有乌玉山，其石五色而轻，或似履舄之状，光泽可爱，有类人工。其黑色者为胜，众仙所用焉 北有玉梁千丈，驾玄流之上，紫苔覆漫，味甘而柔滑，食者千岁不饥	1. 有草名莽煌，叶圆如荷，去之十步，炙人衣则焦，刈之为席，方冬弥温，以枝相摩，则火出矣 2. 亦有沙棠、豫章之木，长千寻，细枝为舟，犹长十丈。有七色芝生梁下，其色青，光辉耀，谓之"苍芝" 3. 有兽名嗽月，形似豹，饮金泉之液，食银石之髓。此兽夜喷白气，其光如月，可照数十亩 4. 有遥香草，其花如丹，光耀入月，叶细长而白，如忘忧之草，其花叶俱香，扇馥数里，故名遥香草。……食之累月不饥渴，体如草之香，久食延龄万岁。仙人常采食之

第三章 蓬莱神话的海洋思维及其宇宙观

（二）洲岛空间与环水大地

从《山海经》中的海上神山异国、《史记·封禅书》中的三神山、《海内十洲记》中的十洲三岛、《拾遗记》中的八大仙山，神圣的海上"洲岛"乐园神话叙事，说明在原始信仰中对"山"及"水"自然崇拜下的神话思维。这种海上仙"山"为大海"水"所环绕的宇宙观，又具体表现在刘胜墓所出土的九层错金银博山炉中。博山炉分上下两部分，下部是波涛汹涌的大海，上部则是山峰高耸的山岳（附图八）①。博山炉即以海中圣山如其造型。海中的洲岛乐园，是一个经由"水"所净化、圣化的神圣空间，是宇宙进化论中原初生命的天堂乐园。诺伯舒兹（Christian Norberg-Schulz, 1926—2000）论天堂意象时说道：

> 在天堂的意象中，我们面临了古代宇宙进化论的另一种基本的元素：水。人对水非常特殊的本质一直有所体认。旧约创世纪中，上帝在创造天、地、光明、黑暗之后，便将旱地由水中分开；在其他的宇宙进化论中，水是所有造型的原始本质。……以媒介物而言，水甚至变成生命的象征，同时在天堂的意象中，四条河流自最中央的喷泉中涌出。②

从《山海经》到《海内十洲记》，从"海中"的蓬莱"山"到"海内"十"洲"三"岛"，在"海中/海内""山/洲/岛"的互文诠释中，"山"/"洲"与"岛"神圣空间的形塑，皆是由"海"（水）所圣化，也即宇宙化的结果。"水"在神话思维中，原本即作为宇宙基本的元素之一，而"海"在上中古时期亦同样蕴含着初民的原始宇宙观。《说文》载：

> 海，天池也，以纳百川者。③

"海"被视为容纳百川的天池，为一盛大的水域。《周礼·夏官》曰："凡将事于四海山川。"郑注："四海犹四方也。"④在此，"海"又可为方向的代名词，而在上古"天圆地方"的宇宙观中，大地为方的，海为天下大地的尽头，所以环绕大地四边的，也即四海。而被"海"所环绕的即是大地，即是人所定居的

---

① 附图八引自［美］巫鸿：《礼仪中的美术——巫鸿中国古代美术史文编》，北京：生活·读书·新知三联书店，2005年，第464页。巫鸿并指出此山即是蓬莱三神山。此"博山炉"之造型是否即以蓬莱三神山为象，尚待考证。但明确反映众海绕山、海中高山以及山/岛/海的宇宙观。

② ［挪威］诺伯舒兹（Christian Norberg-Schulz, 1926—2000）：《场所精神——迈向建筑现象学》（*Genius Loci—Towards a Phenomenology of Architecture*），施植明译，台北：田园城市文化事业有限公司，2002年，第27页。

③ （清）段玉裁注：《说文解字注》，台北：黎明文化事业股份有限公司，1993年，第550页。

④ （汉）郑玄注，（唐）贾公彦疏：《周礼注疏》卷33《校人》，台北：艺文印书馆，1982年，第496页。

"岛"或"洲"。李丰楙研究《海内十洲记》认为"十洲"的出现虽然晚于神话中的乐园——西方昆仑、东方蓬瀛，但仍源自纬书地理之说。而纬书地理所形成的神秘舆图，则可溯至邹衍之地理说。①邹衍之说：

> 儒者所谓中国者，于天下乃八十一分居其一分耳。中国名曰赤县神州，赤县神州内自有九州，禹之序九州是也。不得为州数。中国外如赤县神州者九，乃所谓九州也。于是有裨海环之，人民禽兽，莫能相通者，如一区中者，乃为一州。如此者九，乃有大瀛海环其外，天地之际焉。②

邹衍之说承自上古以来的"中央-四方"亚形宇宙观，这种亚形宇宙观又结合大地环水观形成了裨海环九州的宇宙图式，葛兆光指出：

> 《管子·幼官图》关于东南西北与中的图式，《山海经》对于地理中东、南、西、北的想象，《计倪内经》关于五方主神、佐神与配五行的记载，其实都显示了当时人对于大地的观念或想象。③

这种对宇宙图式的抽象思维，也保存在神话的讲述之中，在神话表层语言叙事下，实潜隐着初民遥远的记忆以及对存实宇宙的象征解释。

《说文·山部》："岛，海中往往有山可依止，曰岛，从山鸟声。"④岛是"海"中可居之"山"，是人可以"依止"生息之所在。《说文·川部》载：

> 州，水中可居者曰州，水周绕其旁。从重川。昔尧遭洪水，民居水中高土，故曰九州。⑤

"州"之甲骨文正像水中陆地之形，《说文》对"州"的解释，援引洪水神话以为说明，足见"九州"之生成与"洪水"的因果逻辑关系。水中的高地（州、岛、丘）作为生民"可居"之所，正是初民"洪荒时代"对存实宇宙的理想构筑。学者亦研究指出，上古洪水事件后，远古之部落盟主，多据丘陵高地以为都邑，并令百姓择高地而居⑥，在《淮南子》中仍存有这类人民居高地以避洪水

---

① 李丰楙：《十洲记研究》，见李丰楙：《六朝隋唐仙道类小说研究》，台北：台湾学生书局，1997年，第127页。邹衍的八十一洲和大瀛海之说，认为中国多由大海所环绕的陆地，陆地之外的瀛海则依方位次序，分别为东、南、西、北四海。
② [日] 泷川龟太郎考证：《史记会注考证》卷74《孟子荀卿列传》，台北：洪氏出版社，1981年，第944页。
③ 葛兆光：《中国思想史》，上海：复旦大学出版社，2001年，第146页。
④ （清）段玉裁注：《说文解字注》，台北：黎明文化事业股份有限公司，1993年，第442页。
⑤ （清）段玉裁注：《说文解字注》，台北：黎明文化事业股份有限公司，1993年，第574页。
⑥ 柳诒徵：《中国文化史》上册，上海：中国大百科全书出版社，1988年，第9页。雷汉卿：《〈说文〉"示部"字与神灵祭祀考》，成都：巴蜀书社，2000年，第187页。

的叙事，如《淮南子·本经》云：

  舜之时，共工振滔洪水，以薄空桑。龙门未开，吕梁未发，江淮通流，四海溟涬，民皆上丘陵，赴树木。①

《淮南子·齐俗》载：

  禹之时，天下大雨，禹令民聚土积薪，择丘陵而处之。②

水中的高地、丘陵是生民可栖止之地。"蓬莱神山"于《海内十洲记》中作"蓬丘"③，而先民"上丘陵"即可避洪水，其中亦可见高丘、洲岛作为水中可栖止生息的空间性质。"九州"作为古代"世界"的观念，正保留了生民所居的陆地乃从水中敷陈而出的神话思维。屈原在《天问》中道：

  洪泉极深，何以填之？地方九则，何以坟之？④

即是对古代神话"大地从洪泉中填实而出"的疑惑。《孟子·梁惠王》："海内之地，方千里者九。"焦循《正义》："古者内有九州，外有四海。"⑤可知"九州"即为大海环绕，为人所居住的大地。故不论是"州"或"岛"从字源的考察中均透露出生民的大地环水的宇宙观以及对存实宇宙的理想栖居之地。故诺伯舒兹从现象学的角度研究认为：

  而水也同样衍生出特殊种类的空间形态：岛屿、海岬、半岛、海湾和峡湾，所有这些空间形态都必须视为是最明显的自然场所。因此岛屿是一个最出色的场所，像是一个"孤立的"、清楚界定的图案。就存在的意义而言，岛屿引导我们回到起源：岛屿系由任何事物皆由此而生的元素中产生出来的。⑥

从空间的形态而言，岛屿既是作为自然地貌空间的形式之一，又是一个"孤立的"场所；就存在的意义而言，"岛屿引导我们回到起源"，岛屿是由宇宙进化的两大基本元素"水"与"土"所衍生出的特殊空间。于是蓬莱仙境以"洲/岛"的地貌形式，"山/海"的空间形式，"土/水"的宇宙元素，承载着人类对原初创生宇宙的集体记忆。

---

① （汉）高诱注：《淮南子》卷8《本经》，台北：世界书局，1955年，第118页。
② （汉）高诱注：《淮南子》卷11《齐俗》，台北：世界书局，1955年，第177页。
③ 王国良：《海内十洲记研究》，台北：文史哲出版社，1993年，第86页。
④ （宋）洪兴祖：《楚辞补注》，台北：长安出版社，1991年，第90页。
⑤ 焦循：《孟子正义》，台北：台湾商务印书馆，1965年，第65页。
⑥ [挪威]诺伯舒兹（Christian Norberg-Schulz, 1926—2000）：《场所精神——迈向建筑现象学》(*Genius Loci—Towards a Phenomenology of Architecture*)，施植明译，台北：田园城市文化事业有限公司，2002年，第37—39页。

六、结语：蓬莱——海水圣化的宇宙乐园

海水中的陆地——洲或岛，不仅是人类可以生息的大地，也是宇宙创始的空间形式，在神话思维中更被圣化为原初生命的乐园空间，承载着凡俗世人对原初创世的美好想象，这种回到原始创世宇宙时空的愿望，即是宗教学家伊利亚德研究的"永恒回归"的神话（Le myth de l'éternel return）。故蓬莱神山或《海内十洲记》中的十洲三岛，它的地理空间元素"土"与"水"及其地貌形式——岛屿，实隐喻着宇宙圣显的原始创生结构。伊利亚德研究论道：

> 水域象征各种宇宙实质的总结；它们是泉源，也是起源，是一切可能存在之物的蕴藏处；它们先于任何的形式，也"支持"所有的受造物。其中一种受造物的典范之像，就是突然出现在海中央的岛屿。另一方面，在水中的洗礼，象征回归到形成之前（preformal），和存在之前的未分化状态结合。自水中浮出，乃重复宇宙形式上的创生显现的行为；洗礼，便相当于一种形式的瓦解。这也就是为什么水域的象征同时指向死亡，也指向再生。①

水中"洲""岛"的地貌形式，不但是宇宙圣域的创生结构，更潜隐积淀为人类共同的情感结构。水中高地即为"乐园"所在地，如苏美尔创世神话中的乐园——迪尔蒙岛（Dilmun）即是一座为大海环绕、封闭又自足的幸福岛（Islands of Blessed）。苏美尔史诗《埃默卡史诗》吟诵迪尔蒙岛道：

> 迪尔蒙土地是一块纯净的地方。
> 迪尔蒙土地是一块清洁的地方。
> 迪尔蒙土地是一块清洁的地方，
> 迪尔蒙土地是一块光明的地方。
> 在迪尔蒙，老鸦不叫，
> 小猫不作小猫的叫声，
> 狮子不捕杀，
> 狼不攫取羊，
> 根本没有杀小羊仔的狗，
> 根本没有吞食谷物的公猪……
> 害眼的人不说"我害眼了"，

---

① ［罗马尼亚］伊利亚德：《圣与俗：宗教的本质》，杨素娥译，台北：桂冠图书股份有限公司，2001年，第173页。

> 头痛的人不说"我头痛了",
> 它（迪尔蒙）的老妇人不说"我是老妇人",
> 它的老人不说"我是老人",
> 少女未曾沐浴,没有发泡的水倾入城市,
> 走过（死亡的?）河的人不说……
> 没有悲号的教士在他身边走动,
> 歌者不作悲号,
> 他不在城旁唱挽歌。①

神话中的幸福岛上绿草如茵,群兽相安,人民不病不老,为永生不死之民。②迪尔蒙岛作为水中的创世岛屿,既是众神宕居的花园,也是人间纯净的乐土。而英国托马斯·莫尔（Thomas More,1478—1535）的乌托邦（Utopia）③,则描绘一个具备完善法律与社会制度的理想国度,比"乐园"具有较浓厚的政治色彩与现实精神。"Utopia"一词,乃由希腊文的"ou"（意指"无"或"没有"）和"topos"（意指地方）组合而成,指乌有之乡、不存在的地方。"乌托邦"与"乐园"虽都具有遥不可及、封闭的空间性质,却也是想象的地方。但乐园的存在呈现出"静态性、怀旧、消极、出世及强调放任、无为、独善其身的心态",而乌托邦的特性则倾向"动态性、前瞻、积极、入世及强调政治、社会的倾向"④,其地理空间形式也是被设想为一个由大海环绕的现实人间虚拟乐园（附图九）⑤。又如歌德的《浮士德》:

> 筑成的高丘周围,就能安心舒服。到海岸为止,外面虽有海水汹涌,而里面却是乐园般的国土。⑥

众水环绕的海上高丘是海洋创世神话的符号空间,也是乐园文学的想象境域。战国以来的蓬莱神话,虽日益增衍,披上了浓厚的仙道色彩,但从由其而来的相关神话文本及其神话叙事结构考察,蓬莱神话所具有的海洋性质,以及神山岛屿地貌,其中蕴含了先民的原初宇宙观。杨儒宾论道:

> 笔者认为贯穿道家乐园神话、开辟神话、心性论、宇宙论的一条主

---

① [美]雷蒙德·范·奥弗编:《太阳之歌——世界各地创世神话》,毛天祜译,北京:中国人民大学出版社,1989年,第169—170页。
② 魏庆征:《古代两河流域与西亚神话》,太原:北岳文艺出版社,1999年,第434—442页。
③ [英]托马斯·莫尔:《乌托邦》,北京:商务印书馆,1982年。
④ 张惠娟:《乐园神话与乌托邦》,载《中外文学》1986年第3期,第84页。
⑤ 本图来源为[英]托马斯·莫尔:《乌托邦》,北京:商务印书馆,1982年,第49页。
⑥ [德]歌德:《浮士德》,周学普译,台北:志文出版社,1955年,第11565页。

要线索,乃是这些论述都要求回到一种原始的无分别境界,并且对历史、文明的演化相当的不信任。①

蓬莱仙境在巨鳌的背负下,以神山的形式构筑在宇宙创生前的混沌原初宇宙海中,此一神话叙事实有其宇宙时空认知为其结构图式。"大壑""归墟"蕴含着原初大水的混沌宇宙观;"巨鳌负山"隐含着天圆地方、地载水而浮的宇宙思维;从"三神山"到"五神山",再发展到"十洲三岛"的岛屿叙事,又与战国以来阴阳家的大地环水的宇宙观有关。神话以象征性语言讲述了原初宇宙从有序、失序再回归有序的过程,以及原初乐园之初建、毁坏到天帝重整的历程。因此从神话叙事表层来看,蓬莱神话讲述的是人类对死亡的恐惧、对长生不死的渴望,以及对生存现实地理环境的解释;若从神话深层象征而论,海洋型的仙乡乐园,其中实蕴含着先民集体潜意识中对天、地、人的体验和观察,以及对宇宙的认知乃至人对宇宙开辟之初神圣时空的永恒回归。于是由海水所圣化的蓬莱神山,既是不死仙乡、海上乐园,也是天堂、祖灵所居的圣境。②此一圣域既区分了此界与他界的对立,也实现了从"世俗世界"到"神圣世界"的过渡转换,象征着生命的超越与神圣回归,成为人类集体潜意识中永恒的原乡想象。

---

① 杨儒宾:《道家的原始乐园思想》,见李亦园、王秋桂主编:《中国神话与传说学术研讨会论文集》,台北:汉学研究中心,1996年,第160页。
② 关于蓬莱神话与祖灵信仰间之关系,可以参见[日]小南一郎:《壶形的宇宙》,载《北京师范大学学报》1991年第2期,第28—31页。

第四章　壶象宇宙与神话乐园：
蓬莱三壶神话及其宇宙思维

一、前言：壶山、神山与仙乡

秦汉时期的海上蓬莱三神山神话，发展到东汉魏晋时期，在《拾遗记》中，除了具备原有众水环绕，自水中浮出的洲、岛空间形式，以及乐园仙境性质外，其空间地景又增衍为"形如壶器"的"三壶"之状。"蓬莱三山"被赋予了壶器外形，成为"蓬莱三壶"。神话叙事的增衍发展，具备了更多重的象征意涵。魏晋以后，"蓬壶"一词与"蓬莱"并用，同为海上仙乡、乐园的符号，隐喻着先民集体的现世生命省思与构筑理想世界的想望。但东汉以后的蓬莱三神山何以呈"壶器"之状，"壶器"与仙乡、乐园神话之间又有何象征系统之联结，值得进一步发掘探讨。学界对蓬莱神话之研究，大都重视其神仙信仰与仙境特质之探讨，这类研究成果并不以"蓬壶"为其论述之重点。至于学界对"壶"的研究则偏重于民俗信仰之考察，如有小南一郎《壶形的宇宙》一文①，以及马昌仪的《壶形的世界——葫芦、魂瓶、台湾古陶壶之比较研究》②，前者从宗教学的视角探讨"壶"与祖灵信仰之间之关系，后者则从民俗信仰的角度比较彝族与台湾"原住民"的"壶"的信仰异同，两文对民俗信仰中的"壶"有精辟的论述阐发，为本书之重要参考资料。但两文的研究重心主要以"壶"之民俗信仰为主，蓬莱神话非其研究主旨，至于"壶"蕴含之宇宙观亦非两文的论述重心。但除了如学者所揭示的具有民俗信仰与宗教功能外，"壶"在中国上中古哲学与文化的语境中，本即具有宇宙论的象征意涵。

蓬莱三山以"壶"为其造型，在神话叙事的语言表象下，实存着人类心灵的认知法则。神话语言书写表面的"随意性"，亦潜隐着初民的世界观与宇宙思维。

---

① ［日］小南一郎：《壶形的宇宙》，载《北京师范大学学报》1991年第2期，第28—31页。
② 马昌仪：《壶形的世界——葫芦、魂瓶、台湾古陶壶之比较研究》，载《民间文学论坛》1996年第4期，第25—33页。

如叶·莫·梅列金斯基（E. M. Meletinskij，1918—2005）所说的：

> 神话象征具有这样的功能,即促使人的个人行为和社会行为同宇宙观（在价值论上为意向明确的世界模式）相互依存于统一的体系中。①

因此对神话思想内容的诠释、分析，以及对其所蕴藏的深层思维精神的破译与探求，自有重要的意义。本章以蓬莱神山神话为研究主体，聚焦于蓬莱"三壶"神话之研究，采用比较神话学之研究视角，以及母题分析之方法，并结合语源学之考察，辅以画像石图像资料为佐证，尝试在学界已有定论的论题上，重新检视探讨蓬莱"三壶"神话以"壶"为象所具有的神话思维及其宇宙观，以见在神话语言叙事层下所蕴含的深层象征思维，并探讨壶形圣山与乐园神话间之关系，揭示神话思维所建构的宇宙观与现实生存理想境域间的微妙联系。

二、封闭远隔的壶：壶形圣山与原初乐园

（一）花园与乐园：封闭的原初宇宙

在传世文献中有关蓬莱山的记载，最早见于《山海经·海内北经》，叙述十分简略："蓬莱山在海中，大人之市在海中。"②简短的叙述中仅见"蓬莱山"在"海中"的远隔空间性质。"海中"的"蓬莱山"一直发展到汉代以后，才与"方丈""瀛洲"神山相互结合。成为"三神山"的结构后，在文献记载中始见其神圣空间的性质，其中尤以《史记·封禅书》和《列子·汤问》记载较详。在《史记·封禅书》的叙事中，三神山坐落于大海之中："其传在渤海中"③，仍承袭《山海经》中"海中"蓬莱的远隔空间性质。但与《山海经》叙述相较，大海中的三神山中又增加了仙人、不死之药、奇禽异兽、黄金宫殿等鲜明的乐园意象。不但具有如昆仑山一般原始乐园的神圣空间性质，并增衍了战国以来方仙道所鼓吹的神仙思想。东汉魏晋时期，"海中蓬莱"作为神山仙岛的神圣空间性质，渐趋稳定，"蓬莱"更成为三神山之首，有"蓬莱三神山"

---

① ［俄］叶·莫·梅列金斯基：《神话的诗学》，魏庆征译，北京：商务印书馆，1990年，第186—187页。
② 见袁珂注：《山海经校注》第12《海内北经》，台北：里仁书局，1982年，第324—325页。
③ ［日］泷川龟太郎考证：《史记会注考证》卷28《封禅书》，台北：洪氏出版社，1981年，第502页。

"蓬莱三山",甚至"蓬莱三壶"之名。但此一海上圣山与地上圣山昆仑相较,最大的不同是此三神山是建构在"渤海"之中,是在海上浮动的岛屿。此一于水上浮动的神山岛屿,较完整的记载,见于《列子·汤问》中:

> 渤海之东,不知几亿万里,有大壑焉,实惟无底之谷。其下无底,名曰归墟。八纮九野之水,天汉之流,莫不注之,而无增无减焉。其中有五山焉。一曰岱舆,二曰员峤,三曰方壶,四曰瀛洲,五曰蓬莱。其山高下周旋三万里,其顶平处九千里,山之中间相去七万里,以为邻居焉。其上台观皆金玉,其上禽兽皆纯缟。珠玕之树皆丛生,华实皆有滋味,食之皆不老不死。所居之人,皆仙圣之种,一日一夕飞相往来者,不可数焉。而五山之根无所连着,常随潮波上下往还,不得暂峙焉。仙圣毒之,诉之于帝。帝恐流于西极,失群圣之居,乃命禺强使巨鳌十五举首而戴之,迭为三番,六万岁一交焉,五山始峙。而龙伯之国有大人,举足不盈数步而暨五山之所,一钓而连六鳌,合负而趣,归其国,灼其骨以数焉。于是岱舆、员峤二山,流于北极,沉于大海,仙圣之播迁者巨亿计。帝凭怒,侵减龙伯之国使厄,侵小龙伯之民使短。至伏羲、神农时,其国人犹数十丈。①

《列子·汤问》中的海中神山由"三山"衍为"五山",增加了"岱舆""员峤"二山,神山之仙境叙事更为详尽,"乐园"性质亦更为鲜明。世界乐园神话中共通的基本空间性质,大约可归纳为以下特点:

(1)地理位置:远隔、封闭的空间。
(2)自然环境:异质自然与特殊地貌。
(3)动植物产:物产丰饶、衣食无缺。
(4)人神秩序:神人万物和谐相处的宇宙秩序。
(5)异质时间:循环或重复的时间。
(6)异质身体:不夭不病、长生不死。②

若以上列的乐园空间性质检视,蓬莱三神山神话几乎具备全部世界乐园神话

---

① (晋)张湛注:《列子注》卷5《汤问》,台北:世界书局,1962年,第52—53页。
② 胡万川《失乐园——一个有关乐园神话的探讨》:"一般来说,乐园中的种种美好情境,大致不外如下:人人纯真、善良,男女和谐,无病老死诸苦,神、人、动物和睦无间,处处鸟语花香,草木怡人,清风送爽,水源丰足,绝无干旱,亦无暴风雨雪,物产富饶,随意可取。有的地方更是到处奇珍异宝,金宫玉阙,有的还有不死树(不死药)、不老泉等。"见胡万川:《真实与想象——神话传说探微》,新竹:"清华大学"出版社,2004年,第44页。

中的重要特质，可比较列表如下：

	《列子·汤问》中蓬莱神山	世界乐园空间性质
地理位置	渤海之东，不知几亿万里，有大壑焉，实惟无底之谷。其下无底，名曰归墟。八纮九野之水，天汉之流，莫不注之，而无增无减焉。其中有五山焉。一曰岱舆，二曰员峤，三曰方壶，四曰瀛洲，五曰蓬莱	远隔、封闭的空间
自然环境	其山高下周旋三万里，其顶平处九千里，山之中间相去七万里，以为邻居焉	异质自然、特殊地貌
动植物产	其上台观皆金玉，其上禽兽皆纯缟。珠玕之树皆丛生，华实皆有滋味，食之皆不老不死	物产丰饶，有不死树、青春果
人神秩序	所居之人，皆仙圣之种，一日一夕飞相往来者，不可数焉	原初和谐之宇宙
异质身体	仙圣之种，不老不死	长生不死

《列子·汤问》中的海中神山具备完整的世界乐园性质，其中虽未突显"异质时间"，但从"仙圣之种"以及"不老不死"的叙述中，亦隐喻了仙境时间并非常俗的线性时间，而是异质的时间。《列子·汤问》中的蓬莱三神山不但是群仙栖居的仙境，也是人类所向往升登的仙界乐园。在世界乐园神话中"乐园"的空间形式，主要表现为园圃（garden）、岛屿（island）与山岳（mountain）三种空间类型。[①] 蓬莱三神山海中神山的空间形式已具备"岛屿"与"山岳"乐园空间形式特质。而此一神山仙岛中，"珠玕之树皆丛生，华实皆有滋味，食之皆不老不死"，其中又植满了不死树、不死华及不死果，足见蓬莱三神山仙岛又如同植有"生命树"的伊甸园（Eden）一般，也是一处植有不死花果树木的"园圃"。

[①] Harry B. Partin, "PARADISE," in Eliade, Charles J. Adams ed., *The Encyclopedia of Religion*. N. Y.: Macmillan Publishing Company, 1987. pp. 186-188.

《旧约·创世记》中的伊甸（Garden of Eden）或称为"地上天堂"（earthly paradise），在《厄则克耳》第二十八章中说：

> 你曾住在"伊甸"——天主的乐园，
>
> 有各种宝石作你的服饰……
>
> 在天主的圣山上，在烈火的石中往来。①

伊甸作为"上帝"的园林，如同"悬圃"，也是位于圣山上。

而在世界乐园神话中，"天堂"常是一座封闭的花园。西方乐园从语源学上考察，其意为"一处有墙围绕、封闭而令人愉悦的园地与花园"②。诺伯舒兹说道："花园是一个场所，在此生活的本质被具体化为一个有机的整体，事实上人对天堂的意义总是一个包被的花园。花园里在自然中为人所熟知的元素被集结在一起：果树、花和温顺的水。在中世纪被描绘成一个充满'生命之树'的完美庭园（hortus conclusus），喷泉位居中央，由'荒野的'高山森林所环绕。"③在西方乐园的形态建构中，完美的庭园就是一处植有生命树且封闭的"围起来的"花园。而与蓬莱并列为中国两大仙乡乐园的昆仑为"帝之下都"，是《山海经》中的神域，四周有丰富的物产及神异的动植物：

> 开明西有凤凰、鸾鸟，皆戴蛇践蛇，膺有赤蛇。开明北有视肉、珠树、文玉树、玗琪树、不死树。凤凰、鸾鸟皆戴瞂。又有离朱、木禾、柏树、甘水、圣木曼兑，一曰挺木牙交。④

昆仑之丘，其下又有"弱水之渊环之"：

> 西海之南，流沙之滨，赤水之后，黑水之前，有大山，名曰昆仑之丘。有神——人面虎身，有文有尾，皆白——处之。其下有弱水之渊环之，其外有炎火之山，投物辄然。有人，戴胜，虎齿，有豹尾，穴处，名曰西王母。此山万物尽有。⑤

在《淮南子·墬形》的记载中，昆仑之丘上有"悬圃"：

---

① 思高圣经学会译释：《厄则克耳》，见《圣经》，台北：思高圣经学会，1968年，第1357页。
② "The world paradise originated from Old Persian *pairidaeza*, which meant 'walled enclosure, pleasure park, garden' *Pairidaeza* came into Hebrew, Aramaic, and Greek retaining its original meanings." 参见 Harry B. Partin, "PARADISE," in Eliade, Charles J. Adams ed., *The Encyclopedia of Religion*. N. Y.: Macmillan Publishing Company, 1987. p. 184.
③ [挪威]诺伯舒兹（Christian Norberg-Schulz）：《场所精神——迈向建筑现象学》，施植明译，台北：田园城市文化事业有限公司，2002年，第52页。
④ 袁珂注：《山海经校注》第11《海内西经》，台北：里仁书局，1982年，第299页。
⑤ 袁珂注：《山海经校注》第16《大荒西经》，台北：里仁书局，1982年，第407页。

> 昆仑之丘，或上倍之，是谓凉风之山，登之而不死；或上倍之，是谓悬圃，登之乃灵，能使风雨；或上倍之，乃维上天，登之乃神，是谓太帝之居。①

可见在《山海经》中的"昆仑之丘"也是一座远隔、封闭的，具有乐园性质的花园，昆仑神山具备"园"与"山"的乐园空间形态。与蓬莱神山相比较，蓬莱三神山的空间则同时具备"园""山""岛"三种世界乐园空间形式，其作为"乐园"的地理空间属性更为完备。在蓬莱神山上也同样有神异动植物之集结。依诺伯舒兹从空间现象学的角度观察："空间中的物的总和决定了一种'环境的特性'，亦即场所的本质。"②在蓬莱三神山的空间中，除了飞升往返的仙圣、仙人外，尚集结了纯缟禽兽、金玉台观、珠玕之树等物，具现了华美、纯净、自由与不死的空间特质，而这些特质是原初乐园（primordial paradise）的"空间氛围"与鲜明特征。蓬莱三神山正是为海水所圣化封闭且远隔的原初宇宙乐园。

（二）观看与命名："壶"的意义世界

此一原初宇宙乐园，在先秦两汉时期的文献记载中大都强调大海环绕神山仙岛的"海中"远隔空间，以及浮动的岛屿特色，并未具体说明神山的造象。由于昆仑与蓬莱等仙境神话传说，发展到东汉以后，结合了道教他界观③、纬书地理说，以及原本的乐园神话，形成了新的仙境舆图。④而此一仙境舆图的蓬莱三神山神话发展到魏晋时期，重要的空间形式发展即是壶形圣山。《史记·封禅书》中的海上三山是蓬莱、方丈、瀛洲的合称，未以壶为名，《列子·汤问》中"方丈"则改为"方壶"，已见"壶"与神山之联结。在王嘉《拾遗记》卷1《高辛》之"丹丘之国"的记载中，进一步将"瀛洲""蓬莱"改称为"瀛壶"与"蓬壶"，明确统一了三山的造象。海中三神山全以"壶"命名，并具体说明海中三

---

① 参见（汉）高诱注：《淮南子》卷4《墬形》，台北：世界书局，1955年，第57页。
② [挪威] 诺伯舒兹（Christian Norberg-Schulz）：《场所精神——迈向建筑现象学》，施植明译，台北：田园城市文化事业有限公司，2002年，第8页。此处由空间现象学诠释仙境特质，乃受刘苑如《欲望尘世/境内蓬莱——〈拾遗记〉的中国图像》一文所启发。参见刘苑如：《欲望尘世/境内蓬莱——〈拾遗记〉的中国图像》，见李丰楙、刘苑如主编：《空间、地域与文化——中国文化空间的书写与阐释》，台北："中央研究院"中国文哲研究所，2002年，第237—283页。
③ [日] 小川环树：《神话より小说へ》，见《中国小说史の研究》二之九，东京：岩波书店，1968年；张桐生译：《中国魏晋以后（三世纪以降）的仙乡故事》，见《中国古典小说论集》第1辑，台北：幼狮文化公司，1975年，第85—95页。
④ 李丰楙：《六朝仙境传说与道教之关系》，见李丰楙：《误入与谪降：六朝隋唐道教文学论集》，台北：台湾学生书局，1996年，第287—314页。

壶神山"上广、中狭、下方""形如壶器"的造型,称之为"三壶":

> 朔乃作《宝瓮铭》:"宝云生于露坛,祥风起于月馆,望三壶如盈尺,视八鸿如萦带。"三壶则海中三山也。一曰方壶,则方丈也;二曰蓬壶,则蓬莱也;三曰瀛壶,则瀛洲也。形如壶器。此三山上广、中狭、下方,皆如工制,犹华山之似削成。①

《拾遗记》中以三壶与宝瓮互喻,又以三山为三壶造型。"瓮"与"壶"皆为中空容器,而宝瓮又来自丹丘之国,"丹丘"为不死仙人聚居之地。《楚辞·远游》有云:

> 闻至贵而遂徂兮,忽乎吾将行。仍羽人于丹丘兮,留不死之旧乡。②

洪兴祖补注云:"羽人,飞仙也。"③是以丹丘为神仙羽人所聚之地,而"旧乡"依王逸注为蓬莱、昆仑等神山仙境④,小南一郎亦认为此处"旧乡"应指"不死的乐园"⑤,故"丹丘"为不死之仙境。《拾遗记》中的"宝瓮"来自"丹丘"之野,"宝瓮"应为不死仙境中之宝器。蓬莱三山以"壶"为形,说明三神山不死的仙境与"瓮"之间有密切的关系。德国哲学家恩斯特·卡西勒研究语言与神话思维道:

> 命名(naming)的工作必是先于心智构想关于现象的概念并理解现象这一智性工作的,并且必定在此时业已达到了一定的精确度。因为正是命名过程改变了甚至连动物也都具有的感官印象世界,使其变成了一个心理的世界、一个观念和意义的世界。⑥

语言的性质,说明了命名者观看的方式以及指称的方式。《拾遗记》中的海中三山被名为"三壶",并被具体赋予"形如壶器"的造型,若从语言形式与神话思维来考察,以"壶"为名,说明了蓬莱三神山被观看、被指称的方式,以及寓托于"壶"所开展的意义世界。

---

① (晋)王嘉:《拾遗记》卷1,(梁)萧绮录,齐治平校注,台北:木铎出版社,1986年,第20页。
② (宋)洪兴祖:《楚辞补注》第5,台北:长安出版社,1991年,第167页。
③ (宋)洪兴祖:《楚辞补注》第5,台北:长安出版社,1991年,第167页。
④ (宋)洪兴祖:《楚辞补注》第5,台北:长安出版社,1991年,第167页。
⑤ [日]小南一郎:《远游——时间和空间的旅行》,见李丰楙、刘苑如主编:《空间、地域与文化——中国文化空间的书写与阐释》,台北:"中央研究院"中国文哲研究所,2002年,第287页。
⑥ [德]恩斯特·卡西勒:《语言与神话》,于晓等译,张思明校阅,台北:桂冠图书股份有限公司,1998年,第28页。

而以"壶"为造型的圣山理想世界,除了《拾遗记》中的记载外,亦可见于《列子·汤问》中的终北国的"壶领山":

> 禹之治水土也,迷而失涂,谬之一国,滨北海之北,不知距齐州几千万里。其国名曰终北,不知际畔之所齐限,无风雨霜露,不生鸟兽、虫鱼、草木之类。四方悉平,周以乔陟。当国之中有山,山名壶领,状若甔甄。顶有口,状若员环,名曰滋穴。有水涌出,名曰神瀵,臭过兰椒,味过醪醴。一源分为四埒,注于山下。经营一国,亡不悉偏。土气和,亡札厉。人性婉而从,物不竞不争。柔心而弱骨,不骄不忌;长幼侪居,不君不臣;男女杂游,不媒不聘;缘水而居,不耕不稼。土气温适,不织不衣;百年而死,不夭不病。其民孳阜亡数;有喜乐,亡衰老哀苦。其俗好声,相携而迭谣,终日不辍音。饥倦则饮神瀵,力志和平。过则醉,经旬乃醒,沐浴神瀵,肤色脂泽,香气经旬乃歇。①

此"终北国"无疑具备"乐园"的异质空间特质。

	终北国	乐园特质
地理位置	滨北海之北,不知距齐州几千万里	远隔空间
自然景观	无风雨霜露,不生鸟兽、虫鱼、草木之类。四方悉平,周以乔陟。当国之中有山,山名壶领,状若甔甄。顶有口,状若员环,名曰滋穴。有水涌出,名曰神瀵	特殊地形、异质自然
人性伦理	人性婉而从,物不竞不争。柔心而弱骨,不骄不忌;长幼侪居,不君不臣;男女杂游,不媒不聘	人性善良、男女和谐
生活风俗	缘水而居,不耕不稼。土气温适,不织不衣;百年而死,不夭不病。其民孳阜亡数;有喜乐,亡衰老哀苦。其俗好声,相携而迭谣,终日不辍音	衣食无缺、不夭不病、终日不辍者

《列子·汤问》中的"终北国",其空间特质也是一遥隔、封闭的空间,符

---

① (晋)张湛注:《列子注》卷5《汤问》,台北:世界书局,1962年,第56—57页。

合乐园神话中"园"的"封闭性"的空间特质。①乐园常是"封闭"而具有"选择性"的,因此乐园的开启,必须是在"无心""误入"的情境下,无心偶遇一直是世界乐园神话中进入乐园的重要方式。因此进入"终北国"也必须是在"迷而失涂,谬之一国"的"迷"的意识状态,"误入"情境中②,显示此一空间国度为远离尘俗的异质空间。③此国具有异质的自然(无风雨霜露),其间国人则有异质的身体(不夭不病)、美好的人性(柔心而弱骨、不骄不忌),以及人伦礼法的泯除(长幼侪居、不君不臣、男女杂游、不媒不聘),俨然是一座超凡绝俗的道家原始乐园④。此一道家原始乐园中有异质的地貌"壶领山":"山名壶领,状若甋甀。顶有口,状若员环,名曰滋穴。"此山亦作"壶形"。而此曰"滋穴","壶"与"穴"从其空间性而言,都是深广可容,又具有封闭且单一开口的特性,而此"冗"为"滋"穴,又见其生长、再生之特质。"有水涌出,名曰神瀵,臭过兰椒,味过醪醴",此一醇美的神水具有神奇的功能:"饥倦则饮神瀵,力志和平。过则醉,经旬乃醒,沐浴神瀵,肤色脂泽,香气经旬乃歇。"神瀵可饮可浴,可止饥倦,可美肌肤,简直就是来自神界的青春之泉。在世界乐园神话中,此种具滋养再生力量的神水圣泉正是作为乐园境界的重要标志之一。例如,在西方《圣经·创世记》的伊甸园中除创建了花园及树木,其中包括了生命之树和分辨善恶之树外,又在花园中开辟了四条河。⑤在《山海经》中的"昆仑之丘"也有"昆仑四水"之说,昆仑为众水所出之地。《山海经·西山经》曰:

> 西南四百里,曰昆仑之丘,是实惟帝之下都,神陆吾司之。……河水出焉,而南流东注于无达。赤水出焉,而东南流注于氾天之水。洋水

---

① 西方乐园(paradise)从语源学上考察,其意为"一处有墙围绕、封闭而令人愉悦的园地与花园"。"The world paradise originated from Old Persian *pairidaeza*, which meant 'walled enclosure, pleasure park, garden' *Pairidaeza* came into Hebrew, Aramaic, and Greek retaining its original meanings." 参见 Harry B. Partin, "PARADISE," in Eliade, Charles J. Adams ed., *The Encyclopedia of Religion*. N. Y.: Macmillan Publishing Company, 1987. p. 184.

② 参见李丰楙:《误入与谪降:六朝隋唐道教文学论集》,台北:台湾学生书局,1996年,第12页。

③《列子》中的乐园与世界神话中的乐园,性质仍是同中有异,神话中的乐园常强调不死的特质,如不死的身体、不死树、不死药等,终北国则强调了泯除礼法、伦理的一面,强调人性之质朴,而且终北国中的人虽是"不夭不病",但"百年而死",其性质较接近"桃花源""乌托邦"等现实理想社会。但终北国的空间性质以及无心误入的方式仍符合世界乐园神话的部分母题。

④ 杨儒宾对道家原始乐园有精辟的分析论述,研究指出:"壶领与员环之滋穴可说都是混沌神话之变形。"杨儒宾:《道家的原始乐园思想》,见李亦园、王秋桂主编:《中国神话与传说学术研讨会论文集》上册,台北:汉学研究中心,1996年,第129页。

⑤ [加]诺思洛普·弗莱(Northrop Frye):《伟大的代码:圣经与文学》,郝振益等译,北京:北京大学出版社,1998年,第144页。

出焉,而西南流注于丑涂之水。黑水出焉,而西流于大杅,是多怪鸟兽。①

《淮南子·墬形》中所载的昆仑乐园中,亦有可以润和万物的四条河水神泉以及"丹水":

> 疏圃之池,浸之黄水,黄水三周复其原,是谓丹水,饮之不死。河水出昆仑东北陬,贯渤海,入禹所导积石山。赤水出其东南陬,西南注南海丹泽之东。赤水之东,弱水出自穷石,至于合黎,余波入于流沙,绝流沙南至南海。洋水出其西北陬,入于南海羽民之南。凡四水者,帝之神泉,以和百药,以润万物。②

昆仑中有"丹水"可以"饮之不死",而四神泉则可以生长万物,为生命之泉。"神瀵"也是终北国中之"神水""圣泉",具有再生的能量,神瀵表现了"壶领山"的神异性以及终北国的乐园特质。终北国封闭远隔的空间、异质的自然景观、异质的身体、衣食无缺、人性善良以及圣水神泉等特质,具备世界乐园神话母题,它是一个虚拟的人间理想世界。《列子·汤问》中的理想乐园——终北国的"壶领山"与《拾遗记》中的不死仙境——蓬莱三壶山皆是以"壶"为其造型,是"壶"与"圣山""仙境""乐园"之间有了有机的联结。"壶"在上中古的文献记载中,被赋予了超越有限时空存在的象征思维。

三、中空容器的壶:此界与他界的中介空间

(一)汉画像石中的蓬莱三山:升登不死的神圣境域

1. 垂直式置景的昆仑三峰

蓬莱三神山的神话传说结合了道家的他界观以及原始乐园的想象论述,除了反映在神话的象征性讲述外,亦表现在汉代的墓葬制度中。在近年出土的汉代画像石的图像资料中,其中重要主题之一即是神仙世界,包括仙人、仙境、仙草、仙兽等。学者大都把在这些仙境图像中常出现的神山造象归为昆仑山。如巫鸿研究论道:

> 公元前2世纪前期马王堆1号墓所出红地内棺上的画像可说是汉初表现仙境的代表作品,内容不但包括祥云、瑞兽(龙、虎、鹿)和羽

---

① 袁珂注:《山海经校注》第2《西山经》,台北:里仁书局,1982年,第47—48页。
② (汉)高诱注:《淮南子》卷4《墬形》,台北:世界书局,1955年,第57页。

人,而且棺首和棺侧的画面均以三峰的昆仑山为中心。①

从巫鸿之附图（附图十）②中考察,神山位于整个画面的正中央,有三峰之造象,其中一主峰为最高,神山具有层级性,空间布景属垂直式的置景方式,与传世文献中昆仑三峰的垂直置景式的空间布局相合。《淮南子·墬形》载：

> 昆仑之丘,或上倍之,是谓凉风之山,登之而不死；或上倍之,是谓悬圃,登之乃灵,能使风雨；或上倍之,乃维上天,登之乃神,是谓太帝之居。③

在《尔雅·释丘》中亦有"三成（层）为昆仑丘"④的记载。因此垂直式置景的三峰神山,应属昆仑三峰无疑。但在东汉画像石中,除了层级式三峰神山外,尚出现水平式"上广中狭"式的神山造象,明显不同于昆仑三峰之造象,但较多研究者却仍推之为"昆仑三峰"。例如,信立祥研究山东沂南北寨村画像石墓墓门画像,即以西王母所端坐之山为"昆仑三峰"⑤（附图十一）⑥,而东王公端坐之山则仅言"仙山",并未解释此一"仙山"的形状。小南一郎则有较深入的解释：

> 这两块被安置在墓中相对位置的画像石上所描绘两位神的台座,是可看做壶形的三个圆柱状物,下部合而为一。其圆柱的表面绘有植物状物,表明它兼具世界树的性格。而圆柱由三枝组成,可能与三壶山或昆仑的三峰有关系。⑦

在小南一郎的研究中,西王母、东王公的三山台座虽不排除是昆仑三峰的可能,但也"可看做壶形的三个圆柱状物,下部合而为一",其推论较倾向此三山应为蓬莱三神山或三壶山,并且认为此三神山也如昆仑山一般具有"世界树"的性格。今考传世文献中对昆仑山的记载,昆仑三峰应为垂直式置景的构图模式,而山东沂南北寨村画像石中,壶形"三个圆柱状物"的三山造型,不同于昆仑

---

① ［美］巫鸿：《礼仪中的美术——巫鸿中国古代美术史文编》,北京：生活·读书·新知三联书店,2005年,第461页。
② 湖南长沙马王堆1号西汉墓第三套棺前部及左侧面装饰。［美］巫鸿：《礼仪中的美术——巫鸿中国古代美术史文编》,北京：生活·读书·新知三联书店,2005年,第462页。
③ （汉）高诱注：《淮南子》卷4《墬形》,台北：世界书局,1955年,第57页。
④ （清）郝懿行注：《释丘》,见《尔雅义疏》,台北：艺文印书馆,1973年,第862页。
⑤ 参见信立祥：《汉代画像石综合研究》,北京：文物出版社,2000年,第260页。
⑥ 蒋英炬主编：《中国画像石全集》第1卷,济南：山东美术出版社,2000年,第134—135页。图版说明第59页。
⑦ ［日］小南一郎：《中国的神话传说与古小说》,孙昌武译,北京：中华书局,1993年,第73页。

三峰的三层垂直式置景模式,乃以"上广中狭"的造型出现,故此三山台座应属蓬莱三壶山的可能性较高。若此,东汉以后,蓬莱三山也已出现在汉代画像石中,与昆仑三峰同为升登不死仙境的图像符号。

2. 水平式置景的蓬莱三壶山

小南一郎的研究已约略指出东汉画像石中出现蓬莱三壶山的可能性,若此,在汉代画像石中的神山仙乡图像,也应如秦汉以来神话传说中的仙乡那样,具有昆仑与蓬莱两大系统。在近年出土的汉代画像石中,有四川东汉时期的彭山梅花村崖墓三号石棺左壁画像,其中有以三神山及仙人为主题的画像标名《三神山图》(附图十二)①,编者图版说明如下:

> 石棺一侧,左刻二人坐仙山上六博,一为裸体、双髻,似女性,一手高举一手动棋,作惊愕状。另一人欲出手,正在宁思。中部一人坐仙山上抚琴。右二人端坐仙山,作俯耳静听状。《史记·秦始皇本纪》称:"海中有三神山,名曰蓬莱、方丈、瀛洲,仙人居之。"②

即以此三山为蓬莱三神山。三神山顶上有仙人六博、抚琴,而六博与抚琴是仙界的仙人活动,具有超越时空之象征。此并列的三神山应该就是蓬莱三神山。由图像资料判断,画像石中的"三山",明显呈现"上广、中狭、下方"的形状,与《拾遗记》中的"三壶"形状相似,又与三国时代的东吴陶魂瓶的形状近似(附图十三)③。而蓬莱三神山的空间布局,若再佐以汉武帝太液池中模拟三山建造的神山空间布景而观,以及在辞赋文学中班固"滥瀛洲与方壶,蓬莱起乎中央"④的吟咏描写来判断,可以推见蓬莱三山的空间布景,应是"垂直/水平置景"。汉代画像石中三神山的艺术空间形式,反映了汉代人的仙境神话空间观。因此由汉代画像石中呈现水平式空间布景的三山以及"上广、中狭、下方"的造型来判断,此三山应该就是蓬莱三神山——三壶山。若以汉代画像石上的西王母、东王公所坐之三山为蓬莱三壶,则是东汉以后,蓬莱三壶神话的发展又与西王母、东王公神话之间有了联结,蓬莱三壶山是死后升天的转换空间,成为道教仙境系统中的另一重要的神圣空间。在伊利亚德的理论中,"世界树"作为宇宙轴的一种形式,亦常以"山"之形式出现,常居于宇宙之中,是沟通此

---

① 参见高文主编:《中国画像石全集》第7卷,郑州:河南美术出版社,2000年,第120—121页。
② 参见高文主编:《中国画像石全集》第7卷,郑州:河南美术出版社,2000年,图版说明第49页。
③ 取材自罗宗真主编:《魏晋南北朝文化》,上海:学林出版社,2000年,第185页、第194页。
④ (汉)班固:《两都赋》,见(清)严可均校辑:《全上古三代秦汉三国六朝文》,北京:中华书局,1995年,第603页。

界与他界的空间，也是重返神圣原初的重要管道。[①]中国古代的两大神山仙乡——昆仑山与蓬莱三山，一以层级垂直式置景，一以水平式置景的"山岳"的形式作为仙境的符号，两者都是通往神圣不死的道路——升登仙境的神圣阶梯。

（二）壶：由"常"入"非常"的时空过渡甬道

《拾遗记》中蓬莱三壶山的发展，以及与西王母、东王公的联结，又与道教的宇宙观有密切的关系，蓬莱神山神话增染了更深的道教宇宙论色彩。《拾遗记》之作者晋代的王嘉，史称是一位不食五谷、不衣美丽、隐居野处的道术之士。《拾遗记》"多涉祯祥之书，博采神仙之事"的书写中，具有鲜明的时代仙道色彩。[②]《拾遗记》以神山为三壶之状，应与道教神仙思想有关。汉魏之际，"壶"已是道教神仙思想具体的空间象征之一，《后汉书》卷82下《方术列传·费长房》已载有壶公入悬壶的传说：

> 费长房者，汝南人也，曾为市掾。市中有老翁卖药，悬一壶于肆头，及市罢，辄跳入壶中，市人莫之见，唯长房于楼上睹之，异焉，因往再拜，奉酒脯。翁知长房之意其神也，谓之曰："子明日可更来。"长房旦日复诣翁，翁乃与俱入壶中。唯见玉堂严丽，旨酒甘肴盈衍其中，共饮毕而出。[③]

此一故事又见于晋代葛洪所撰的《神仙传》卷9《壶公》，情节更为完整而生动：

> 壶公者，不知其姓名。……汝南费长房为市掾时，忽见公从远方来，入市卖药，人莫识之。……常悬一空壶于坐上，日入之后，公辄转足，跳入壶中。人莫知所在，唯长房于楼上见之，知其非常人也。长房乃日日自扫除公座前地及供馔物，公受而不谢。……公知长房笃信，语长房曰：至暮无人时，更来。长房如其言而往，公语长房曰：卿见我跳入壶中时，卿便随我跳，自当得入。长房承公言，为试展足，不觉已入。既入之后，不复见壶，但见楼观五色、重门阁道，见公左右侍者数十人。公语长房曰：我仙人也，昔天曹职所统，供事不勤，以此见谪，

[①] [罗马尼亚]伊利亚德：《圣与俗：宗教的本质》，杨素娥译，台北：桂冠图书股份有限公司，2000年，第87页。

[②] 对于《拾遗记》的创作旨趣，以及空间书写之关系，刘苑如有详尽的论述。参见刘苑如：《欲望尘世/境内蓬莱——〈拾遗记〉的中国图像》，见李丰楙、刘苑如主编：《空间、地域与文化——中国文化空间的书写与阐释》，台北："中央研究院"中国文哲研究所，2002年，第237—283页。

[③]（南朝·宋）范晔：《后汉书》卷82下《方术列传》，台北：世界书局，1972年，第2743页。

暂还人间耳。卿可教，故得见我。①

在这段神异叙事中，"壶"扮演了主要的角色。从"悬壶"到"入壶"，入壶的凡人俗子费长房所见的"壶中"世界是："玉堂严丽，旨酒甘肴盈衍其中""楼观五色、重门阁道"，"壶中"显现的是有别于世俗人间的虚拟仙境空间，凡夫俗子费长房唯有在仙人壶公的引领下，始能一探其妙。此一转化，可视之为由"常俗"空间入"非常"空间之转化。②而壶中仙境的开启，必须由卖药老翁引领，而此卖药老翁既自言是"仙人"也即"非常人"。而"壶公"为"卖药老翁"，"药"与"老"与"壶"之间又隐喻了不死、长生的仙药、仙人与仙境特质。

燕、齐君王派遣方士，以及秦皇、汉武巡游海上，都是为了寻求蓬莱仙人不死之药。蓬莱、蓬壶与长生、不死之药之间，共同指示了不死仙境的象征意涵。"入壶"正如入境桃源，"壶"象征着从此界到他界的转移场所，费长房随老翁以常人的身体进入现实中狭窄有限的"壶"，入壶后却见与现实"日常"空间大为不同的异质化的"非常"的壶中仙境空间。"入壶"不但是身体图式的改变，也象征着生命图景的转换与改变，以及存有空间的神圣化转变。

"非常"的"壶"在此亦具有文化人类学上"阈限"（liminal）的中介作用。③因此在《拾遗记》中，"三壶"与仙境的"宝瓮"互喻，"三山"又称"三壶"，正隐喻着壶形的三座神山作为仙境空间的神圣特质。而此一神圣的壶形神山，既是有别于现实世界的异质空间，也是通往不死仙界乐园的中介空间。

（三）魂瓶与陶壶：回归祖灵的转换宇宙

蓬莱三神山在《拾遗记》中称为"三壶山"，日本学者小南一郎从宗教、民俗学的视角对中国神仙思想与祖灵观之关系进行分析探讨，认为中国祖灵观的最大特征即是神仙思想，而神仙世界即是祖灵世界，进而推论壶是通往祖灵世界，也即神仙世界的通道。④神话学家马昌仪则比较彝族葫芦、汉民族魂瓶

---

① （晋）葛洪：《神仙传》卷9《壶公》，收入《景印文渊阁四库全书》第1059册，台北：台湾商务印书馆，1983年，第302—303页。

② "常"与"非常"之说乃依李丰楙教授对中国古代神话研究所建构之结构模式概念。

③ "阈限"（liminal）：拉丁语"limen"，意为"阈限"或"门槛"，人类学家范根纳普（Arnold van Gennep, 1873—1957）所提出通过仪式过程中的三重结构。有阈限（liminality）及前阈限、后阈限阶段。阈限指通过仪式的中间阶段，而跨过门槛的行动意味着进入不同的生命形态。参见［英］菲奥纳·鲍伊（Fiona Bowie）：《宗教人类学导论》（The Anthropology of Religion: An Introduction），金泽、何其敏译，北京：宗教文化出版社，2001年，第186页。

④ ［日］小南一郎：《壶形的宇宙》，载《北京师范大学学报》1991年第2期，第28—31页。

信仰和台湾古陶壶信仰，亦认为：

> 魂瓶、葫芦和古陶壶都是信仰中的祖灵世界，无形的、非物质形态的灵魂寄存于有形的、物质形态的壶形器之中。这壶形器使两个世界（人与祖灵、人与神鬼、生与死、人间与祖灵世界）的沟通成为可能。①

二文皆指出，"壶"与祖灵信仰间之关系。

三国时期之魂瓶为丧葬用之明器，而彝族葫芦与台湾的陶壶则是作为祭典中之神圣祭器，两者功能不同，但都具"壶"与"瓮"之外形，也都与抽象的祖灵世界间有密切的关系。民俗学家陶思炎从神山信仰指出东汉三国的魂瓶造型与蓬莱神话间之关系道：

> 魂瓶的构图正是对"五山"神话的仿效：其罐身是大海的象征，故多以水族堆塑；而顶盖则为神山的模拟，故以亭台楼阙、飞禽走兽、佛僧乐伎等表现一个金玉满屋、吉鸟翔集、歌吹喧阗、人神交混的长乐未央的世界。……魂瓶的前身是五口罐，它虽没有楼阁、禽兽、人物的附缀，但具有"五山"的隐义：其口圆平，为"天"之指代。五口与罐相通，表神山相邻……罐口成了绝地通天的天门象征，拟指亡灵进入天界的门户。②

陶思炎从东汉时期陶魂瓶的造型判断，魂瓶乃依《列子·汤问》中蓬莱五神山的造型而设计。尤其东汉时期的魂瓶颇多呈五口罐的外形，而其主罐之罐口加有平圆的口盖，此种魂瓶的造型可与《列子·汤问》中"其山高下周旋三万里，其顶平处九千里，山之中间相去七万里，以为邻居焉"③的神山造型相互印证。陶思炎对陶魂瓶外形的比较考辨，进一步说明了蓬壶神山与陶魂瓶之关系，尤其其对于神山"顶平"的考辨，使五口罐、陶魂瓶与不死蓬莱神山间的联结关

---

① 马昌仪：《壶形的世界——葫芦、魂瓶、台湾古陶壶之比较研究》，载《民间文学论坛》1996年第4期，第33页。
② 陶思炎：《风俗探幽》，南京：东南大学出版社，1995年，第153—154页。
③ （晋）张湛注：《列子注》卷5《汤问》，台北：世界书局，第52—53页。
④ 依马昌仪之研究，三国两晋时期为"魂瓶"发展的繁荣时期，其中如浙江武义县出土的三国玉管瓶，其主罐为葫芦形；而绍兴出土的五口瓶，五口亦呈葫芦之形。见马昌仪：《壶形的世界——葫芦、魂瓶、台湾古陶壶之比较研究》，载《民间文学论坛》1996年第4期，第27页。小南一郎亦指出长江下游多次出土的三国、西晋时期的"神亭壶"的上部为复杂的建筑物形状，中央壶和周围的四个配壶构成整个壶的中心，它起源于后汉"五联罐"，而"五联罐"基本上即是由五个葫芦形的壶所构成，神亭壶的上部添加了楼阁、鸟等动物装饰，可以推定这些附加物表现的是亡魂的归宿是一个乐园。见［日］小南一郎：《壶形的宇宙》，载《北京师范大学学报》1991年第2期，第29页。

系更为清楚。④

今考汉代画像石中有关水平式置景的三神山造象,其外形大都为"上广、中狭、下方"的壶状造型。而神山的顶端都为"平顶式"的造象,而非尖塔形造象。在画像石神山之平顶上,则有西王母、东王公图或仙人博弈图,明显其是作为不死仙境空间。在汉代画像石中有大量的"西王母、东王公图"(参见附表),《中国画像石全集》中收录有山东省沂南汉墓墓门东立柱画像,其图版说明如下:"此图为浅浮雕。画面上部刻一力士,以强壮的双臂拥抱人身蛇躯的伏羲和女娲,力士身后有一规一矩。左右上角各缀一飞鸟。下部刻东王公戴胜,肩有双翼,拱手端坐于山字形的瓶状高几上,左右各一仙人跪,手持杵臼捣药,一龙穿行于瓶状几座间。"①亦以三山为瓶状之形。东汉魏晋时期的蓬莱不死仙境,呈三壶之状,而东汉时期出土的陶魂瓶,也是以"壶"为造型。陶魂瓶或是人死后灵魂升天之中介空间,或为死后灵魂所居之地。蓬莱神山以"壶"为造型,魂瓶又以神山为造象,因此以蓬莱三神山为三壶之状,三壶既是不死仙境,也是灵魂所归之圣地,其中寓托着东汉以来魂归仙境、魂归仙山的不死思维。

这种以中空圆形的容器作为灵魂所归之所的信仰,又可见于中国南方彝族的葫芦信仰中,具有跨文化的普遍现象。彝族人以葫芦为人死亡魂返归之地,是祖灵栖身之处。②葫芦在彝族人的信仰中,不但是创世之神圣容器,也是祖灵所居的神圣空间。彝族人借助葫芦而避洪水逃生,葫芦是区别圣俗二界的神圣容器。除了彝族以外,在台湾"原住民"的信仰中也有祀壶的信仰。台湾人类学家李亦园研究指出,台湾的排湾人、鲁凯人、布农人、阿美人、台南平埔族的西拉雅人都有祀壶的信仰。③在台湾"原住民"的祀壶信仰中,壶或为祖灵的载体,或为人死之后"向魂"所栖之地④,与东吴陶魂瓶的功能相同。壶是祭器,同时也是殉葬品,具有既神圣又禁忌的双重性质。因此"葫芦"与"壶",不但是创世的神器,也是人死后灵魂所归往的圣所。

从出土的陶魂瓶以及东汉画像石考察,蓬莱三壶山实蕴含了魂归神山的不死思维,而不死的灵魂飞升回归之地也就是不死圣山——蓬莱三壶。祖灵所属之地,即是不死圣山,此一思想又可见于云南丽江摩梭人使用的象形文字中,在

---

① 蒋英炬主编:《中国画像石全集》第1卷,济南:山东美术出版社,2000年,第134页。图版说明第59页。
② 普珍:《中华创世葫芦——彝族破壶成亲,魂归壶天》,昆明:云南人民出版社,1993年,第8—13页。
③ 李亦园:《台湾土著民族的社会与文化》,台北:联经出版事业公司,1982年,第41—43页。
④ 石万寿:《台湾的拜壶民族》,台北:台原出版社,1990年,第176—185页。

以象形文字写的东巴经文有字指圣山,而圣山即是祖灵所居。王孝廉研究指出:

> 伊甸类似中国的昆仑和印度的须弥之山、东巴经文中的圣山,所表示的正是"园林位置于神圣之主的山"的通往"帝之县圃"的表象。摩梭女子的长裙上面必有一道红色的横线围绕,此横线是表示着她们回归祖林的路线,也是他们的一个象形的神圣符号。①

世界上许多民族都有人死后魂归圣山、魂归祖灵的信仰。蓬莱三神山在东汉以后,为"壶"器之形,"壶"象征着回归祖灵的原初宇宙,而祖灵所居的原初宇宙,也即是宇宙初辟、生命起源的宇宙,此种原初的宇宙又被理想化为人间的乐园。因此不论是海上三神山还是海上三壶山,不论是魂归于"瓶"或入于"壶",中空腹圆可容物的"壶",成为一个神圣的可容中介,一个可以重返生命本源、回归原初宇宙的神圣空间。

四、腹方口圆的壶:壶象时空与创世宇宙

(一)浮、葫芦、壶:浮动的岛屿与创世葫芦

蓬莱神山与昆仑神山同为先秦两汉神话中理想的仙乡乐园,蓬莱不同于西方的"地中"昆仑,它是建构在东方茫茫大海之中。且依《列子·汤问》所载,蓬莱神山原来为五山之结构,"而五山之根无所连着,常随潮波上下往还,不得暂峙焉"②。此一随潮波往返的浮动岛屿,必须在负地者——巨鳌的背负之下始能在大海中建构圣山或圣土,进而创建神圣的原初。在世界的宇宙创生神话中,"经由大地潜水者创生"(creation through the agency of an earth diver)是最普遍且重要的母题之一③,因此浮动的岛屿与宇宙创生之间有密切之关系。大海中的圣土洲岛是水中神圣的原初始地,这种思维又与葫芦在创世神话中的象征功能相同。在中国南方的洪水神话中,葫芦是在宇宙毁灭、洪水泛滥之际,人类求生、重生最重要的避水工具,葫芦也是原初大水中的神圣庇护所。依陈建宪搜集的四百多篇洪水神话异文,其中含葫芦母题的占一百六十七篇,而以葫芦为避水工具

---

① 王孝廉:《绝地天通——昆仑神话主题解说》,见王孝廉:《中国神话世界》上编,台北:洪叶文化事业有限公司,2006年,第370页。
② (晋)张湛注:《列子注》卷5《汤问》,台北:世界书局,1962年,第53页。
③ Lindsay Jones ed., The Encylopedea of Religion. vol. 12. N. Y.: Macmillian, 1987. p. 1986.

的则有一百二十七篇，作为造人素材的有二十九篇，同时用于避水又用于造人的则有十一篇。①葫芦与宇宙毁灭、起源、生命、秩序、生成与再生成之间有密切之关系。

  浮于水中的葫芦承载着人类生命的延续，是混沌大水之中的神圣空间，是一个封闭又具生命能量的空间，也是一个具有强大再生生命力的空间。而蓬莱三山也是浮于水中的圣土，其间有不死仙人以及不死仙药、不死仙草，它也是一个为众水环绕"唯飞仙能到尔"的封闭空间，具有"不死"的仙境特质，这说明它也是一个具有强大生命能量的异质空间，此一空间的神圣性正与"葫芦"在洪水神话中的神圣性功能相合。"壶"与"葫芦"之外形与音义相通，在直观感悟与类比象征思维模式的思考联结之下，浮于水中的蓬莱三山被赋予浮于水中的神圣容器——葫芦（壶）之外形。可用以避水而重生的葫芦与不死仙境的海中蓬莱，二者的宇宙结构模式相互对应，二者联结着原初宇宙与再生宇宙，都是宇宙的通道开口。

（二）壶与天圆地方的宇宙思维

  "壶"形即葫芦形。"壶"之得名，即取象于"胡芦"，高鸿缙《中国字例》："古代之壶，则极类胡芦。"②两器在功能、外形上相似。《诗经·豳风·七月》："七月食瓜，八月断壶。"《毛传》："壶，瓠也。"③许慎《说文解字》释"瓠"："瓠，匏也。"④葫芦古又作"匏""瓠""壶"。就语源学层面考察，"壶""葫芦""瓠""匏""昆吾"为同一语源的音转现象。壶（葫芦）所具有宇宙创世的神圣性也表现在先秦的祭礼之中，周代即以葫芦形的陶器——"陶瓠"为祭器，用以象天地之性。《礼记·郊特牲》曰：

> 郊之祭也，迎长日之至也。大报天而主日也，兆于南郊，就阳位也。扫地而祭，于其质也。器用陶匏，以象天地之性也。……万物本乎天，人本乎祖，此所以配上帝也。郊之祭也，大报本反始也。⑤

《晋书·礼上》云：

> 郊丘之祀，扫地而祭，牲用茧栗，器用陶匏，事反其始，故配以

---

① 陈建宪：《中国洪水神话中的葫芦母题试探》，民俗文化国际研讨会——葫芦文化专题论文，北京，1996年。
② 高鸿缙：《中国字例》，台北：三民书局，1981年，第158页。
③ （汉）郑玄笺，（唐）孔颖达疏：《毛诗正义》卷8，台北：广文书局，1971年，第127页。
④ （清）段玉裁注：《说文解字注》，台北：黎明文化事业股份有限公司，1993年，第341页。
⑤ （清）孙希旦：《礼记集解》第7《郊特牲》，台北：文史哲出版社，1982年，第628—633页。

远祖。①

从引文可知郊祭之礼，旨在"大报本返始"。"天"为万物之本，"祖"为人之本，故报谢其恩并返回原初之始为郊祭礼的重要精神。郊礼之目的即在于借助仪式以返回神圣的原初时空。而在神圣的仪典中，必配与之相应的礼器、祭器。在郊祭仪典中以"陶瓠"为礼器，是因"陶瓠"为"天地之性"的具象表现，它是一种反映天地之本质的器物，故用于以"报本返始"的郊祭之礼。而陶瓠的"象天地之性"，不但说明了瓠器之功能，更说明了祭仪中的陶瓠是归回神圣原初宇宙时空的人间拟像。"陶瓠"也就是"陶壶"。瓠（壶）状的造型中实蕴含着古人的宇宙思维，为古人抽象时空意识的具象表现。春秋战国时期的楚国亦筑有观象之台——"瓠居之台"②，其形亦状如葫芦，从中亦隐然可见"壶"与天地宇宙间之关联。东汉何休（129—182）《春秋公羊经传解诂》注"国子执壶浆"中"壶"云：

> 壶，礼器，腹方口圆曰壶。③

《说文解字》释"壶"曰：

> 壶，昆吾圜器也。象形。从大，象其盖也。④

段注："公羊传注曰：壶，礼器。腹方口圆曰壶。"⑤亦引东汉何休之说以述。而"方""圆"之形又与中国上古以来的宇宙论有密切的关系。古人观天察地，以为天穹为圆如覆盖的斗笠，罩于方形的大地之上。《周髀算经》载：

> 方属地，圆属天，天圆地方。⑥

这种喻托方圆天地的人间显象物，又如有以天盘圆、地盘方的式盘，明堂以及祭祀天地的圜丘等。而作为礼器的玉琮，也是形具天圆地方之象，故为通天地之祭器。⑦这种天圆地方之宇宙思维又反映在汉代画像石伏羲女娲图像中，如伏羲持规、女娲执矩（附图十四）⑧，而规矩正是测量方圆之器，伏羲、女娲执规

---

① （唐）房玄龄等撰：《晋书》卷19《礼上》，台北：鼎文书局，1976年，第587页。
② （三国·吴）韦昭注：《国语注》卷17《楚语》，台北：台湾商务印书馆，1956年，第67页。
③ （东汉）何休：《春秋公羊经传解诂》卷10，北京：中华书局，1987年，据北京图书馆藏宋朝刻本原大影印，第18页。
④ （清）段玉裁注：《说文解字注》，台北：黎明文化事业股份有限公司，1993年，第500页。
⑤ （清）段玉裁注：《说文解字注》，台北：黎明文化事业股份有限公司，1993年，第500页。
⑥ （汉）赵君卿注，（北周）甄鸾重述，（唐）李淳风注释：《周髀算经》卷上之1，见《景印文渊阁四库全书》第786册，第12页。
⑦ 张光直：《谈"琮"及其在中国古史上的意义》，见《中国青铜时代》第2集，台北：联经出版事业公司，1990年，第70页。
⑧ 焦德森主编：《中国画像石全集》第3卷，济南：山东美术出版社，2000年，第76—77页。

矩图象征着天圆地方的宇宙观以及原初的秩序的宇宙思维。"圜丘"为祭天地之所，而"壶"为"圜器"，又具方圆之形，就如同玉琮为方圆天地之具象物，而陶壶也以具"天地之性"的神圣特质成为郊祭仪式中神圣的礼器。壶器的方腹和圆口的造形，蕴含了上古"天圆地方"的宇宙思维。而蓬莱三神山，以"壶"为其造象，并具"上广、中狭、下方"之形，除了与东汉以来的道教宇宙观有关外，溯其本源，实部分承袭了上古时期"天圆地方"的宇宙观。在神话思维中，壶（葫芦）原即与宇宙生成的创世论之间有密不可分的关系。洪水神话中的"葫芦"与郊祭之礼中的"陶瓠"，都具有回归原初宇宙、原初神圣时空的象征思维，在神话讲述与仪式操演中寓托着相同心灵。

（三）壶象时空：天体循环的圜状宇宙

"壶"作为神圣仪式中的礼器，《说文解字》又释之为"昆吾圜器"。而"圜器"之象，又具有天体、天道的抽象思维。《说文·囗部》：

> 圜，天体也。[1]

段注："圜，环也。"[2]《吕氏春秋》曰："何以说天道之圜也？精气一上一下，圜周复杂，无所稽留，故曰天道圜。何以说地道之方也？万物殊类殊形，皆有分职，不能相为，故曰地道方。"[3]这种以"圜"为天道、以"方"为地道的宇宙模式来源甚早。"圜丘"与"方丘"即是古人祭祀天地的祭场，20世纪80年代初期在辽宁省建平县牛河梁发现的属于考古学红山文化晚期的积石冢群迹，其中两座"方丘""圜丘"遗迹经学者考证即为天圆地方宇宙模式。[4]在其他传世古籍中亦有以圜为天体、天道的记载。《易·说卦》曰：

> 乾，为天为圜。[5]

《楚辞·天问》：

> 圜则九重，孰营度之？[6]

《淮南子·天文》：

> 天道曰圆，地道曰方。[7]

---

[1]（清）段玉裁注：《说文解字注》，台北：黎明文化事业股份有限公司，1993年，第279页。
[2]（清）段玉裁注：《说文解字注》，台北：黎明文化事业股份有限公司，1993年，第279页。
[3] 陈奇猷校释：《吕氏春秋校释》，台北：华正书局，1985年，第171—172页。
[4] 冯时：《红山文化三环石坛的天文学研究——兼论中国最早的圜丘与方丘》，载《北方文物》1993年第1期，第9—17页。
[5]（宋）朱熹：《周易本义》，台北：广学社印书馆，1975年，第482页。
[6]（宋）洪兴祖：《楚辞补注》第3，台北：长安出版社，1991年，第86页。
[7]（汉）高诱注：《淮南子》卷3《天文》，台北：世界书局，1955年，第35页。

在这些文献中皆以"圜"释天，故壶之圜器造型，并非合于规矩之具象"方"与"圆"。《淮南子·原道》曰：

> 所谓一者，无匹合于天下者也。卓然独立，块然独处。上通九天，下贯九野，员不中规，方不中矩，大浑而为一。①

故许慎《说文·口部》云："圜，天体也。"段注："天体亦谓其体一气循环，无终无始，非谓其形浑圜也。"《说文·口部》：

> 圆，圜全也。②

段注："圜者，天体。天屈西北而不全。圜而全，则上下四旁如一，是为浑圜之物。"③圜为天道、天体，"圜丘"为祭天之地，汉人以壶为"圜器"，其"圜器"造型又以天体为喻，故从"壶""圜""圆"文字的注释中可见其中所蕴含的宇宙思维。除了"壶"是以"腹方口圆"的外形具"天圆地方"宇宙观之显象物外，圜器之"壶"明显具有天体混沌的宇宙思维。因此不论是盖天说还是浑天说的宇宙观，皆取象于"壶"。壶的腹方口圆之形以及"圜器"之象所隐喻的天文宇宙思维，足见"壶"（葫芦）与中国古代宇宙发生论之间的密切关系。

《说文》中对"壶"字取象意涵，及葫芦所蕴含的宇宙意识，尚可从《说文》对"壹"的注解中探源考辨。《说文·壶部》：

> 壹，专壹也，从壶吉，吉亦声。④

《说文》释"壶"为"圜器"，亦即葫芦，释"壹"字又从"壶""吉"，取象于"壶"字，而此一"圜器"之"圜"，在《说文》的释义说解中又具有天体循环、无终无极的宇宙思维。"壹"又作"一"。《说文·一部》：

> 一，惟初太极，道立于一，造分天地，化成万物。⑤

"一""壹"是万物初始、无形无状的混沌。汉儒对"一"的注解，反映了上古宇宙发生、宇宙来源的原初混沌宇宙观。是以"壹"字取象于"壶"即葫芦，正可说明"壹"与"壶"所蕴含的初民混沌循环无终无极的宇宙意识。⑥这

---

① （汉）高诱注：《淮南子》卷1《原道》，台北：世界书局，1955年，第11页。
② （清）段玉裁注：《说文解字注》，台北：黎明文化事业股份有限公司，1993年，第279页。
③ （清）段玉裁注：《说文解字注》，台北：黎明文化事业股份有限公司，1993年，第279页。
④ （清）段玉裁注：《说文解字注》，台北：黎明文化事业股份有限公司，1993年，第500页。
⑤ （清）段玉裁注：《说文解字注》，台北：黎明文化事业股份有限公司，1993年，第1页。
⑥ 臧克和研究论道："《说文》释义系统中所保存的'葫芦'意象，使我们可以发现中国古代人关于宇宙特征的把握，天地开辟的神话存在着极其深远的字源学、语源学背景。"参见臧克和：《说文解字的文化说解》（武汉：湖北人民出版社，1995年）第5章5.5节《葫芦意象》一节中有详尽的考辨，第385页。

种混同为一的宇宙发生观反映在中国古代创世神话中，表现为神话中的混沌母题。而以混沌天地万物之初始状态的宇宙观，也是世界创世神话中的一个普遍性母题。

  壶象的时间也就是天体循环的时间，而这种循环的时间有别于现实世界中的线性时间。这种时间观依伊利亚德的理论即属于神话的时间。[①]常俗的时间是历史的时间，线性的时间不断流逝，一去不返，而壶象时间的天体循环时间观，则是可逆的、重复的、永恒的。壶象的时间观可以摆脱常俗时间对生命个体的束缚与限制，有限的生命才得以从流逝的时间之流中解脱出来，逃离死亡，迎向永生。因此以壶为造象的蓬莱三山，卖药老翁的壶中天地，正是以"壶"的神话循环时间，取代历史常俗线性时间观，进而进入神圣的时空，重返天体混沌无始无终的宇宙，参化不死的循环。壶形的宇宙圣山，反映了上古宇宙发生、宇宙循环的原初创世的宇宙观，此一原初的宇宙也即是神人共融的和谐宇宙，此一共融的原初宇宙正是人类自"绝地天通"后永恒的失乐园，原初秩序宇宙成为在现世人间构筑生命原乡的典范与蓝图。东海上的宇宙山以壶为造象，正是对原初宇宙以及神圣时空的模拟。如此原初的神圣时空就成为仙境，既是不死乐园，也是亡魂或神灵的集栖之地、回归之所。

五、人间构筑的壶：诗意栖居与神话园林

  蓬莱三神山，以壶为名为象，其中融摄了乐园仙境空间特质，以及回归原初创世混沌的宇宙思维。而这种对彼岸他界的永恒追寻的神话思维，不但表现在神话讲述中，亦表现在人类栖居的现实世界中。蓬莱神话历经战国、秦汉以来的发展，相对于另一神山仙乡昆仑圣境，逐渐在人间园林文化中建构其人间仙境的典范蓝图。从秦汉的皇家园林、唐宋士人园林艺术审美中，乃至于明清士大夫及皇室园林中皆可见蓬莱神话的人间构筑。从秦汉的海中三山景观造景到中唐以后的"壶中天地"山水园林，蓬莱三山、三壶神话成为中国园林景观的基本设计建构图。神话表现了宇宙观，园林具象了神话图景，也抚慰了回归壶象宇宙的乡愁。

---

 ① Mircea Eliade, *Images and Symbols: Studies in Religious Symbolism*. Princeton, N. J.: Princeton UP, 1991. pp. 57-58.

（一）皇家宫苑与蓬莱神山：不死仙境的人间复现

秦汉时期，在方士的鼓吹之下，秦皇、汉武数次巡游、海外寻仙，推展了蓬莱神话以及神仙不死仙境之说的流传。这种对仙境的慕求，也具体反映在皇家宫殿等建筑中，《史记·秦始皇本纪》注解"兰池"云：

> 始皇都长安，引渭水为池，筑为蓬瀛。①

《汉书·郊祀志》载建章宫：

> 度为千门万户，前殿度高未央，其东则凤阙，高二十余丈。其西则商中，数十里虎圈。其北治大池，渐台高二十余丈，名曰泰液，池中有蓬莱、方丈、瀛洲、壶梁，象海中神山龟鱼之属。其南有玉堂璧门大鸟之属，立神明台、井干楼，高五十丈，辇道相属焉。②

又可见《汉书·扬雄传》：

> 武帝广开上林……穿昆明池象滇河，营建章、凤阙、神明、馺娑，渐台、泰液象海水周流方丈、瀛洲、蓬莱。③

秦皇、汉武的皇家宫苑是以"体象天地"为其建筑的精神原创。班固《西都赋》云："其宫室也，体象乎天地，经纬乎阴阳，据坤灵之正位，仿太紫之圆方。"④汉代宫室"仿太紫之圆方"，正是其"天圆地方"宇宙观的具体实践。而建章宫中的海中蓬莱三神山造景，置于北方的位置，亦隐含蓬莱神山与北方方位间之关系。在先秦以来的宇宙象征体系，北方属水，为太一所居之地，故建章宫中有"太液池"，池中又造"神山龟鱼之属"，这种神话空间表现在具体的人世建筑空间布局上，是由秦以前受昆仑神话影响下的"一水环一山""一池环一台"的模式，转变为秦汉以后受蓬莱神话影响的"大水体环绕多山体（三山、四山或五山）"之山水体系的空间模式。⑤园林的人工山水体系，不但是蓬莱神话的建筑仿拟，也表现出其"大地环水""天圆地方"宇宙观的空间结构。这种隐含着上古宇宙观的神话空间结构，成为人间仙境的基本空间模型。伊利亚德指出：

> 道教修行者（the Taoists）接收了这个古代的宇宙论图像（山、水），

---

① ［日］泷川龟太郎考证：《史记会注考证》卷6《秦始皇本纪》，台北：洪氏出版社，1981年，第122页。
② （汉）班固：《汉书》卷25下《郊祀志》，台北：鼎文书局，1981年，第1245页。
③ （汉）班固：《汉书》卷87上《扬雄传》，台北：鼎文书局，1981年，第3541页。
④ （汉）班固：《西都赋》，见（清）严可均校辑：《全上古三代秦汉三国六朝文》，北京：中华书局，1995年，第603页。
⑤ 参见林立趣：《论中国古典园林之仙境空间形式》，载《中国工商学报》1996年第18期，第225—244页。

并加以发挥，使它成为一个更为丰富的综合体系（山、水、洞穴、树木），进而将它缩至最小的规模。这也就是一个仙界的缩影，在其中，借着和庸碌世界分离，而在其默观中道教修行者神成气来（was charged with mystical force），静神定心（sank into meditation）。这个遗世独立世界的神圣性，仍旧可以在斟满象征蓬莱仙岛的器皿与覆盖物中辨识出来。这个综合体，对 17 世纪的那些文人来说，在将它们转变成为艺术品之前，仍然作冥想之用，正如迷你林园在最初所提供的冥想作用一样。①

魏晋以后到隋唐的皇家园林，无不追仿着汉人的苑囿景观，建构俗世人间的仙境乐园，提供精神栖居的宇宙。如《三国志·魏书·明帝纪》："是时，大治洛阳宫，起昭阳、太极殿，筑总章观。"注云："通引谷水过九龙殿前，为玉井绮栏，蟾蜍含受，神龙吐出。……备如汉西京之制。"②人间建筑不断复制神话场景。依《洛阳伽蓝记》所载北魏洛阳城："华林园中有大海，即汉天渊池，池中犹有文帝九华台。高祖于台上造清凉殿。世宗在海内作蓬莱山，山上有仙人馆。"③又如隋炀帝西苑中有蓬莱仙岛，唐玄宗命方士造"蓬壶"之景，宋徽宗的保和殿苑中筑有瀛洲、方丈，清代北京圆明园中有"方壶胜景"等景。神话中的蓬莱山、仙人馆，成为理想境域的永恒记忆。

（二）士人园林与蓬瀛壶天：心灵圣化的中介阈门

蓬莱三神山神话发展至蓬莱三壶山神话的一个重要转变大约在东汉、魏晋时期，即是仙境从浩瀚的海中神山转为壶形圣山。在魏晋以后的诗文中，"蓬壶"与"蓬莱"并用，同指海上仙境。如：

> 西上登雀台，东下望云阙。层关肃天居，驰道直如发。
> 绣甍结飞霞，璇题纳明月。筑山拟蓬壶，穿池类溟渤。
> 选色遍齐岱，徵声匝邛越。陈钟陪夕宴，笙歌待明发。
> 年貌不可留，身意会盈歇。蚁壤漏山河，丝泪毁金骨。
> 器恶含满欹，物忌厚生没。智哉众多士，服理辨昭晰。④
> （鲍照《代陆平原君子有所思行》）

> 京洛信名都，佳丽拟蓬壶。九华雕玳瑁，百福上椒涂。

---

① [罗马尼亚] 伊利亚德：《圣与俗：宗教的本质》，杨素娥译，台北：桂冠图书股份有限公司，2001 年，第 197 页。
② (晋) 陈寿：《三国志·魏书·明帝纪》，(宋) 裴松之注，台北：鼎文书局，1972 年，第 105 页。
③ (魏) 杨衒之：《洛阳伽蓝记》卷 1，台北：成文出版社，1970 年，第 36 页。
④ (宋) 郭茂倩：《乐府诗集》卷 61《杂曲歌辞一》，台北：里仁书局，1984 年，第 894—895 页。

黄金络骖䯀，莲花装鹿卢。咸言仪服盛，无胜执金吾。①

　　（孔奂《赋得名都一何绮诗》）

　　虽然在《拾遗记》中的三壶山乃保持有"海中"的特质，但却更强调其"壶"器之造型，以及"壶"与仙境的联结，而《神仙传》中卖药壶公的"壶中天地"也是仙人所居的仙境，是以神山即壶山，壶境即仙境。壶公与壶中天地的传说，除了《后汉书》以及《神仙传》中的记载外，又可见于《云笈七签》卷 28《云台治中录》云："施存，鲁人，夫子弟子，学大丹之道三百年，十炼不成，唯得变化之术。后遇张申为云台治官。常悬一壶，如五升器大，变化为天地，中有日月，如世间，夜宿其内。自号'壶天'，人谓曰'壶公'，因之得道在治中。"②"壶公"所居的"壶中"有日月、楼台，此一微型的神仙世界，全在壶中化育而成。魏晋以后的仙乡乐园，也就从渤海之东、极远之地的"海中神山"转到了"壶中天地"——一个封闭而狭小、具体而微的圜状宇宙中，而不死仙境的神异性则转变为闲居隐逸的精神审美。庾信《小园赋》云：

　　　　若夫一枝之上，巢父得安巢之所。一壶之中，壶公有容身之地。况乎管宁藜床，虽穿而可坐；嵇康锻灶，既暖而堪眠。岂必连闼洞房，南阳樊重之第；绿墀青琐，西汉王根之宅。余有数亩敝庐，寂寞人外，聊以拟伏腊，聊以避风霜。虽复晏婴近市，不求朝夕之利。潘岳面城，且适闲居之乐……欹陇兮狭室，穿陌兮茅茨，檐直倚而妨帽，户平行而碍眉，坐帐无鹤，支床有龟。③

　　以"壶"为喻的"小园"，园虽小，但"聊以拟伏腊，聊以避风霜"。小园之中，狭室之内"坐帐无鹤，支床有龟"，鹤为仙境的符号，而龟却是宇宙的代码。赋家的小园，虽然非"鹤鸟"翔临的"仙乡"，但"支床有龟"，睡卧之床，脚有龟足立负，明白道出赋家自有一安身立命的自足宇宙。人境不必外求于神山仙岛，小园中自有壶天胜境。鹤为仙禽，《列仙传》记载，仙人王子乔好吹笙，作凤凰鸣，后来乘白鹤驻山头，举手谢时人，数日而去。④鹤或与仙人为俦，或为仙人之坐骑。鲍照《舞鹤赋》称美之为：

---

① 逯钦立辑校：《陈诗》卷 5，见《先秦汉魏晋南北朝诗》，台北：木铎出版社，1983 年，第 2536 页。

② （宋）张君房：《云笈七签》卷 28，见《景印文渊阁四库全书》第 1060 册，台北：台湾商务印书馆，1983 年，第 321 页。

③ （后周）庾信：《小园赋》，见（清）严可均校辑：《全上古三代秦汉三国六朝文》，北京：中华书局，1995 年，第 3921 页。

④ 王叔岷：《列仙传校笺》，台北："中央研究院"文哲研究所筹备处，1995 年，第 65 页。

> 散幽经以验物，伟胎化之仙禽。
> 钟浮旷之藻质，抱清迥之明心。
> 指蓬壶而翻翰，望昆阆而扬音。①

六朝出现颇多咏鹤的诗赋，大多以鹤属蓬壶三神山之仙禽。如东晋桓玄《鹤赋》云：

> 练妙气以道化，孰百年之易促。
> 税云驾于三山，升鸾皇于昆岳。②

庾信亦有《鹤赞》之篇：

> 九皋遥集，三山回归，
> 华亭别唳，洛浦仙飞。③

仙鹤是飞升蓬壶三神山的最佳坐骑④，也是蓬壶仙境的意象符号。

庾信的《小园赋》中"无鹤"，道出升登无望，蓬壶仙境在人间的失落，但"支床有龟"，龟在蓬莱神话中是背负三神山之巨灵，在世界创世神话中也是驮负大地的神使者。赋家"支床有龟"，是以参与创世的神龟为生命家园的宇宙柱，在现实人间构建出自己的生命乐园——一个可安身立命的宇宙。由"无鹤"到"有龟"，在文本中建筑自足的生命居所，于是海外仙境，被移入现世人间，成为赋家的小园——一个"内在的仙境"。而此一"内在仙境"却是以"园""巢"的形式而构筑。不论是巢父之"巢"抑是壶公之"壶"，从象征意义来说，都是具有闭合式母性容纳的特征。此一封闭仅具单一开口的世界，却是安身之地和生命栖息的宇宙。庾信《小园赋》中的"坐帐无鹤，支床有龟"的描述，也透露着壶天仙境的转变，"壶"形的仙境不再只是不死境域的单一象征，在赋家笔下，它还是一个有龟支柱的自足宇宙、一个理想的生存世界。

这种封闭又自足、具体而微的壶中天地，成为唐宋士人园林基本的艺术追求。蓬瀛与壶天成为唐代诗人吟咏山水园林之趣，以及生命志趣审美之叹中反复出现的意象符号。例如元结的《宴樽诗》：

---

① （南朝·宋）鲍照：《舞鹤赋》，见（清）严可均校辑：《全上古三代秦汉三国六朝文》，北京：中华书局，1995年，第2689页。

② （晋）桓玄：《鹤赋》，见（清）严可均校辑：《全上古三代秦汉三国六朝文》，北京：中华书局，1995年，第2141页。

③ （后周）庾信：《鹤赞》，见（清）严可均校辑：《全上古三代秦汉三国六朝文》，北京：中华书局，1995年，第3936页。

④ 《文选》鲍照《舞鹤赋》注引《鹤经》云："鹤，阳鸟也，因金气，依火精，火数七，金数九，故十六年小变，六十年大变，千六百年而色白。……盖羽族之宗长，仙人之骐骥也。"见（梁）萧统编：《文选》卷14，（唐）李善注，台北：华正书局，1982年，第207页。

> 巉巉小山石，数峰对宛亭。
> 宛石堪为樽，状类不可名。
> 巡回数尺间，如见小蓬瀛。①

诗人将"宛樽"之形与"蓬瀛"仙境相喻，"壶"状的仙境是诗人存在空间的理想形式。宋人甚至将蓬莱三山直接移入"壶中天地"中，从"蓬莱三壶山"变成"壶中三神山"。宋高宗雅爱湖山之胜，于宫中凿池引水，叠石为山。宋孝宗赋诗吟咏：

> 山中秀色何佳哉，一峰独立名飞来，参差翠麓俨如画，石骨苍润神所开。忽闻仿像来宫囿，指顾已惊成列岫。……山头草木四时春，阅尽岁寒人不老。圣心仁智情幽闲，壶中天地非人间。蓬莱方丈渺空阔，岂若坐对三神山。日长雅趣超尘俗，散步逍遥快心目。山光水色无尽时，长将把向杯中绿。②

园林中众水绕山的景观，实践了人间仙境的构筑。园中"山头草木四时春，阅尽岁寒人不老"，此一"四时春"与"人不老"的"壶中天地"，正是消弭了线性时间的天体循环时间观的壶象时间观。在天体循环的壶中天地，游赏之人也因而有了暂时逃离常俗时空的自由与自在。蓬莱、方丈神山与壶中天地在此仍然是一个与常俗时空相对存在，寄托心灵、安顿生命的典范园林和理想栖居处。

唐宋以来蓬瀛山水与壶中天地模式，仍为明清园林所承继，以神话的象征思维在现实人间建构生命审美的乐园。"壶天""蓬莱""壶园""蓬瀛"，成为明清园名、园景的代称，"蓬莱"与"壶天"成为明清园林的程式景观。③例如明代潘允端的《豫园记》云："园东面，架楼数楹，以隔尘市之嚣。中三楹为门，扁曰：豫园，取愉悦老亲意也。入门西行可数武，复得门，曰：渐佳。西可二十武，折而北，竖一小坊，曰：人境壶天。过坊，得石梁，穹窿跨水上。梁竟，而高埠，中陷，石刻四篆字，曰：寰中大快。"④封闭的壶，可以"隔尘市之嚣"，圜状的壶则可以建构自足的宇宙，从世俗时空超脱而出，得"寰中大快"之乐。壶形宇宙不再只寓托不死仙境，而是文人消弭了世俗时空的"寰中"乐园。而明末文人祁彪佳在其寓山园林中也有"瓶隐"之景：

---

① 杨家骆主编：《新校元次山集》，台北：世界书局，1964年，第41页。
② （宋）吴自牧：《梦粱录》卷8，见《景印文渊阁四库全书》第590册，台北：台湾商务印书馆，1983年，第64页。
③ 王毅：《中国园林文化史》，上海：上海人民出版社，2004年，第173页。
④ （清）应宝时修，俞樾纂：《上海县志》卷28，台北：成文出版社，1975年，据清同治十一年刊本影印，第2528页。

> 昔申徒有涯，放旷云泉，常携一瓶，时跃身入其中，号为"瓶隐"，予闻而喜之，以名卧室。室方广仅丈，扩两楹以象耳。圆其肩，高出脊上，隐映于花木幽深中，俨然瓶矣。然申徒公以大千世界都在里许，如取频伽瓶满中擎空，用饷他国。此真芥子纳须弥手，若犹是作瓶观也，不浅之乎视公哉。①

祁彪佳身处明清交替的乱世中，寓山园林是其有形身体寓托之所，大量的寓山书写更成为其生命意识的精神追寻。②室名"瓶隐"，"瓶"形宇宙是"隐"的身体与心灵最佳的寓所。隐身于"瓶"，也即隐身于"壶"，而"瓶"与"壶"的闭合式世界中，其中蕴摄了无垠宇宙——一个有别于现世尘俗的宇宙。隐身于瓶是身体存在空间的转换，也是心灵圣化的中介阈门。回归于"瓶"、回归于"壶"，从宗教象征思维角度考察，也即回归于原初宇宙——祖灵所居的宇宙。以蓬莱三神山、三壶神话为精神蓝图的园林景观，实现了人类心灵的永恒回归的想望。

蓬莱神话体系展示了两种理想景观模式：一是众水环山体"一池三山""一池三岛"的模式，此一结构强调了海中神山的"远隔"空间特殊性，及其非常圣域的神秘性；二是壶形仙境的模式，突显了"封闭"的空间性质及"圜状"循环的时间观。此二空间结构模式又与世界乐园神话中的乐园空间特质隐然相合。不论是皇家宫苑中微型的不死仙境，还是士人园林中隐逸自适的心灵乐园，作为不死仙境的壶形神山发展到南朝隋唐以后，在文人的园林书写中失去了其神异特质。于是圣境可以在人境中重构，转化为心灵圣化与净化的宇宙。虽然不死神山窅然消失于现实的苍茫大海中，但"壶"象的宇宙思维与神话空间，千年以来，却仍安慰着桎梏于尘网中有限存在的心灵，隐喻着回到原初宇宙乐园的慕求与渴望。

六、结语：生命原乡与原初秩序

汉魏以来，在道教的宇宙论中，壶（葫芦）即被视为仙品、仙居、仙境的象征，三神山发展到东汉魏晋时期，以"壶"为其造型，除了承自上古宇宙思维

---

① （明）祁彪佳：《寓山注》，明崇祯年间刊本，台北："中央图书馆"缩影室，第35页下—第36页上。
② 曹淑娟：《流变中的书写——祁彪佳与寓山园林论述》，台北：里仁书局，2006年，第153—221页。

外，又与道教的宇宙论有密切的关系，壶象的宇宙、壶象的仙境，实隐喻其作为回归混沌宇宙、原初乐园的深层象征思维。壶（葫芦）参与了神圣的创世事件，被圣化为国家祭仪乃至生命礼俗中的祭器，仪式中的壶与神话中的壶可以相互转喻。从《说文解字》对"壶"字的取象、"壹"字的说解，以及宗教民俗中葫芦、陶壶所包含灵魂不死思维的"壶中""壶天"宇宙意识，蓬莱三山与蓬莱三壶神话，其神话的主题意义实反映了上中古时期人民对于创世宇宙之发生、生命本原之回归的集体情感与记忆。

自秦汉以来，作为不死再生象征的神山仙岛与壶状的仙境乐园，在"三山""三壶"的神话叙事中，日益增衍建构出一个有别于俗世人间的幻想仙境，一个与真实宇宙并存又相通的虚拟壶形宇宙。众水环绕的海中三神山，是一座为海水所圣化的乐园，而"壶"所具有的礼器、祭器功能，又是神圣的"容器"。不论是神话上、哲学上的原初混沌宇宙，还是宗教意义上的祖灵圣居，以及文学书写、现世园林中的仙乡乐园，蓬莱三山以"壶"为名的发展，其深层结构中都蕴含着回归宇宙原初神圣秩序，以及生命原初美好之象征。蓬莱神话是一则探求不死的神话，也是一则回归乐园、回归母腹的神话。从象征思维考察，蓬莱神话所具有的"土"（神山）与"水"（海洋）的性质，又与作为容器的"壶"，特别是以"土"承"水"的"陶瓠"（陶壶）性质相通。埃利希·诺伊曼（Erich Neumann，1905—1960）从原型的角度研究大母神原始意象（the primordial image or archetype of the Great Mother）论母性容纳的象征时指出：

> 属于腹部容器象征的第一组象征包括瓶和壶、炉灶和蒸馏器。大圆的基本形式特征在其中占主要地位，但子宫创造性方面和变形潜能也占有一定的位置。……与容器象征具有根本关联的元素包括大地和水。能容纳的水是生命的原始子宫，无数神话人物都由它诞生。它是"下层"的水，深层的水，地下的水和海洋，湖泊和池塘。①

葫芦是可浮于水上又可纳水的容器，壶形蓬莱神山亦是为巨龟所背负，构筑于大海乃至于冥海之中的不死仙境。葫芦（壶）可避水、浮于水，在创世神话中既是避水的工具，又是可以生人的创世神物。而"壶"具有腹"方"口"圆"，以及"圜状容器"的性质，在古代中国又被圣化为"天体混沌""天圆地方""地载水而浮"的原初创世宇宙显象物。原始的陶"壶"乃以土盛水，土与水都具

---

① [德]埃利希·诺伊曼：《大母神：原型分析》，李以洪译，北京：东方出版社，1998年，第46—47页。

有生命力的象征，老子亦曾以陶器喻道①。而蓬莱三山以"土"载"水"的"中空"容器造型又浮于大壑归墟中，"大壑""归墟"是更深层的宇宙海（宇宙原初大水）。大壑、归墟、蓬莱三壶都具有容器的象征，是生命的原始母腹，也是具有强大再生能量的神圣空间。

蓬莱三山与三壶所表现出的仙境乐园，是"现实"生命的"理想"空间存在，也是"此界"与"他界"的中介空间，是一个有别于俗世的异质空间。蓬莱与壶、葫芦、混沌、山、宇宙柱、神秘空间越界的关联，也即是神话思维中"生命一体化"的情感投射。因此壶、葫芦、混沌、昆仑和母腹（生命本源的混沌状态）可以互喻置换②，而"蓬壶"也具有这种母腹象征的原始的混沌与乐园意涵。

西方乐园神话中的"伊甸园"之为"园"的观念，成为西洋园林花园史的众园之祖；而中国乐园神话中所创设出闭合式的"圜器"状的"壶形乐园""山水园林"亦为中国园林的景观造型典范。以神话造象造景的园林中，不但有秦皇、汉武的寻仙足迹，亦有祁彪佳寓山书写的闭合式瓶隐宇宙，或大如北京故宫、北海皇家园林，小如私家山水园林，这种以蓬莱神话的"神山"（土）、"海洋"（水）空间结构以及蕴含着"天圆地方"的"壶"象宇宙图式，成为中国理想景观的原型。而"壶"象的闭合式天体循环宇宙观更是文人在现实人间安顿生命的理想栖居处的体现。不论是诸神宕居的神域，还是复制仙境的宫廷园林，乃至文人雅士的隐逸小园，蓬莱三神山（三壶山）"山""水"的自然地貌与"山/岛/壶"的乐园景观，以"土/水"的宇宙元素，中空"圜器"的天体循环时间观以及中介空间性质，建构人间尘俗的壶象神话乐园，承载着千年以来人类对原初宇宙秩序的永恒回归，也诉说着人类对创世宇宙的永恒乡愁。

---

① 杨儒宾研究《老子》书中女性意象云："圆深容器正是大母神意象最典型的描述，陶器更是典型中的典型。老子说：'埏埴以为器。'庄子说：'休乎天钧。'道家诸子用陶器形容道绝非二见。"杨儒宾：《道与玄牝》，载《台湾哲学研究》1999 年第 2 期，第 177 页。

② Rolf A. Stein，*The World in Miniature*：*Container Gardens and Dwelling in Far Eastern Religious Thought*, Translated by Phyllis Brooks. Stanford，Calif：Stanford University Press, 1990. 日译本ロルス・スタン：《盆栽の宇宙志》，福井文雅、明神洋译，东京：せりか书房，1985 年。

第五章 结论:越界旅行与母腹回归

一、游仙蓬莱与越界追寻

蓬莱神山不仅是作为帝王欲望投射的不死圣域,以及巡游探访的海上乐园,更成为赋家诗人在语言文学中构筑出的想象乐园。一篇篇的游仙赋、一首首的游仙诗吟咏着诗人精神想象的越界与他界的追寻。这种追寻依照弗莱(Northrop Frye, 1912—1991)之说法,可以追溯到神话与文学领域共享的原型(archetype)①中的追寻神话:

"追寻神话"(Quest myth)既在祭礼与民间故事中居有中心的地位——因此在文学内也居中心地位——一切文学类型,很可能是从"追寻神话"伸延出来的。②

蓬莱神话在文学中的书写、转化正可以反映出文学的追寻主题。③这种对蓬莱仙境乐园的追寻书写,表现在游仙蓬莱的精神朝圣之旅以及原初宇宙的永恒回归之上。

从神话象征的角度来诠释,蓬莱神山以"山岳"与"海洋"的地貌空间形式,承载着人对仙境乐园的追寻理想。山岳与海洋是由宇宙元素"土"与"水"所形成,其在人间的具象地景就是"山"和"水"。高耸的山岳,向上联结着天空上界;流动窈冥的水则是生命本源的象征,也代表着神秘的无意识状态④。于

---

① 此"原型"指弗莱在文学研究上的"原型",而非伊利亚德在宗教研究中具典范意义的"原型"。
② [美]卫姆塞特(William Knrtz Wimsatt)、[美]布鲁克斯(Cleauth Brooks):《西洋文学批评史》,颜元叔译,台北:志文出版社,1982年,第653页。
③ 欧丽娟探究唐代诗歌的乐园意识,对于追寻之主题与唐诗创作间之关系有详尽的论述。欧丽娟:《唐诗的乐园意识》,台北:里仁书局,2000年,第225—263页。
④ [美]史坦尼斯拉弗·葛罗夫(Stanislav Grof)、[美]赫尔·吉娜·班奈特(Hal Zina Bennett):《意识革命——人类心灵的终极探索》,方明译,台北:生命潜能文化事业有限公司,1997年,第152—154页。

是蓬莱神山仙岛的地貌形式——"土"与"水"的"山岳"与"海洋"成为游仙文学书写中想象升登的境域。

《说文解字》云:"游,旌旗之流也。"①游,具有游玩、游荡之义且多具宗教意义。龚鹏程道:

> 相对于人,神的自由、解放、超越、解脱,均表现在它能自在地游行上。这是神仙最重要的特点。②

凡俗之人要获得此一神游体验可借助不同的方法,如降神、假扮,通过做梦、服食修炼、精神修炼等,这些方法各有不同,但其共同点即在于"转化"。③而游仙文学的书写吟咏正是一种主体精神之游,一种精神的转化之游。诗人赋家凭借想象力,可以超越有限的现世存在,蓬莱神话所建构的神山圣水,成为文人越界旅行的神圣空间。汉代郊祀乐府歌诗中即有"登蓬莱"之歌:

> 象载瑜,白集西。食甘露,饮荣泉。赤雁集,六纷员。殊翁杂,五采文。神所见,施祉福。登蓬莱,结无极。④

《象载瑜》为一首仪式乐歌。在郊祀天地时,歌咏升登蓬莱之愿望。仪式、歌诗与神话相互交融,在神圣的仪式中以期升登不死的境域。东汉以后,在曹操、曹植的游仙乐府中有颇多升登蓬莱之唱:

> 驾六龙乘风而行,行四海外路,下之八邦,历登高山,临谿谷,乘云而行,行四海外,东到泰山。仙人玉女,下来翱游,骖驾六龙,饮玉浆,河水尽不东流。解愁腹饮玉浆。奉持行,东到蓬莱山。上至天之门。玉阙下引见得入,赤松相对,四面顾望,视正焜煌。开王心正兴其气。百道至,传告无穷。闭其口但当爱气,寿万年。东到海与天连。神仙之道,出窈入冥。常当专之。心恬澹无所惕欲,闭门坐自守,天与期气。愿得神之人,乘驾云车,骖驾白鹿,上到天之门,来赐神之药。跪受之敬神齐。当如此道自来。
>
> 华阴山自以为大,高百丈浮云为之盖。仙人欲来,出随风列之雨。吹我洞箫,鼓瑟琴,何闿闿,酒与歌戏。今日相乐诚为乐,玉女起,起舞移数时。鼓吹一何嘈嘈,从西北来时,仙道多驾烟乘云驾龙,郁何蓩蓩。遂游八极,乃到昆仑之山西王母侧。神仙金止玉亭,来者为谁?赤

---

① (清)段玉裁注:《说文解字注》,台北:黎明文化事业股份有限公司,1993年,第314页。
② 龚鹏程:《游的精神文化史论》,石家庄:河北教育出版社,2001年,第153—154页。
③ 龚鹏程:《游的精神文化史论》,石家庄:河北教育出版社,2001年,第153—154页。
④ 逯钦立辑校:《汉诗》卷4,见《先秦汉魏晋南北朝诗》,台北:木铎出版社,1983年,第154页。

松王乔乃德旋之门。乐共饮食到黄昏,多驾合坐,万岁长,宜子孙。

游君山,甚为真,磪硊砟硌,尔自为神。乃到王母台,金阶玉为堂,芝草生殿傍。东西厢客满堂。主人当行觞,坐者长寿遽何央。长乐甫始宜孙子,常愿主人增年,与天相守。①(曹操《气出倡》)

思想昆仑居,见欺于迂怪,志意在蓬莱。②(曹操《精列》)

愿登泰华山,神人共远游。愿登泰华山,神人共远游。经历昆仑山,到蓬莱,飘飘八极,与神人俱。思得神药,万岁为期。③(曹操《秋胡行》)

乘蹻追术士,远之蓬莱山。灵液飞素波,兰桂上参天。玄豹游其下,翔鹍戏其巅。乘风忽登举,仿佛见众仙。④(曹植《升天行》)

阊阖开,天衢通,被我羽衣乘飞龙。乘飞龙,与仙期,东上蓬莱采灵芝。灵芝采之可服食,年若王父无终极。⑤(曹植《平陵东行》)

在这些游仙蓬莱的诗歌中,诗人多用"上""登"等动词书写出人的生理与心理的空间移动超越。向上升登追求神圣空间,从神话象征来考察,蓬莱神山仙岛提供了个人向上的开口,一个可以进入神圣空间的过渡甬道。升登蓬莱因而也具有仪式的意义。

这种飞升仙境之"游",近似于"朝圣"之旅,而蓬莱神山以其具有宇宙乐园、宇宙中心的神圣性,成为由凡俗升登圣域的中介空间,伊利亚德言:

中心是最显赫的圣域、绝对实在之的。同样地,其他绝对实在的象征(生命与不死之树、青春之泉等)也都位于中心地。通往中心的道路是一条"艰难之道"(dūrohana),此种艰难可从实在的每一层面看出:寺庙中艰难的涡旋阶梯[如波罗布德(Borobudur)寺庙];朝圣(麦加、哈德瓦、耶路撒冷)之旅;寻求金羊毛、金苹果、生命药草的英雄

---

① 逯钦立辑校:《魏诗》卷1,见《先秦汉魏晋南北朝诗》,台北:木铎出版社,1983年,第345—346页。
② 逯钦立辑校:《魏诗》卷1,见《先秦汉魏晋南北朝诗》,台北:木铎出版社,1983年,第346页。
③ 逯钦立辑校:《魏诗》卷1,见《先秦汉魏晋南北朝诗》,台北:木铎出版社,1983年,第350页。
④ 逯钦立辑校:《魏诗》卷6,见《先秦汉魏晋南北朝诗》,台北:木铎出版社,1983年,第433页。
⑤ 逯钦立辑校:《魏诗》卷6,见《先秦汉魏晋南北朝诗》,台北:木铎出版社,1983年,第437页。

探险历程；迷宫之逡迂徘徊；追寻自我、自我存有"中心"之道时所遇的苦难等等，莫不如此。此道费力险峻，步步危机，因为它事实上是一条由俗入圣、由梦幻泡影到真实永恒，也是由死而生、从人到神的通过仪式。抵达中心等于受过洗涤，一场启蒙。昨日尘俗虚幻的存在，今日一变而为清新非凡、真实持久的生命。①

诗人升登蓬莱、采摘灵芝、探访仙人之旅也正如寻求金羊毛、生命药草的探险历程。在这些汉魏游仙之作中，诗人在飞升求仙的旅程中较少涉及朝圣的艰难、歧路的徘徊，多写对仙境之向往以及仙境非常之仙景。诗人在书写蓬莱游仙之旅中，进而达成精神上的自我追寻与自我超越。

荣格的文学研究重视对集体潜意识的探讨，荣格将有限存在、解放的心灵和"朝圣"相联结：

　　对于这种通过超越而获得解脱的类型，最普遍的梦的象征之一，便是孤独之旅或朝圣之旅，不过，这种朝圣似乎是精神上的朝圣。②

因此蓬莱神话所建构出的神圣空间，成为诗人在文学想象世界中飞向宇宙中心的舆图。在书写蓬莱、歌咏蓬莱时，在想象中越界，完成了精神的朝圣之旅，以及具有仪式性的净化与圣化的心灵洗涤之旅、神圣之旅，文学中的蓬莱则开启了另一个通往他界的中介空间。这一个中介空间近似于弗莱所谓的"显灵点"（point of epiphany）：

　　我们称之为显灵点（point of epiphany）其最常见的背景是山巅、海岛、楼塔、灯塔、梯子、台阶等等。民间故事和神话中关于天与地或太阳与地球最初是连接在一起的故事，我们已司空见惯。③

由于蓬莱神话的地景空间如海洋、神山、洲、岛的空间形式以及"壶"的意象都具有神圣空间的象征意涵，文学中的蓬莱书写寓托着永恒的他界追寻。诗人借书写蓬莱展开心灵的朝圣之旅，也借书写蓬莱寓托其理想的栖居地。如有：

　　京华游侠窟，山林隐遁栖。
　　朱门何足荣？未若托蓬莱。④（郭璞《游仙诗》其一）

---

① ［罗马尼亚］耶律亚德：《宇宙与历史：永恒回归的神话》，杨儒宾译，台北：联经出版事业公司，2000年，第13—14页。
② Carl G. Jung主编：《人及其象征——荣格思想精华的总结》，龚卓军译，台北：立绪文化事业有限公司，2004年，第173页。
③ ［加］诺思洛普·弗莱：《批评的剖析》，陈慧、袁宪军、吴伟仁译，天津：百花文艺出版社，2002年，第248—249页。
④ 逯钦立辑校：《晋诗》卷11，见《先秦汉魏晋南北朝诗》，台北：木铎出版社，1983年，第865页。

  三山罗如粟，巨鳌不容刀。
  白龙腾子明，朱鳞运琴高。
  轻举观沧海，眇邈去瀛洲。
  玉泉出灵龟，琼草被神丘。①（庾阐《游仙诗》其四）
  我思仙人，乃在碧海之东隅。
  海寒多天风，白波连山倒蓬壶。
  长鲸喷涌不可涉，抚心茫茫泪如珠。
  西来青鸟东飞去，愿寄一书谢麻姑。②（李白《有所思》）

  这种"讬蓬莱""去瀛洲""思仙人"，追寻原乡、仙乡的思想，反复出现在秦汉以来的文学创作中：或求见神人、仙人，或期飞升仙境乐园，以期在现实世界中，开展生命中另一异次元空间的时空之旅。或以神话的叙事，或以诗歌的语言，书写异次元空间的精神旅行。

  因此，不论是汉代郊庙歌辞之仪式颂歌、升登上游的游仙诗歌、蓬壶仙居的企求以及杨羲《梦蓬莱四真人作诗四首》的梦境书写③，还是《神仙传》中费长房的壶天之旅，乃至汉代画像中的三神山仙境、明清园林中的"壶天胜地"，蓬莱神话开启了存在现实中的理想圣境，书写了人们对他界空间的慕求与渴望。蓬莱三神山乃至蓬莱三壶山，虽历经不同文化的诠释发展，但作为生命本源之母的神圣空间性质却永恒不变。而此一神圣空间的现世存在，不但是宗教生命本源的回归，也是现实生命的越界与提升。

二、原初宇宙与母腹回归

  20世纪的哲学家卡西勒在《人论》中定义人是符号的动物（animal symbolicum）。④生活在符号中的人类，有抽象的时间观、空间观，能发明运用各种符号，所以能超越当下时空的限制，超越有限的存在。这也是人与其他动物

---

① 逯钦立辑校：《晋诗》卷12，见《先秦汉魏晋南北朝诗》，台北：木铎出版社，1983年，第875页。
② （宋）郭茂倩：《乐府诗集》卷17《鼓吹曲辞二》，台北：里仁书局，1984年，第254—255页。
③ 逯钦立辑校：《晋诗》卷21，见《先秦汉魏晋南北朝诗》，台北：木铎出版社，1983年，第1114—1115页。
④ [德]恩斯特·卡西勒（Ernst Cassirer）：《人论》，甘阳译，台北：桂冠图书股份有限公司，1994年，第39页。

最大的差别，因此人通过符号活动、符号功能，创造了神话、语言、艺术、历史等不同形式的文化，从而组成了人的世界。在这些文化符号中，神话是人类原始的文化形式之一。卡西勒认为神话的非逻辑、非理性与无意识虚构的表现和创造，是以实在性的相信为根基的，也即神话真正的基质不是思维的基质，而是情感的基质。神话作为生命一体的情感表现，是沟通人性与神性、此界与他界间的桥梁。

而蓬莱神话所构绘出的仙境乐园，是现实生命的理想空间存在，也是此界与他界的中介空间——一个有别于俗世的异质空间。[1]蓬莱与葫芦、壶、混沌、山、宇宙柱神秘空间越界的关联，也即是神话思维中"生命一体化"的情感投射。法国汉学家罗尔夫·石泰安（Rolf A. Stein, 1911—1999）在《微型的世界》中说道：

瓠（hu，胡又称瓠），又可称葫芦（hulu，又称壶卢）。它是神秘、完满自足、自我闭合的世界的象征。囫葫卢即有"封闭的壶和神秘"的含义，它由两个相叠的球体组成。我们可以比较一系列的语词：囫（hu）指"圆、完满自足"，囫囵（hulun）指"完满自足、完整无缺"，智（hu）指"暗昧、视野不清"，惚（hu）指"暧昧、晦涩"。"壶"的一个异体字"壸"（kun），指"屋舍间的通道，妇人的闺房（即看不见和退居的暗室）"，"壸奥"指"深隐的地方"。意味"暧昧和混浊"的系列中，还包括了浑、昆、混（hun或kun）。将这些字重叠，就出现浑沦（hunlun）的表述，用作指称像卵那般闭合的混沌（混浊的水），以及无意识的状态。混沌内部如黑暗的皮袋，皮袋像瓠，是载酒的容器。葫芦和壶是东海的山，神仙居住的地方，西海也有一处相同的居地那就是昆仑（kunlun）。昆仑分上下两层，一个直立的圆锥体与一个倒立的圆锥体配对。葫芦（hulu）是两个圆球的叠合。昆仑又处于人的头部，在最深隐处有一"洞房"（屋似洞穴，这个词语也指新婚的屋）和"泥丸"（梵语nirvana音译）。通过神秘冥想进入，人会进入"混沌"的境地。这个境地，像是原始状态、仙乡、天地开辟以前的无意识状态。[2]

因此壶、葫芦、混沌、昆仑、仙乡和母腹（生命本源的混沌状态）可以互喻

---

[1] 参见［日］小南一郎:《壶形的宇宙》，载《北京师范大学学报》1991年第2期，第28—31页。
[2] Rolf A. Stein, *The World in Miniature: Container Gardens and Dwelling in Far Eastern Religious Thought*, Translated by Phyllis Brooks. Standford, Calif: Stanford University Press, 1990. 此处据日译本ロルス·スタン:《盆栽の宇宙志》，福井文雅、明神洋译，东京：せりか书房，1985年，以及郑振伟:《从精神分析看道家的空间意识》译文，收入辅大中文系编:《百家争鸣——世变中的诸子学术论文集》，台北：辅仁大学中文系，2003年，第24页。

置换，而"蓬莱"神山、"蓬壶"神山也具有这种母腹象征的原始的混沌与乐园意涵。

在尘俗人间中，升登蓬莱的神话既是人类生命永恒的超越，也是永恒的欲望叙事。在唐代文化中，"蓬莱"更成为现实社会的理想符号，隐喻着"升官""登科"的人间现实欲望。但秦皇、汉武的海上神山终隐藏在烟雾弥漫的大海中，而诗人也难逃"三星自转三山远，紫府程遥碧落宽"[1]乐园失落的遗憾。虽然蓬莱神山终将沉于海中，但此界的凡俗之人则以其所寓托的宇宙观为理想栖居之所，在现实此界中建构蓬莱胜境，栖居在蓬壶园林之中，甚至在艺术造景上大量复制蓬莱神话的地景，构筑生命原初的乐园。伊利亚德指出：

> 然而，这些成为美的对象的迷你林园，拥有一段悠久的历史，甚至在史前时期已有，它们显示了某种对这世界深刻的宗教感。他们的祖先就是这器皿，里面芳香缭绕的水再现着海洋，高山突出其间。这些物品的宇宙性结构相当明显。奥秘的要素也同样呈现于海中央的高山，它就象征着一种道教仙人的乐园——蓬莱仙岛。是故，这里有着某种看似独立的世界、微观的世界，文人在自己的房子内设置了这样的世界，以便凝聚玄妙之气，借由冥思默想，以便能重建与这世界的和谐关系。[2]

而蓬莱神话所展现的"一池环三山"的景观模式，不但是中国园林的典范景观模式，更传播影响及于日本、韩国，成为东方园林的典型庭园模式。正因为蓬莱他界空间在此界生命中的永恒缺席，说明着尘俗此界的有限与匮乏，于是凡夫俗子在不断的越界努力中，以符号的语言重构人间蓬莱：在文学书写、艺术设计乃至于园林造景中，以"高山""大海"的神话地景，"土""水"的宇宙元素，"壶"象的封闭中介空间，重构了一个现世存在"蓬莱神话式"的精神宇宙，进而回归母腹混沌，重返原初秩序，重建此界的和谐。在蓬莱神话对他界追寻的神圣叙事中，不但隐藏着人类对原初宇宙的认知模式，也诉说着人类集体潜意识中永恒的乡愁。

---

[1] 李商隐：《当句有对》，见（清）清圣祖编：《全唐诗》卷540，北京：中华书局，1996年，第6206页。

[2] ［罗马尼亚］伊利亚德：《圣与俗：宗教的本质》，杨素娥译，台北：桂冠图书出版有限公司，2001年，第196页。

附论　神圣的秩序：《楚帛书·甲篇》中的创世神话及其宇宙观

一、重返创世纪：《楚帛书·甲篇》与世界创世神话

  在丰富多样的世界神话中，最能具体反映初民的世界观及宇宙起源与形成的即是创世神话。世界大多数的民族都有创世神话的流传，神话学家叶·莫·梅列金斯基（E. M. Meletinskij，1918—2005）在《神话的诗学》中研究认为：创世神话是"任何神话（包括最古老神话）最主要的内涵所在。"① 近代不少的神话学家已从中国少数民族的神话搜集与采录中，发掘出不少创世神话，成果甚丰。但对于中国上中古时期较完整的创世神话，学者仍大都举三国时期的盘古神话为代表。而关于盘古神话，日本学者高木敏雄（Takagi Toshio，1876—1922）认为是受印度的影响而产生；中国学者吕思勉亦论证任昉和徐整所记之盘古神话源自佛经。② 因此在上中古传世文献中，创世神话资料的有限记载，一直是学界勾勒中国上古时期创世神话的困境。但近几十年随着地下出土资料的发掘，对中国创世神话的研究有了较大的突破与进展。其中最重要的地下出土资料即是长沙子弹库的《楚帛书》。

  《楚帛书》写于一块正方形的帛缯上，古文字学者研究公认《楚帛书》中的文字应分为三篇。帛缯的中部有两篇一左一右方向互逆的文字。一篇文字居右，共八行三段，述及宇宙、四时之起源，内容即为创世神话；另一篇文字居左反置，共十三行两段，内容为天文、星占。四周排列有图形及十二段文字，内容为每月吉凶宜忌，可视为第三篇。饶宗颐命名此三篇分别为《甲篇》《乙篇》《丙

---

  ① ［俄］叶·莫·梅列金斯基（E. M. Meletinskij）：《神话的诗学》，魏庆征译，北京：商务印书馆，1990 年，第 230 页。
  ② ［日］高木敏雄：《比较神话学》，东京：武藏野书院，1924 年，第 151—154 页；吕思勉：《先秦史》，台北：台湾开明书店，1970 年，第 44 页。

篇》，并论及各篇内容重点：

> 《甲篇》辨四时之叙，《乙篇》志天象之变，《丙篇》从而辨其每月吉凶。①

李学勤则依其内容分名之为《四时》《天象》《月忌》三篇。②本文采饶宗颐之命名以及顺序进行探讨，即以《楚帛书·甲篇》也即李学勤之《四时》篇，为本文主要研究探讨之重点。③帛书外层四周可分为十六等区，其中分属四隅的四区分别绘有青、黄、白、黑四木代表"四维"，其余十二区分列十二月神，每三神为一组，分居东、西、南、北四方代表"四季"，并作旋转的排列方式（参见附图十五）。宇宙、四时、天文、月忌、四维、四季和四木、十二月神图像或以文字或以图像叙事共同构成《楚帛书》的内容。因此《楚帛书》的摆法应以南（即夏）为上，读法顺序应以右旋的方式读解，也即由内层的《甲篇》先读，次向右旋转180度读《乙篇》，再接读与内层并列的外层孟春之月，并依次右旋顺读十二月忌篇。从帛书的叙事顺序及叙事内容而观，也即由宇宙之创始事件为中心，作为神圣叙事的开端，继而向右外旋，述及天文星占，最后依序历十二月忌。时间顺序是由宇宙天象及于人事月忌，从天时到人时，形成了有机的时间图式。解读帛书的顺序也历经了宇宙之序、四时之序与十二月之序，故冯时研究亦认为帛书图文排列之顺序与右旋解读过程实则"暗寓着天盖的旋转"④，证之式图，其说不虚⑤。

历来学界对于《楚帛书》之研究成果，大约有以下重点：①文字的考证释读；②上古历史之考证还原；③哲学思想之阐发；④天文历法之论析；⑤神话

---

① 饶宗颐：《楚帛书之内涵及其性质试说》，见饶宗颐、曾宪通编：《楚帛书》，香港：中华书局，1985年，第125页。
② 李学勤：《简帛佚籍与学术史》，台北：时报文化出版事业有限公司，1994年，第37页。
③ 李零对《楚帛书》之命名及顺序与饶宗颐、李学勤略有出入，饶宗颐、李学勤对《楚帛书》三篇命名不同，但阅读次序则相同，皆以中间八行的文字为第一篇；但李零则以中间十三行为第一篇，命之为甲篇，中间八行为第二篇，命之为乙篇，四周边文为第三篇，分之为丙篇。本文研究从神话学之角度考察，亦采饶宗颐、李学勤之顺序，即以中间八行为第一篇《甲篇》为探讨。有关李零之研究参见李零：《长沙子弹库战国楚帛书研究》，北京：中华书局，1985年，以及李零：《中国方术考》，北京：东方出版社，2000年，第177—196页。
④ 冯时：《中国天文考古学》，北京：社会科学文献出版社，2001年，第13页。
⑤ 帛书以内层甲篇《四时》篇为起读，再依续转读乙篇《天象》、丙篇《月忌》篇的观点。又可见高明：《楚缯书研究》，见《古文字研究》第12辑，北京：中华书局，1985年，第397—406页。以及江林昌：《楚辞与上古历史文化研究——中国古代太阳循环文化揭秘》，济南：齐鲁书院，1998年，第280页。江林昌从太阳循环的角度说明，李零从式图来分析，冯时则从天盖的旋转来解释。论述虽各有偏重，但从中可见《楚帛书》与上古天文学间密切的关系。

视角之研究。在文字的考证释读方面,有蔡季襄①、陈槃、饶宗颐、曾宪通、严一萍、商承祚、李学勤、李零、高明、陈邦怀②、刘信芳③等人的研究。1973年,澳大利亚巴纳(Noel Barnard)博士出版的《楚帛书译注》(*The Chu Silk Manuscript*:*Translation and Commentary*)④附红外线照片,为其总结性论著。在上古历史的考证还原方面,则有张光直《中国创世神话之分析与古史研究》⑤、李学勤《楚帛书中的古史与宇宙观》⑥、江林昌《楚辞与上古历史文化研究——中国古代太阳循环文化揭秘》⑦的上古史探讨。在哲学思想方面,大都侧重于对宇宙观的分析,如连劭名《长沙楚帛书与中国古代的宇宙论》⑧、江林昌《子弹库楚帛书"推步规天"与古代宇宙观》⑨,且此一宇宙观大都是置于天文学的视角进行考察。在天文历法的研究方面,则有陈久金《帛书及古典天文史料注析与研究》⑩、曾宪通《楚月名初探》⑪、刘信芳《中国最早的物候历月名——楚帛书月名及神祇研究》⑫、冯时《中国天文考古学》⑬等。至于神话视角之研究,则有院文清《楚帛书与中国创世纪神话》⑭、杨宽《楚帛书的四季神

---

① 蔡季襄:《晚周缯书考证》,台北:艺文印书馆,1972年。
② 陈邦怀:《战国楚帛书文字考证》,见《古文字研究》第5辑,北京:中华书局,1981年,第233页。
③ 刘信芳:《楚帛书试诂》,载《中国文字》1996年新21期,台北:台湾商务印务馆,第67—108页。
④ Noel Barnard,*The Chu Silk Manuscript*:*Translation and Commentary*, studies on the Chu Silk Manuscript Part 2, Monographs on Far Eastern History 5, Department of Far Eastern History. Canberra:The Australian National University,1973.
⑤ 张光直:《中国创世神话之分析与古史研究》,载《"中央研究院"民族学研究所集刊》1959年第8期,第47—79页。
⑥ 李学勤:《楚帛书中的古史与宇宙观》,见张正明编:《楚史论丛》,武汉:湖北人民出版社,1984年,第146页。
⑦ 江林昌:《楚辞与上古历史文化研究——中国古代太阳循环文化揭秘》,济南:齐鲁书社,1998年。
⑧ 连劭名:《长沙楚帛书与中国古代的宇宙论》,载《文物》1991年第2期,第40—46页。
⑨ 江林昌:《子弹库楚帛书"推步规天"与古代宇宙观》,见中国社会科学院简帛研究中心编:《简帛研究》第3辑,桂林:广西教育出版社,1998年,第122—128页。
⑩ 陈久金:《帛书及古典天文史料注析与研究》,台北:万卷楼图书公司,2001年,第73—101页。
⑪ 饶宗颐、曾宪通:《楚地出土文献三种研究》,北京:中华书局,1993年,第343—361页。
⑫ 刘信芳:《中国最早的物候历月名——楚帛书月名及神祇研究》,载《中华文史论丛》第53辑,上海:上海古籍出版社,1994年,第75—107页。
⑬ 冯时:《中国天文考古学》,北京:社会科学文献出版社,2001年。
⑭ 院文清:《楚帛书与中国创世纪神话》,见《楚文化研究论集》第4集,郑州:河南人民出版社,1994年,第597—607页。

像及其创世神话》①、曾宪通《楚帛书神话系统试说》②等。而日本学者如林巳奈夫对十二神的考证③,池泽优的文字考释与宇宙思维④等研究皆有丰硕的成果。以上研究大都以《楚帛书》三篇为研究重点,并不全以创世神话为探究对象。目前,学界对于创世神话的研究成果,大约有以下几类:①少数民族创世神话研究,如陶阳、钟秀合著之《中国创世神话》⑤;②古籍文献中创世神话的分类探讨,如宣钉奎《楚辞神话之分类及其相关神话研究》⑥;③单一创世神祇的研究,如杨利慧《女娲的神话与信仰》⑦等;④中外创世神话的比较,如伊藤清司《日本神話と中国神話》⑧等。这些成果丰富了中国神话学的研究领域。而1942年于湖南长沙出土的战国《楚帛书》,其中所蕴含的创世神话资料,更引发了20世纪考古学家与神话学家对创世神话研究之热情。

由于《楚帛书·甲篇》述及宇宙起源、开辟神话,不少学者已针对《楚帛书·甲篇》八行的文本进行创世神话的分析,甚至有学者直接将《楚帛书·甲篇》文字命为"创世篇",如杨宽⑨、董楚平⑩、何新⑪、院文清⑫等;又如连劭名则直接以"神话篇"名之⑬,并对篇中的创世文字进行考释论述。《楚帛书》的出现,似乎为混沌不明的先秦创世神话研究投下了曙光,学者们纷纷搭乘《楚帛书》之引渡之舟,加入重返创世纪之旅,进而重建还原上古创世神话之面貌。历来学

---

① 杨宽:《楚帛书的四季神像及其创世神话》,载《文学遗产》1997年第4期,第4—12页。
② 朱晓海主编:《新古典新义》,台北:台湾学生书局,2001年,第33—44页。
③ [日]林巳奈夫:《長沙出土楚帛書の十二神の由来》,载《东方学报》1971年第42册(京都:京都大学人文科学研究所),第24—51页。
④ [日]池泽优:《子弹库楚帛书に见る宇宙构造认识:"绝地天通"神话の意味》,载《宗教研究》第72卷第4辑(东京:日本宗教学会1999年),第210—211页;池泽优:《中国古代の创世神话における水のシンボリズム——"大一生水"》,载《宗教研究》2002年第75卷第4辑(总331期)第1073—1075页。
⑤ 陶阳、钟秀:《中国创世神话》,上海:上海人民出版社,1989年。
⑥ 宣钉奎:《楚辞神话之分类及其相关神话研究》,台北:台湾大学中国文学研究所硕士论文,1983年。
⑦ 杨利慧:《女娲的神话与信仰》,北京:中国社会科学出版社,1997年。
⑧ [日]伊藤清司:《日本神話と中国神話》,东京:学生社,1981年。
⑨ 杨宽:《楚帛书的四季神像及其创世神话》,载《文学遗产》1997年第4期,第4—12页。
⑩ 董楚平:《中国上古创世神话钩沉——楚帛书甲篇解读兼谈中国神话的若干问题》,载《中国社会科学》2002年第5期,第155页。
⑪ 何新:《何新古经新解——宇宙的起源》,北京:时事出版社,2002年,第221页。
⑫ 院文清:《楚帛书与中国创世纪神话》,见《楚文化研究论集》第4集,郑州:河南人民出版社,1994年,第597—607页;又见杨宽:《杨宽古史论文选集》,上海:上海人民出版社,2003年,第354页。
⑬ 连劭名:《长沙楚帛书与中国古代的宇宙论》,载《文物》1991年第2期,第40—46页。

者之研究虽多，但却各有其研究之偏重，对于《楚帛书·甲篇》创世神话的相关研究，研究论题虽为"创世神话"，但其研究视角或是偏重于文字的释读，或是着力于对天文历法的考古诠释，或是侧重于对上古史的拟构探讨，较少置之于神话学的研究视野下，以"创世神话"为研究主体进行比较分析以及神话思维模式之探讨。历史考古的研究视野丰富了中国创世神话的内涵，但《楚帛书·甲篇》创世神话成为上古历史考古的论证资料，又削弱了《楚帛书·甲篇》创世神话在中国神话学上的意义与价值。由于前辈学者对《楚帛书》的释文考证已取得了丰硕成果，学界的看法渐趋一致，因此本文即以饶宗颐、李零的释文为主[1]，在跨文化的比较神话学视角下，以《楚帛书·甲篇》的创世神话为研究主体，将《楚帛书·甲篇》创世神话置于世界创世神话的类型中探讨，运用母题（motif）[2]分析方法，重新分析探讨《楚帛书·甲篇》中所具有的楚人创世神话的结构类型、神话思维模式及其宇宙论深层意涵，回归神话文本之分析论述，以见其在中国创世神话乃至世界创世神话视阈中的意义与价值。又由于创世神话主要讲述宇宙的起源，而宇宙从混沌到分化的过程，也是一种秩序化的过程。法国人类学家列维-斯特劳斯（Claude Lévi-Strauss，1908—2009）从人类思维的角度研究指出，神话使用的是一种隐喻的语言，因而它所建立的也是一种隐喻的秩序，而对于秩序的要求，是原始思维重要的基础之一。故列维-斯特劳斯论述道：

> 我们称作原始的那种思维，就是以这种对于秩序的要求为基础的，不过，这种对于秩序的要求也是一切思维活动的基础，因为正是通过一切思维活动所共同具有的那些性质，我们才能更容易地理解那类我们觉得十分奇怪的思维形式。[3]

因此本文亦从"秩序"的角度探讨《楚帛书·甲篇》中的创世论及宇宙观，以见《楚帛书》中所展现出的独有的创世神话思维及其神圣的宇宙秩序图式。

---

[1] 饶宗颐：《楚帛书之内涵及其性质试说》，见饶宗颐、曾宪通编：《楚帛书》，香港：中华书局，1985年；李零：《长沙子弹库战国楚帛书研究》，北京：中华书局，1985年，第64—73页；以及李零：《中国方术考》，北京：东方出版社，2000年，第191—196页。

[2] 关于"motif"或"motive"，有译为"母题""情节要素""情节单元"者。斯蒂·汤普森（Stith Thompson，1885—1976）把母题定义为："一个母题是一个故事中的最小元素，它具有在传统中延续的能力，为了有这种能力，它必须具有某些不寻常和动人的力量。"［美］Stith Thompson，*The Folktale*. New York：Holt，Rinehart and Winston，1967. p. 415. 中译本见［美］斯蒂·汤普森：《世界民间故事分类学》，郑海等译，上海：上海文艺出版社，1991年。

[3] ［法］李维-史特劳斯（Claude Lévi-Strauss，1908—2009）：《野性的思维》，李幼蒸译，台北：联经出版事业公司，1989年，第14页。

"创世神话"一词的定义有广狭之分,广义的"创世神话"如同陶阳、钟秀之定义:"大到宇宙的形成、日月的创造、人类的起源,小到草木昆虫缘何而生,都包括在内。"① 狭义的"创世神话"如同叶舒宪研究所强调:"必须将描述宇宙起源的创世神话同其他事物起源的神话区分开来。"② 在西方神话学中则有"creation myth"与"cosmogonic myth"之别。"creation myth"是关于事物的原始起源问题,故凡有存在处即有起源问题,必然涉及"创造"神话的因子。因此中国神话学界惯用的广义"创世神话",宜对译于"creation myth"一词。然在中文语境下的"创世"一词,"创"之对象、范围为"世",而"世"实即包括"世"与"界",则此一"创造"当指天地的创造而言。而"创世"之"创"与世间诸多事物之创造并不等同,从伊利亚德(Mircea Eliade,1907—1986)宗教现象学之角度考察,是严格意义下的"原型"③,此一"原型"具有根源性的模范的意思。以其先有天地之创造,才有宇宙间诸多事物之创造。由于《楚帛书·甲篇》内容主要述及天地开辟以及宇宙发生起源的神话,而"天地开辟"及"宇宙起源"正是创世神话所讲述的最主要内容。因此本文研究所指之"创世神话"即是指狭义天地开辟及宇宙起源的"创世神话"(cosmogonic myth),以区别于广义的创世神话(creation myth)中其他事物起源的神话(origin myth)。"创世论"(cosmogony)一词即宇宙创生论,语源来自希腊文 kosmos 和 genesis。kosmos 指宇宙秩序,其语意特别是指相对于混乱(chaos)与无序(disorder)的有序宇宙;genesis 指创生,"创世"一词即是指从没有秩序变成有序(order)与存有(being)④,意指宇宙的起源以及宇宙秩序形成的过程。因此本文所用之宇宙创生神话主要对译为"cosmogonic myth"一词,属于具有"原型"意义的"创世神话"。世界神话中的"创世神话"(cosmogonic myth),在伊利亚德主编的《宗教百科全书》中

---

① 陶阳、钟秀:《中国创世神话》,上海:上海人民出版社,1989年,第3页。
② 叶舒宪:《中国神话哲学》,北京:中国社会科学出版社,1992年,第330页。
③ 伊利亚德之"原型"并非荣格(C. G. Jung)的"原型",荣格之"原型"乃指集体无意识的结构;杨儒宾研究道:"耶律亚德思想的'原型'如同哲学上的'最高存有',或如同'道'的地位一样,自本自根,首出庶物,以有原型在,一切法得成——耶律亚德说:这是'上古的存有论'。" 杨儒宾:《译序》,见[罗马尼亚]耶律亚德(Mircea Eliade,1907—1986):《宇宙与历史:永恒回归的神话》,台北:联经出版事业公司,2000年,第4页。
④ 参见 Lindsay Jonesed., *The Encyclopedia of Religion*. vol. 3. Detroit: Macmillan Reference USA/Thomson-Gale, 2005. p.1985. Charles H. Long, "Cosmogony"条:"The world cosmogony is derived from the combination of two Greek terms, kosmos and genesis, kosmos refer to the order of the universe and/or the universe as an order. Genesis means the coming into being or the process or substantial change in the process, a birth."

从其象征结构进行分类有以下六种类型：

（1）从无创生（creation from nothing）；

（2）从混沌创生（creation from chaos）；

（3）从宇宙卵创生（creation from a cosmic egg）；

（4）从世界父母创生（creation from world parents）；

（5）经由一种孕生的过程创生（creation through a process of emergence）；

（6）经由大地潜水者创生（creation through the agency of an earth diver）。①

虽然有以上六种类型，但只有极少数的创世神话仅具有其中的一类。在世界创世神话中常是好几种类型同时表现在同一个民族创世神话的讲述中。②若从母题的角度分析，在斯蒂·汤普森（Stith Thompson, 1885—1970）的《民间文学母题索引》（*Motif-Index of Folk-Literature*）中，编号 A. 六〇〇至 A. 八九九条的 "Cosmogony and Cosmology" 中所搜录的文本，即涉及创世宇宙论的范畴。③

本文即以世界创世神话的六大类型为主，对《楚帛书·甲篇》创世神话进行分析研究，并从宇宙秩序的角度探究其所蕴含的神话宇宙观的深层意义。本研究主要以饶宗颐、李零的《楚帛书》释文为依据，两人的训读大致没有太多的相异，若两人之训读相左，特别是影响对创世神话之分析定位时，再参酌其他学者之考释。凡战国时代通行异体字经各家考释已成定论者，以通行字写出，"□" 表示残缺文，根据文意分段如下：

（1）曰故（古）大熊雹戏，出自币霝，尻于睢□。

厥□鱼鱼，□□□女。梦梦墨墨，亡章弼弼。

□晦水□，风雨是于。

乃取遹虞子之子，曰女嬇。是生子四，□是襄。天践是各，参化法兆。

---

① "Type of Cosmogonic Myths" 条："Cosmogonic Myths may be classified into the following types according to their symbolic structures: (1) creation from nothing; (2) from chaos; (3) from a cosmic egg; (4) from world parents; (5) through a process of emergence; and (6) through the agency of an earth diver." Mircea Eliade ed., *The Encyclopedia of Religion*. vol. 4. New York: Collier Macmillan, 1987. p. 94.

② [日] 大林太良研究道："实际的宇宙起源神话中，有的是由几种形式组合而成的。如古代两河流域阿卡得人的神话，其前段是两个宇宙原理的组合（Ⅱb），后段则是创造神的创造（Ⅰa）和尸体化形母题的结合。" 参见 [日] 大林太良：《神话学入门》，林相泰、贾福水译，北京：中国民间文艺出版社，1989 年，第 59 页。

③ [美] Stith Thompson, *Motif-Index of Folk-Literature*. vol. 1. Bloomington: Indiana University Press, 1989. pp. 126-168.

（2）为禹为万，以司堵襄，咎天步数。

乃上下朕传，山陵不疏。乃命山川四海。

熏气百气，以为其疏。以涉山陵，泷汩洺沥。

未有日月，四神相戈。乃步以为岁，是隹四时。

长日青干，二曰朱四单，三曰翏黄难，四曰㴅墨干。

（3）千有百岁，日月夋生，九州不平，山陵备敓。

四神乃作，□至于覆。

天旁动，扞蔽之青木、赤木、黄木、白木、墨木之精。

炎帝乃命祝融以四神降。奠三天，以□思敷。奠四极，曰：非九天则大敓，则毋敢蔑天灵。

帝夋乃为日月之行。

（4）共工夸步，十日四时，□□神则闰，四□毋思，百神风雨，辰祎乱作，乃□日月，以转相□思，又宵又朝，又昼又夕。①

本文即从比较神话学的研究视角，依各段重点进行创世神话类型及母题之分析探讨，以见《楚帛书·甲篇》的创世结构类型及其宇宙观。

二、梦梦墨墨，亡章弼弼：混沌前创世

世界创世神话或创世史诗大都把宇宙起源、天地形成置于全篇的起始。在世界创世神话中，原初的创世前宇宙常以无分无际、无形无状、混浊黑暗、原始大水的面貌表现。例如在西方《圣经·创世记》中，原初世界是一片混沌：

在起初天主创造了天地。大地还是混沌空虚，深渊上还是一团黑暗，天主的神在水面上运行。天主说："有光！"就有了光。②

在《圣经·创世记》的记载中，世界是从空虚混沌、黑暗深渊中由上帝所创生，混沌是宇宙原初的状态，这种创世前的"混沌"为世界创世神话中普遍而重要的母题。在世界创世神话史诗的讲述中，创世前的宇宙都是上无天、下无地，天地不分，黑暗、寂寥、汪洋的原初大水（primordial water），无形无状的

---

① 释文主要依据饶宗颐、李零之释读。二家之释读大致相同。参见饶宗颐：《楚帛书新证》，见饶宗颐、曾宪通编：《楚帛书》，香港：中华书局，1985年，第4—35页。李零：《长沙子弹库战国楚帛书研究》，北京：中华书局，1985年，第64—73页。

② 思高圣经学会译释：《圣经》，台北：思高圣经学会，1968年，第9页。

状态。而"混沌"也是原始神话宇宙观中最重要的内容及宇宙生成方式之一①。此一天地未分的前宇宙状态,也即伊利亚德与美国学者吉拉道特(N. J. Girardot)所谓的"前宇宙"(precosmic)或"原始状态"(primordial condition)②。今考《楚帛书·甲篇》开篇首论雹戏(伏羲)的出身系谱:"出自币霏",所居之地:"凥于雤□",所营之事:"厥□偤偤"。继言伏羲之时的宇宙形状:

> 梦梦墨墨,亡章弼弼。□晦水□,风雨是于。③

此四句依饶宗颐的训读考释为"盖言宇宙初辟,尚未成形"④。因此在《楚帛书·甲篇》中原初宇宙之状态是一片混沌。而此一混沌宇宙,又以"水"的意象来象征。此一蒙昧不明的混沌意象,在《淮南子》中有多处记载:

> 天墬未形,冯冯翼翼,洞洞灟灟,故曰太昭。道始于虚霩,虚霩生宇宙,宇宙生气,气有涯垠。清阳者薄靡而为天,重浊者凝滞而为地。清妙之合专易,重浊之凝竭难。故天先成而地后定,天地之袭精为阴阳,阴阳之专精为四时,四时之散精为万物。⑤(《天文》)

> 有未始有夫未始有有无者。天地未剖,阴阳未判,四时未分,万物未生,汪然平静,寂然清澄,莫见其形。⑥(《俶真》)

> 古未有天地之时,惟像无形,窈窈冥冥,芒芠漠闵,澒濛鸿洞,莫知其门。⑦(《精神》)

"冯冯翼翼""洞洞灟灟""窈窈冥冥""芒芠漠闵""澒濛鸿洞"这些形容词皆有三大特质,一是巨大无形,二是幽冥黑暗,三是汪洋大水,而无形、黑暗和大水正与《楚帛书·甲篇》中"梦梦墨墨,亡章弼弼。□晦水□,风雨是于"的宇宙创世前的混沌意象相合。《楚帛书·甲篇》中的混沌意象实可与《淮南子·天文》中的"天墬未形",《淮南子·俶真》中的"天地未剖""阴阳未判"

---

① "chaos"一词常译为"混沌",在西方"chaos"常与"cosmos"相对,属于负面的语义。但在中国先秦哲学语言文化系统中,"混沌"或"浑沌"其所开展的创世论中,回到创世前的混沌,反而具有永恒回归的"原型"意义。因此不宜以"chaos"的语义来理解先秦哲学中的"混沌"意涵。由于"混沌"语义的阐发及与创世间的关系复杂,涉及论题较广,将另撰文论述。学界已有相关研究成果,可以参见 N. J. Girardot 以及李零、陈启云、杨儒宾、陈丽桂、陈忠信等学者之研究。
② Mircea Eliade, *Images and Symbols: Studies in Religious Symbolism*. Princeton, N. J.: Princeton University Press, 1991; N. J. Girardot, *Myth and Meaning in Early Taoism: The Theme of Chaos (Hun-tun)*. Berkeley: University of California Press, 1983.
③ 饶宗颐:《楚帛书新证》,见饶宗颐、曾宪通编:《楚帛书》,香港:中华书局,1985年,第11页。
④ 饶宗颐:《楚帛书新证》,见饶宗颐、曾宪通编:《楚帛书》,香港:中华书局,1985年,第11页。
⑤(汉)高诱注:《淮南子》卷3《天文》,台北:世界书局,1955年,第35页。
⑥(汉)高诱注:《淮南子》卷2《俶真》,台北:世界书局,1955年,第20页。
⑦(汉)高诱注:《淮南子》卷7《精神》,台北:世界书局,1955年,第99页。

"四时未分""万物未生",《淮南子·精神》中的"未有天地之时"的混沌宇宙相互印证。《淮南子》中的"未"说明了秩序宇宙尚待产生的时态,而"剖""判""分""生"等动词,则是秩序宇宙产生的具体行动方式。

《淮南子》虽然成书于汉代,但这种原始混沌宇宙观的来源甚古。再证之楚地文献《楚辞·天问》有言:

> 曰:遂古之初,谁传道之?上下未形,何由考之?冥昭瞢暗,谁能极之?冯翼惟像,何以识之?①

马王堆帛书《道原》云:

> 恒无之初,迵(洞)同大虚,虚同为一,恒一而止。湿湿梦梦,未有明晦。②

与楚地文献相比较,《楚辞·天问》之"冥昭瞢暗",马王堆帛书《道原》之"湿湿梦梦""未有明晦"之形容描写,与《楚帛书·甲篇》中所述天地未开时"梦梦墨墨""亡章弼弼"之状态相合,亦与《淮南子》中所述及的"天地未剖""冯冯翼翼""洞洞灟灟""未有天地""窈窈冥冥""芒芰漠闵""澒濛鸿洞"创世前的宇宙原生状态天地混沌之时相同。从帛书所述可知,在楚人的神话宇宙观中,天地形成前,为蒙昧混沌之状,楚人的宇宙时空与部族历史即是从此一未有明晦、湿湿梦梦的原初宇宙中开展而出。

《楚帛书·甲篇》中的原始混沌宇宙观,就其象征结构而论,可属于世界创世神话中"从混沌创生"的类型。只是在先秦文化语境中的"混沌",并不能完全对译为"chaos"。在西方文化语境中的希腊文"chaos"一词本指无秩序状态,是秩序的对立面,常与"cosmos"相对,偏向负面的语义。③在先秦楚文化语境中的"混沌",其意涵则是指原初无有序与无序之分、无阴阳之别的自然宇宙状态④,而有阴有阳、有日有月的时空秩序宇宙则是后来才产生的。《楚帛书·甲篇》中的混沌宇宙论,又可与较为晚出的盘古神话相比较。盘古神话虽迟至于三国徐整的《五运历年记》、梁朝任昉的《述异记》中始见较完整的文献记载,

---

① (宋) 洪兴祖补注:《楚辞补注》,台北:长安出版社,1991年,第85—86页。
② 饶宗颐:《楚帛书新证》,见饶宗颐、曾宪通编:《楚帛书》,香港:中华书局,1985年,第11页。
③ 对于先秦哲学中的混沌的概念研究,可以参见 [美] N. J. Girardot, *Myth and Meaning in Early Taoism: the Theme of Chaos (Hun-tun)*. Berkeley: University of California Press, 1983. pp. 49-56.
④ 叶舒宪研究道:"追索混沌母题在中国创世神话及宇宙发生论中的多种表现形式,可以看出它是一种本来不含褒贬色彩的中性存在。"参见叶舒宪:《老子与神话》,西安:陕西人民出版社,2005年,第135页。

但盘古开天辟地创世的神话思维及其原始的宇宙论则应早在先秦就已见发生。①
《艺文类聚》卷1引三国时吴人徐整的《三五历纪》云：

> 天地浑沌如鸡子，盘古生其中，万八千岁，天地开辟，阳清为天，阴浊为地。盘古在其中，一日九变，神于天、圣于地。②

又清代马骕《绎史》载三国徐整《五运历年记》中的盘古神话如下：

> 元气濛鸿，萌芽兹始。遂分天地，肇立乾坤。启阴感阳，分布元气。乃孕中和，是为人也。首生盘古，垂死化身。气成风云，声为雷霆，左眼为日，右眼为月。四肢五体为四极五岳。血液为江河，筋脉为地里，肌肉为田土。发髭为星辰，皮毛为草木，齿骨为金石，精髓为珠玉，汗流为雨泽。身之诸虫，因风所感，化为黎甿。③

从文献记载之内容判断，盘古神话是混沌母题与宇宙卵（cosmic egg）母题的结合而产生的创世神话。而盘古尸身化成宇宙，又属于"神体化生"的母题。④日月星辰、山川江河、自然宇宙为盘古所化生，盘古当然是万有宇宙的创生者，此为神话学者已有的定论。但学者却甚少注意在此一文献记载中，盘古所生前的宇宙状态为"天地浑沌如鸡子"，"元气濛鸿，萌芽兹始"的"浑沌"。与《楚帛书·甲篇》相较，伏羲所处之世亦是"梦梦墨墨，亡章弼弼"的"混沌"。盘古生于"浑沌"之中，《楚帛书·甲篇》中的伏羲也是处于"梦梦墨墨，亡章亡弼"之世，盘古与伏羲皆出自"混沌"的宇宙。从神话主题来说，《楚帛书·甲篇》中的伏羲处混沌之世的神话与《淮南子》中的宇宙生成论，乃至晚出的盘古神话，都表述了相同的原始宇宙论，即原初宇宙状态是混沌未分，其后才有"剖""判""分""生"的运动，进而形成阴阳有序的宇宙。从秩序的角度论述，也即原初宇宙并无有序与无序之分，万有宇宙秩序的建立："阴/阳""天/地""日/月""天/人"的分剖、对立与相合，是自"梦梦墨墨""亡章弼弼"的混沌前宇宙开展而出。

---

① 陈启云：《中华古代神话的"转轴"理念和心态》，见陈启云：《中国古代思想文化的历史论析》，北京：北京大学出版社，2001年，第53页。
② （唐）欧阳询等：《艺文类聚》卷1，台北：文光出版社，1974年，第2页。
③ （清）马骕：《绎史》卷1，见《景印文渊阁四库全书》第365册，台北：台湾商务印书馆，1983年，第2页b—第3页a。
④ 陶阳、钟秀将宇宙起源神话分成自生型、胎生型、蛋生型、开辟型、创造型、变成型六种，其中变成型中又分成"神巨人神力变万物""神巨人身躯化生万物""动物躯体化生万物"三类。参见陶阳、钟秀：《中国创世神话》，上海：上海人民出版社，1989年，第162—165页。

三、雹戏取女娄生子四：配偶始祖神生殖创世

在世界各民族的创世神话中有颇多始祖神创世的神话传说,伏羲即是中国上古时期主要的创世始祖神之一。而《楚帛书·甲篇》中的"雹戏",也即伏羲。《楚帛书·甲篇》云：

曰故（古）大熊雹戏，出自币霝，尻于睢□。

厥□渔渔，□□□女。梦梦墨墨，亡章弼弼。

□晦水□，风雨是于。

乃取遑虞子之子，曰女娄。是生子四，□是襄。天践是各，参化法兆。①

《楚帛书》首章从追述楚人创世祖神伏羲开始，而伏羲所处之世即是"梦梦墨墨，亡章弼弼"、天地未开、四时未分的混沌宇宙。有序宇宙之初创，则是自伏羲"取"女娄后才开始的。《楚帛书·甲篇》："乃取遑虞子之子，曰女娄。""女娄"，依饶宗颐之训读为"女皇"即"女娲"，饶宗颐引郑玄注："帛书有女皇，当指女娲，下文又记共工，事正符合。"②严一萍训读"取"为"娶"，亦谓"女皇即女娲"。③何琳仪隶定为"女瑎"即女娲④，李零释云："'女娄'，多以为女娲，但释字均有未安，李文怀疑非女娲。"⑤伏羲所"取"之"女娄"，学者训读不同，但不论伏羲所娶是否为"女娲"，帛书此段是叙述伏羲娶妻生四子、成天地的创世神话。而"生子四"一句，学者也有不同之训读，饶宗颐认为"生子四"为楚习俗用语，但李学勤研究认为："澳大利亚国立大学的巴纳先生已指出，'四'字应连下读。"⑥不论"四"应连上读或连下读，神话学者大都一致认为此处文字记载了雹戏娶妻之神话叙事。从"乃取"一词判断，仅可说明雹戏"取"

---

① 饶宗颐：《楚帛书新证》，见饶宗颐、曾宪通编：《楚帛书》，香港：中华书局，第4—14页。
② 饶宗颐：《楚帛书新证》，见饶宗颐、曾宪通编：《楚帛书》，香港：中华书局，第13页。杨宽则认为："'女'下一字不识，有人以为即女娲，并无确证。"参见杨宽：《杨宽古史论文选集》，上海：上海人民出版社，2003年，第371页。
③ 严一萍：《楚缯书新考》（上、中、下），载《中国文字》1967年第7卷第26册，第3010—3011页；冯时亦从其说，见冯时：《中国天文考古学》，北京：社会科学文献出版社，2001年，第18页。
④ 何琳仪：《长沙帛书通释》，载《江汉考古》1986年第2期，第78页。
⑤ 李零：《〈长沙子弹库战国楚帛书研究〉补正》，见《古文字研究》第20辑，北京：中华书局，2000年，第170页。
⑥ 李学勤：《简帛佚籍与学术史》，台北：时报文化出版事业有限公司，1994年，第49页。

女填为妻，两人为夫妻关系，并未说明其是否为兄妹关系。

《楚帛书·甲篇》中言"是生子四"，以伏羲娶女填生四子，共同创世。《楚帛书·甲篇》中的天地开辟是自伏羲娶女填后生四子，以配对神生殖创世的方式开始。从此，"天践是各，参化法兆"，混沌宇宙从此二分，天地有别、星辰运转，在《楚帛书·甲篇》中的伏羲、女填以夫妻关系同为开天辟地的创世祖神。而《楚帛书·甲篇》雹戏娶女填的记载，一方面可见楚人以创世神的婚娶说明宇宙生成过程的象征叙事，另一方面又可见神话叙事中家庭婚姻制度的解释涉入。

"女填"依饶宗颐、何琳仪、严一萍、刘信芳、冯时、董楚平等之训读皆以为是"女娲"，神话学学者据此大都以《楚帛书·甲篇》此段为伏羲娶女娲神婚之神圣叙事。在传世文献中，女娲之名首见于《楚辞·天问》："登立为帝，孰道尚之？女娲有体，孰制匠之？"①其意为"若女娲是宇宙间最早的创世神祇，那女娲的身体又是谁所创造？"依学者之研究，《天问》此句中，应单独指女娲事迹。②考之于《山海经·大荒西经》，亦仅见对女娲之单独记载：

> 有神十人，名曰女娲之肠，化为神，处栗广之野，横道而处。③

晋人郭璞注道："女娲，古神女而帝者，人面蛇身，一日中七十变。其腹化为此神。栗广，野名。"④从文句及注释判断，《山海经·大荒西经》中的女娲肠化生神人的神话，属于世界创世神话中的"神体化生"型神话⑤，在斯蒂·汤普森的《民间文学母题索引》（*Motif-Index of Folk-Literature*）中的 A. 六一四条亦有"宇宙从创世者身体创生而出"（universe from parts of creator's body）此一类的母题⑥。《说文解字》释"娲"云："娲，古之神圣女，化万物者也。"⑦以"化万物"为女娲的神圣事功。这些文献中皆强调女娲之"化为神""化万物""一日七十化"——"化"的功能。"化"作"创生""化育""孕育"解，但应也有"变化"之意涵。李丰楙研究先秦变化神话论道："根据郑玄注语中所反映

---

① （宋）洪兴祖补注：《楚辞补注》，台北：长安出版社，1991年，第104页。
② 游国恩引清人周拱辰《离骚草木史》道："盖此四句当并属女娲事。周拱辰说是也。"参见游国恩主编：《天问纂义》，北京：中华书局，1982年，第280页、第284页。
③ 袁珂注：《山海经校注》第16《大荒西经》，台北：里仁书局，1982年，第389页。
④ 袁珂注：《山海经校注》第16《大荒西经》，台北：里仁书局，1982年，第389页。
⑤ 陶阳、钟秀：《中国创世神话》，上海：上海人民出版社，1989年，第3页。
⑥ [美] Stith Thompson, *Motif-Index of Folk-Literature*. vol. 1. Bloomington：Indiana University Press, 1989. p. 127.
⑦ （清）段玉裁注：《说文解字注》，台北：黎明文化事业股份有限公司，1993年，第623页。

的先秦、两汉人的观念，清楚表明凡是种、类相生即是生，或是生产，而非类相生则为化、为变。"①故万物非类为神圣女"女娲"所"化"，而《楚帛书·甲篇》中的"四子""同类"，为女填所"生"。先秦、两汉变化神话中的"生"与"化"乃至于"变"，都具有生命繁衍、生殖的意涵②，是宇宙生命生殖、繁衍的不同形式。而女填可"生"四子，其生殖功能十分明显。而《山海经》中的女娲亦具有强大的生殖力，除了见于古籍文献的记载外，在现今中国地方民间信仰中仍可见其作为生殖女神的崇拜信仰。③

可以"化万物"的女娲，在《山海经》中仅见单独记述，未见与伏羲相配的叙事，更未见二者为夫妻关系的记载，女娲无疑为独立的创世始母神。故伏羲、女娲在上古时期应原本各自分属于独立的神话系统。由于《楚帛书》中的"女填"，历来学者之训读或释为"皇"，或释为"珊"，或释为"童"④，或释为"蓳"⑤，或释为"填"⑥，颇有分歧，李学勤对历来训读提出质疑："庖牺所取是

---

① 李丰楙：《先秦变化神话的结构性意义——一个"常与非常"观点的考察》，载《中国文哲研究集刊》1994年第4期，第294页。
② 袁珂联系文献中有关"女娲"与"化"字之记载分析表示："要确切地解释'七十化'这个'化'字，就应当把《说文》所说女娲是'化万物者也'的'化'和《淮南子》所说在诸神创造人类的工作中'此女娲所以七十化也'的'化'联系起来考察。'化万物者也'的'化'，很显然，是'化育''化生'的意思。更确切一点地说，应该解释做'孕育'。《吕氏春秋·过理篇》说：'(纣)剖孕妇而观其化。'就是这个'化'。不过后者用作名词，义为'胎孕'，前者作动词，义为'孕育'罢了。作为创造人类、修补天地残破使世界获得重生的大神女娲，古传说中说她孕育了天地万物，似乎也很自然，于理并无不通。如这个'化'当作'孕育'解，则'一日七十化'的'化'，自然也该作'孕育'解，才说得过去。"袁珂：《古神话选释》，台北：长安出版社，1982年，第18—19页。杨儒宾研究《说文解字》释"娲"中"化万物"以及《楚辞·天问》王逸注"一日七十化"二条表示："这两处的'化'字都不当作'变化'解，而当解成'创化''化育'之意。换言之，女娲是个创世神，她化育万物，一天之内即可多次创生。"杨儒宾：《吐生与厚德——土的原型象征》，载《中国文哲研究集刊》2002年第20期，第398页。神话学者大都强调"化"之生育意涵。但依李丰楙研究先秦变化神话，从"常"与"非常"的观点考察道："从变与化的取象构字而言，基本上仍属同类同种的形体改变，所表现的其实仍是'常'态下的生命现象。真正的非常变化则是指非类相生、异类相生，经由这种方式的改变才是彻底而完全的：就是不同形体的改变形状，使得谓之化。"李丰楙：《先秦变化神话的结构性意义——一个"常与非常"观点的考察》，载《中国文哲研究集刊》1994年第4期，第294页。
③ 杨利慧：《女娲的神话与信仰》，北京：中国社会科学出版社，1997年，第144—165页。
④ 安志敏、陈公柔：《长沙战国缯书及其有关问题》，载《文物》1963年第9期，第55页。
⑤ 陈茂仁：《楚帛书研究》，嘉义：中正大学中国文学研究所硕士论文，1996年，第149页。
⑥ 李零：《中国方术考》，北京：东方出版社，2000年，第193页。

另一人，不是女娲。"①李零亦以释字未妥，若再佐以《山海经》中之记载，仅见女娲为独立的创世始母神，未见兄妹相婚之记载，据此则伏羲所娶是否即为"女娲"，尚待考辨。但可确知者则是伏羲所娶之妻也如同"女娲"一般，具有强大的生殖力，可以生四子与伏羲以配偶神方式生殖创世。《楚帛书·甲篇》中的伏羲娶女媞生殖创世神话体现了较原始的先秦楚人的古史观。

在现今传世文献中，以伏羲、女娲二神并列叙述，首见于西汉《淮南子·览冥》的记载：

> 伏戏女娲，不设法度，而以至德遗于后世。②

在《淮南子》的《原道》《精神》中又有"二皇""二神"作为创世神祇的记载：

> 泰古二皇，得道之柄，立于中央，神与化游，以抚四方。是故能天运地滞，轮转而无废，水流而不止，与万物终始。③

> 古未有天地之时，惟像无形，窈窈冥冥，芒芠漠闵，澒濛鸿洞，莫知其门。有二神混生，经天营地，孔乎莫知其所终极，滔乎莫知其所止息。于是乃别为阴阳，离为八极，刚柔相成，万物乃形。④

闻一多在《伏羲考》一文中，即以"二皇"与"二神"为伏羲、女娲。⑤《淮南子》中的二皇、二神是否即为伏羲、女娲，尚待进一步考辨。但从《淮南子》"别为阴阳，离为八极，刚柔相成，万物乃形"的叙述中，亦可推见宇宙的形成与创生是从混沌中创生的"二神"，"经天营地"的结果，也即宇宙天地之形成是由"二皇""二神"以对偶成双的方式结合完成的。二皇"天运地滞"、二神"经天营地"，"天"与"地"之"运""滞""经""营"，形成开辟，被想象成二元（或二性）的灵体共同创生的结果。

这种二元创生体系尚可见于《易经》中的宇宙生成哲学论述中。《彖象传》释乾卦卦辞之义曰："大哉乾元，万物资始，乃统天。云行雨施，品物流形，大明终始，六位时成，时乘六龙以御天，乾道变化，各正性命，保合大和，乃利贞，首出庶物，万国咸宁。"⑥《彖象传》释坤卦卦辞之义曰："至哉坤元，万物

---

① 李学勤：《简帛佚籍与学术史》，台北：时报文化出版事业有限公司，1994年，第49页。
② （汉）高诱注：《淮南子》卷6《览冥》，台北：世界书局，1955年，第98页。
③ （汉）高诱注：《淮南子》卷1《原道》，台北：世界书局，1955年，第1页。
④ （汉）高诱注：《淮南子》卷7《精神》，台北：世界书局，1955年，第99页。
⑤ 闻一多：《伏羲考》，见《神话与诗》，上海：华东师范大学出版社，1997年，第15—16页。
⑥ （魏）王弼、（晋）韩康伯注，（唐）孔颖达疏：《周易正义》卷1，台北：艺文印书馆，1982年，第6页a—第7页b。

资生,乃顺承天,坤厚载物,德合无疆,含弘光大,品物咸亨。"①以大哉乾元为万物资始,属天;以至哉坤元为万物资生,属地。"乾元"代表"大生之德","坤元"代表"广生之德",天地聚合,于是广大悉备。②"坤元"在神话学的视角中,即为地母神。汉代乐府郊祀之歌《惟泰元》云:

> 惟泰元尊,媪神蕃厘,经纬天地,作成四时。精建日月,星辰度理,阴阳五行,周而复始。云风雷电,降甘露雨,百姓蕃滋,咸循厥绪。继统共勤,顺皇之德,鸾路龙麟,周不胗饰。嘉笾列陈,庶几宴享,灭除凶灾,烈腾八荒。钟鼓竽笙,云舞翔翔,招摇灵旗,九夷宾将。③

汉代《郊祀歌》中亦以元尊与媪神为宇宙创生之始,继而"经纬天地""作成四时""精建日月""星辰度理",其宇宙创生之秩序可与《楚帛书·甲篇》《易经》《淮南子》中的二元始祖创世相印证。虽然《易经》中蕴含形而上哲学思维,《淮南子》中具有浓厚的汉代阴阳哲学思想,但以《易经》的"乾元""坤元",《淮南子》中的"二神""二皇"作为天父地母的象征与《楚帛书·甲篇》中伏羲娶女娲以二位创世神祇生殖创世相较,一为哲学语言,一为神话叙事,但皆以天地二元神灵创生的深层象征意涵却可相互印证。

虽然有学者质疑《楚帛书·甲篇》中"伏羲取女娲"神话的真实性④,但不论伏羲所娶为"女娲"还是"女皇"或是"女童",此一"女娲"为伏羲之配偶则无疑。若从神话学母题分析方法检视,在创世之初,天地父母以配对神的关系开天辟地、生成宇宙,为世界创世神话中的重要类型之一。世界上许多民族皆有配对神生殖创世的神话,例如在希腊神话中,最初的宇宙状态为混沌,大母神盖娅(Gaea)从混沌中而生,盖娅生下天神乌拉诺斯(Uranus)后,乌拉诺斯又与大地之母盖娅结合,而生出六对男女巨神,他们又彼此结合,再生出日月星辰,成为神、人的始祖。⑤又如日本神话中亦有配对神伊邪那岐命和伊邪那

---

① (魏)王弼、(晋)韩康伯注,(唐)孔颖达疏:《周易正义》卷1,台北:艺文印书馆,1982年,第22页a。
② 方东美:《原始儒家道家哲学》,台北:黎明文化事业公司,1983年,第160页。杨儒宾对此有详尽之论述:"乾坤两卦乃仿效天地而来,所以自然可体'天地之撰';而此处所说的天地,乃道体生机活泼的外在显现,所以自然也可'通神明之德'。"见杨儒宾:《从气之感通到贞一之道》,见杨儒宾、黄俊杰编:《中国古代思维方式探索》,台北:正中书局,1996年,第154页。
③ (汉)班固:《汉书》卷22《礼乐志》,台北:鼎文书局,1981年,第1057页。
④ 李学勤:《简帛佚籍与学术史》,台北:时报文化出版事业有限公司,1994年,第49页。
⑤ 程義译:《希腊罗马神话故事》,台北:星光出版社,1999年,第21—26页。

美命兄妹成婚结为夫妻，创生出日本十四个岛屿和三十五个神祇的创世神话。①其中希腊的创世神话与《楚帛书·甲篇》中的创世神话类型相似，宇宙之初皆为混沌一片，创世神祇自混沌中而生，只是希腊神话中自混沌中而生的始祖是大地母神盖娅（Gaea），而《楚帛书·甲篇》中则为雹戏。此祖神再与另一配偶神祇结合生子后续创宇宙，可属同一类型的创世模式。

斯蒂·汤普森的《民间文学母题索引》（*Motif-Index of Folk-Literature*）中有 A. 六一四"由造物者创世"条下 A. 六一〇·一条为"配对神创世"②，内容为宇宙万物由配对造物主（或为夫妇或为兄妹）所创生而出的神话。伏羲娶女媭生四子③，开创天地，参化万物，即属于创世神话中配对神创世的神话。宇宙起源与创世神祇婚娶生子相互隐喻，以象征的语言，讲述宇宙秩序自混沌中初步创生建立。叶·莫·梅列金斯基研究云：

> 在繁盛的神话中，不无祭司玄学思辨的痕迹，宇宙的形成过程亦可被想象为神系的沿革：一些神模拟种种自然客体，时而以非惯常方式（作为超自然者的表征）而生；另一些神则模拟这一或那一自然片段，甚至模拟抽象概念。最古老和广为流传的配偶始祖神，为天父和地母。④

在二神生殖创世前，先有"取"的婚姻活动，创世神祇的婚娶促成天地的结合，"神婚"是神创宇宙工作的必要程序之一。作为创世神的伏羲所具有的创造力——"作八卦""别阴阳"，以及创世母神女媭所拥有的强大生殖力，以"婚娶"两相结合，进而"参化法兆"，参错阴阳、化生万物。《淮南子·本经》："天地之合和，阴阳之陶化万物，皆乘人气者也。"高诱注："天地合和其气，故生阴阳，陶化万物。"⑤《淮南子》的宇宙生成之说，可与《楚帛书》相互印证。

天地合和、阴阳相合，宇宙万物始化育滋生。《楚帛书·甲篇》以创世神祇婚娶的神话叙事讲述楚人宇宙生成论。《易经》《楚帛书》《淮南子》乃至于汉代墓室画像石中大量出现的伏羲、女娲交尾图所透露出的符号意义：乾与坤、阴与阳、日与月、规与矩、男与女、天与地，共同反映了二元相合的宇宙生成观。因此伏羲、女媭作为天父地母配对始祖神生殖创世，不但可视为楚人部族"始

---

① 史习成主编：《东方神话传说》第 8 卷，北京：北京大学出版社，1999 年，第 221—222 页。
② [美] StithThompson，*Motif-Index of Folk-Literature.* vol.1. Bloomington：Indiana University Press, 1989. p.126.
③ 伏羲、女娲所生的四子，依饶宗颐、曾宪通之训读即下文之"四神"，四神主司四时序。
④ [俄] 叶·莫·梅列金斯基（E. M. Meletinskij）：《神话的诗学》，魏庆征译，北京：商务印书馆，1990 年，第 228 页。
⑤ （汉）高诱注：《淮南子》卷 8《本经》，台北：世界书局，1955 年，第 115 页。

祖"的宇宙化，也是楚人宇宙的人伦化、秩序化过程，在人伦化、秩序化后的宇宙始能脱离混沌而新生。在《楚帛书·甲篇》的神话叙事中，天地之分、宇宙之生由伏羲、女娲婚娶配对生殖创世所完成。

四、禹、万、四神咎天步数：创世主步量天地

天地初成，原初宇宙从混沌中而生，分别出天盖与地舆；天地既成，成然后数，遂由禹、万"以司堵壤""咎天步数"①，二人步推天周度数，规划九州，并平治"山陵不疏"的大地无序的乱象。《楚帛书·甲篇》云：

> 为禹为万，以司堵襄，咎天步数。②

"禹"为大禹，"万"依商承祚等学者之训读即商契③，《楚帛书·甲篇》以禹、契并举共治水土之说，又可见于《史记·殷本记》："契长而佐禹治水有功。"④禹、契平治水土，"以司堵壤"，规范天下九州大地。⑤大禹在水上敷布土壤，创造可为人类生息的大地。《山海经·海内经》云："禹、鲧是始布土，均定九州。"⑥"帝

---

① 饶宗颐训读道："司堵壤与平水土有关。……《尚书大传·洪范五行传》：'帝令大禹步于上帝。'郑注：'步，推也。'此推步，五帝纪所谓'数法日月星辰'也。"饶宗颐、曾宪通编：《楚帛书》，香港：中华书局，1985年，第16页。
② 饶宗颐：《楚帛书新证》，见饶宗颐、曾宪通编：《楚帛书》，香港：中华书局，1985年，第14—16页。
③ 以万训读契，参见商承祚：《战国楚帛书述略》，载《文物》1964年第9期，第8—20页；陈邦怀：《战国楚帛书文字考证》，见《古文字研究》第5辑，北京：中华书局，1981年，第239页；冯时：《中国天文考古学》，北京：社会科学文献出版社，2001年，第19页；饶宗颐："万当即冥，冥为玄冥。"饶宗颐、曾宪通编：《楚帛书》，香港：中华书局，1985年，第15页。
④ ［日］泷川龟太郎考证：《史记会注考证》卷3，台北：洪氏出版社，1981年，第2页。
⑤ "万"字释读学界仍有分歧，《史记》的资料虽可为旁证，证据仍较单薄。但董楚平研究道："契，安志敏、陈公柔、商承祚、连劭名等释，可从。契是商族祖神。近年一些学者释为虫，与本文精神不符，帛书年代已到战国中晚期之交，甲篇所写远不是原始形态的创世神话，创世诸神已彻底人文化，皆为人神，不可能有某虫之神。"董楚平：《楚帛书"创世篇"释文释义》，见《古文字研究》第24辑，北京：中华书局，2002年，第348页。董楚平从神话学角度来考察，其说可从。但本书研究旨在神话母题及类型分析，故持保留态度，采李零之释读。
⑥ 袁珂注：《山海经校注》第18《海内经》，台北：里仁书局，1982年，第469页。

乃命禹卒布土以定九州。"①《诗经·商颂·长发》言："洪水茫茫，禹敷下土。"②"布土"从大地潜水者创世神话的观点来看，即是神话中创世主把息土敷放在水面，生成大地。不论禹是自行布土还是依帝命布土，禹之"布土以定九州"的创世功绩是十分明确的。胡万川从创世神话"捞泥造陆"的母题分析大禹神话道：

> 经由神话母题的对比研究，禹的神话本相也就隐然而现。原来禹就是捞泥造陆神话中，那位把入水捞泥者取上来的泥土（息壤）铺在水上，造出大地的造物者。③

经由神话母题的对比分析，大禹治水神话实属于世界创世神话中"经由大地潜水者创生"的类型。故大禹亦为创世造物主，其创世功绩即是治水布土，均定九州。从《楚帛书·甲篇》第三段言"千有百岁，日月夋生，九州不平，山陵备峡"可证，"九州"之"平"乃由禹所奠立，万为其辅佐，平治水土，均定九州，完成秩序宇宙之初创世。在《楚帛书·甲篇》中"为禹为万"，虽然"万"字的训读，学界仍有分歧④，但帛书以万配禹，万为其辅佐者。从神话母题的视角考察，在世界"经由大地潜水者创生"的神话中，创世造物者在原水中布土创造可为人生息的大地，常常都有"辅佐者"的角色，也就是可为人生息的大地是由布土的造物者与取土的辅佐者所共同完成的⑤，《楚帛书·甲篇》中的"以司堵襄"的神圣布土之功，也是由禹、万二神共同完成的。禹、万"以司堵襄""咎天步数"，先平治水土，又步量土地，均定九州，具有世界"经由大地潜水

---

① 袁珂注：《山海经校注》第18《海内经》，台北：里仁书局，1982年，第472页。
② （汉）毛亨传，（汉）郑玄笺，（唐）孔颖达疏：《毛诗正义》卷20之4，台北：艺文印书馆，1982年，第2页b。
③ 大禹治水有功为历史叙述，但神话传说并不等同历史。神话学者从母题、类型的比较重构出大禹治水的历史叙述，其深层神话本相为捞泥造陆创世神话。胡万川研究道："在神话中，禹是大地的创造者，因为有他，才有'九州'，因此在历史化的过程中，他就可能是'朝代'之始的创始者。……创世之初的洪泉，成了为患人间的洪水，息壤生长成大地，成了息壤治水。"胡万川：《捞泥造陆——鲧、禹神话新探》，见胡万川：《真实与想象——神话传说探微》，新竹："清华大学"出版社，2004年，第28页、第40—41页。
④ 李学勤：《简帛佚籍与学术史》，台北：时报文化出版事业有限公司，1994年，第54页。
⑤ J. A. Mac Culloch ed., *The Mythology of All Races*. vol. 4. New York: Cooper Square Publisher, 1964. pp. 191-216.

者创生"神话中创世者捞泥布土、步量大地的角色功能。①《楚帛书·甲篇》又记载禹、万之功：

> 乃命山川四海。䰳气百气，以为其疏。以涉山陵，泷汩澫沥。②

言大禹借助山川四海之阴阳之气，以导疏山陵，历涉"泷汩澫沥"，以畅四散漫延的洪水。《楚帛书·甲篇》中大禹"以司堵壤"之记载与《诗经·商颂·长发》中"洪水茫茫，禹敷下土"③相合。大禹导山治水，并在茫茫洪水中堵壤布土，"布土"象征着创生的力量④，禹、万"以司堵壤"，始可在"山陵不疏"的初生宇宙中创造出可为人生息的有序大地。

而大禹"以司堵壤"创造出九州大地后，又"咎天步数"为天地步界立度以确立宇宙运行之秩序。"咎"，可读为"晷"，《释名·释天》："晷，规也，如规画也。"⑤即规划之意。《周礼·考工记·匠人》云："野度以步。"⑥"步"有度量之意，与"咎"皆有规划、测量之意。而禹之"咎天步数"，又可见于《山海经·海外东经》的记载：

> 帝命竖亥步，自东极至于西极，五亿十选九千八百步。竖亥右手把算，左手指青丘北。一曰禹令竖亥。一曰五亿十万九千八百步。⑦

《淮南子·墬形》亦有类似记载：

> 禹乃使太章步，自东极至于西极，二亿三万三千五百里七十五步；使竖亥步，自北极至于南极，二亿三万三千五百里七十五步。⑧

创世祖大禹导山治水、步量天下的神话，同样属于世界创世神话中的重要母

---

① "功能"（function）依吕微研究道："普洛普说：我们'必须把民间故事人物的功能看作是故事的基本构成成分'，'故事中的人物做了什么的问题，对于民间故事的研究来说是一个重要的问题。相比之下，故事中由谁来扮演各种不同的角色，是怎样扮演的，这些问题成了附带研究的问题'。也就是说，功能不是具体人物的具体行动，而是剧本角色的某种'类'化的行动。"吕微：《神话何为——神圣叙事的传承与阐释》，北京：社会科学文献出版社，2001年，第7页。从神话叙事考察，禹、万的行动，具有创世主的角色功能；禹、万之间的关系也具有大地潜水者创世神话中创世主与辅佐者间的角色功能意义。禹、万以及禹、契神话之考察，笔者将另撰文论述。
② 饶宗颐：《楚帛书新证》，见饶宗颐、曾宪通编：《楚帛书》，香港：中华书局，1985年，第17—19页。
③ （汉）毛亨传，（汉）郑玄笺，（唐）孔颖达疏：《毛诗正义》卷20之4，台北：艺文印书馆，1982年，第2页b。
④ 杨儒宾：《吐生与厚德——土的原型象征》，载《中国文哲研究集刊》2002年第20期，第414页。
⑤ （清）毕沅证：《释名疏证》，台北：广文书局，1971年，第1页b。
⑥ （汉）郑玄注，（唐）贾公彦疏：《周礼注疏》卷41，台北：艺文印书馆，1982年，第27页b。
⑦ 袁珂注：《山海经校注》第9《海外东经》，台北：里仁书局，1982年，第258页。
⑧ （汉）高诱注：《淮南子》卷4《墬形》，台北：世界书局，1955年，第56页。

题。在"经由大地潜水者创生"的世界创世类型中,创世主或潜水者在造地成功后,常有丈量、巡视初造大地的情节。"丈量大地"是创世神话中一个重要的母题,例如,在北美地区流传的创世神话中也有造物者创造大地后,命令一个人或动物丈量所造大地的情节。①

《楚帛书·甲篇》中的"步",即古代天文历算上的度量。依冯时研究道:"'步数'意即步算天数。天数即历数,乃周天度数,古人分赤道周天为三百六十五度又四分度之一,即此也。"②先秦天圆地方的宇宙观认为天盖与地舆相连,因此量天就要测地,步天亦即步地。《广雅·释天》载:

> 天圜广南北二亿三万三千五百里七十五步,东西短减四步,周六亿十万七百里二十五步,从地至天一亿一万六千七百八十七里半,下度地之厚与天高等。③

天、地之数皆以步为度。因此《楚帛书·甲篇》记载禹、万之"晷天步数",以天文历数是由禹、万推步而得,也即天之周径、地之广狭,空间与时间都在度量厘定的范围之内。

从神话母题分析,禹、万之"晷天步数",属于"经由大地潜水者创生"此一类型中"创世主丈量大地"的母题。而不论是丈地——丈量大地,还是步天——厘测天象,在世界创世神话的讲述中,只有具备创世者或造物主的身份,才能拥有宇宙天地的测量权。因此在神话讲述中,将丈量大地、步算天数之功归大禹,禹、万无疑亦为有序宇宙的创世神祇。与世界创世神话相比较,创世主所测量者多为"大地",在创世的进程中,大都强调"空间"的形成与界定。在《楚帛书·甲篇》中创世主大禹也是先厘定"空间"秩序——"以司堵襄",以平九州。但禹、万除了对"空间"的整治外,又有"晷天步数"之举,又强调对天象天文的制定。《楚帛书·甲篇》中对"天时""天数"的掌握,尤具楚人神话思维之特色。楚人已具备了一定的天象观察知识,并逐步建构天文与人文相应的存在宇宙。楚人的秩序宇宙,是在天行有常、大地合数的相应结构中而建立创生。

《楚帛书》言伏羲、女媭创生天地,禹、万平治水土,以定九州,再"晷天步数","上下朕传",步算周天历数,自此天地合数,宇宙有序。但此一初创经

---

① Mac Culloch ed., *The Mythology of All Races*. vol. 4. New York: Cooper Square Publisher, 1964. p. 326; Anna B. Rooth, "The Creation Myths of the North American Indians," in Alan Dundes ed., *Sacred Narrative*. Berkeley: University of California Press, 1984. p.169.
② 冯时:《中国天文考古学》,北京:社会科学文献出版社,2001年,第20页。
③ (清)王念孙疏证:《广雅疏证》卷9上,台北:广文书局,1971年,第281页 b。

厘测后的宇宙，日月尚未产生——"未有日月"，于是又有"四神相戈"，"步以为岁"。以伏羲、女娲所生的四子，分守四方，交替步算天数，以定时间的顺序。此四神之名为青干、朱四单、翏黄难和湳墨干，以青、朱、白、墨四色配四时。此四神即司掌春分、夏至、秋分、冬至此二分二至之神。此四位掌分至之神，学者研究认为即是《尚书·尧典》中的掌四时的羲和四子，是主司天文历象的神祇。①伏羲、女娲婚娶生殖创世，禹、万之步算厘定宇宙时空秩序，四神之步算司掌岁时秩序，从混沌到天地二分，到空间，再到时间，秩序宇宙初步建立，伏羲、女娲、禹、万、四神共同参与了宇宙开辟的神圣事件，同为《楚帛书》中的创世神祇。

五、炎帝、祝融、帝夋、共工：宇宙诸神再创世

《楚帛书·甲篇》开篇讲述伏羲自混沌中娶女娲生四子创生，开天辟地，又有禹、万咎天步数，四神相代，以成四时的创世系谱。原初混沌宇宙自此有了有序的时间与空间，但创世后的秩序并非恒常不变，随着时间的推移，初创的和谐的宇宙再度失衡，于是又有了诸神再创世的神圣事件。炎帝、祝融、帝夋、共工诸神参与了宇宙的重整与再创造：

千有百岁，日月夋生，九州不平，山陵备峩。

四神乃作，□至于覆。②

天旁动，扞蔽之青木、赤木、黄木、白木、墨木之精。

炎帝乃命祝融以四神降。奠三天，以□思敷。奠四极，曰：非九天则大峩，则毋敢蔑天灵。

帝夋乃为日月之行。

共工夸步，十日四时，□□神则闰，四□毋思，百神风雨，辰祎乱作，乃□日月，以转相□思，又宵又朝，又昼又夕。

---

① 冯时：《中国天文考古学》，北京：社会科学文献出版社，2001年，第23页。冯时研究云："四神即司掌二分二至之神，亦即《尚书·尧典》之羲和四子。古代四方象征四时，春分主东，秋分主西，夏至主南，冬至主北，此实四神所居之地，文献及式图均有明确反映。"李零研究亦云："他们是四位从远古一直到夏、商，世代相袭、掌守天地之职的神官，被称为'四神'。……从各方面看，他们显然应当就是古书中的重、黎或羲和四子。"李零：《长沙子弹库战国楚帛书研究》，北京：中华书局，1985年，第32页。

② "四神"下二字，李学勤存疑，董楚平、冯时考释"乃作"，何新考释为"相戈"。

《楚帛书》中此段言伏羲创世后千百余年，"九州不平，山陵备峡"，原创世秩序宇宙空间倾侧毁坏，于是乃以青木、赤木、黄木、白木、墨木"五木之精"扞蔽守护毁倾的大地。炎帝命祝融以四神降，"奠三天""奠四极"，重整失衡的宇宙空间。"三天"与"四极"皆与古代的宇宙论"盖天说"有关，"三天"乃指盖天家所言二分二至的太阳运行轨迹的内衡、中衡、外衡三衡。①赵爽《周髀算经·七衡图注》云：

> 内第一，夏至日道也；中第四，春秋分日道也；外第七，冬至日道也。②

天体运行的三衡轨道概念在新石器时代已产生③。楚帛书中"奠三天"乃指四神奠立太阳运行的轨道，使天行有常、天体有序。"奠四极"之"四极"，应是指东、西、南、北四方之极④，东、西、南、北四极皆各有其四时、四方的帝及神祇所执掌。因此奠立四方之极，必经由四神协助重整，失衡的宇宙始得以修复重建。

《楚帛书》中言天帝以五木扞守天盖，天盖由天柱所支撑，五色木的天柱立于中央加四极之位，以奠立宇宙的时空秩序。初创宇宙失衡而四极废、九州裂的神话，又见于《楚辞·天问》：

> 斡维焉系，天极焉加？八柱何当？东南何亏？九天之际，安放安属？隅隈多有，谁知其数？⑤

《淮南子·览冥》中亦有相关的记载：

> 往古之时，四极废，九州裂，天不兼覆，地不周载，火爁炎而不灭，水浩洋而不息，猛兽食颛民，鸷鸟攫老弱。于是女娲炼五色石以补苍天，断鳌足以立四极，杀黑龙以济冀州，积芦灰以止淫水。苍天补，四极正，淫水涸，冀州平，狡虫死，颛民生。⑥

---

① 冯时：《中国天文考古学》，北京：社会科学文献出版社，2001年，第26页；连劭名：《长沙楚帛书与中国古代的宇宙论》，载《文物》1991年第2期，第40—46页。
② （汉）赵君卿注，（北周）甄鸾重述，（唐）李淳风注释：《周髀算经》卷上之3，见《景印文渊阁四库全书》第786册，台北：台湾商务印书馆，1983年，第1页b—第2页a。
③ 冯时：《河南濮阳西水坡45号墓的天文学研究》，载《文物》1990年第3期，第52—60页、第69页；《红山文化三环石坛的天文学研究——兼论中国最早的圜丘与方丘》，载《北方文物》1993年第1期，第9—17页。
④ 四极之说见于《淮南子》的记载，（汉）高诱注：《淮南子》卷5《时则》，台北：世界书局，1955年，第83—85页。
⑤ （宋）洪兴祖：《楚辞补注》，台北：长安出版社，1991年，第87—88页。
⑥ （汉）高诱注：《淮南子》卷6《览冥》，台北：世界书局，1955年，第95页。

《楚帛书》中奠三天、立四极者为四神，与《淮南子》中所记女娲立四极不同。《楚帛书》中以青木、赤木、黄木、白木、墨木之精——五色木扞守天盖，而《淮南子》中则是以"鳌足"立四极、以"五色石"补平苍天。

据李零研究认为，"五色木"就是用以承天的五根柱子，而以五木承天覆的母题，又可见于纳西族民间史诗《创世纪》的神话讲述中。①纳西文《延寿经》讲述神人九兄弟和七姊妹开天辟地的神话：

> 天和地的维系坏了，天地的联接马上就要断了的样子，一点好的办法都没有了。白头的洛大神只好这样说："应该赶快去把天开得牢牢地，地辟得稳稳地做一趟了。"于是神人九兄弟派他们来做开天的师傅，在东方，立起白海螺的顶柱；在南方，立起绿松石的顶柱；在西方，立起黑玉的顶柱；在北方，立起黄金的顶柱；在天地的中央，立起顶天的铁柱。②

这种以具五色之五柱立于中央、东、南、西、北五位以承负天盖的宇宙思维与《楚帛书·甲篇》相合。《楚帛书·甲篇》的五色木也就是立于中央以及四方的支撑天盖的天柱，具有创世神话中"宇宙柱""宇宙轴"的象征功能。《楚帛书·甲篇》中的五色木，又可与帛书四隅的四种植物枝叶图案相应。③在帛书的四隅，分别绘有东北隅的青色、东南隅的红色、西南隅的白色、西北隅的黑色。四棵四色木，若再加上中央隐而未见的黄色木，暗喻了秩序化的时间与空间。《楚帛书·甲篇》以文字、图像，共同建构了楚人的秩序宇宙。与《淮南子》相印证，一者为石，一者为木，皆为五色，而此五色又对应于五方，一为补天之石，一为承天之柱，皆扮演着修补或支撑天盖，维系或重建宇宙秩序的重要功能。④《楚帛书·甲篇》中所讲述的就是宇宙空间秩序由失序到重建的历程。而执行补天立柱的神圣事功者——炎帝、祝融、四神，也就是秩序宇宙的创建者。

---

① 李零：《长沙子弹库战国楚帛书研究》，北京：中华书局，1985年，第71页。
② 李霖灿、张琨、和才：《么些象形文字延寿经译注》，载《"中央研究院"民族学研究所集刊》1959年第8期，第99—100页。
③ 李学勤：《简帛佚籍与学术史》，台北：时报文化出版事业有限公司，1994年，第64页。
④ 杨儒宾论通天之柱与四极之木的关系道："四极之木就像扶桑——若木的两极之木一样，它们不可能坐落在物理学意义上的天地之中。然而，唯一处在天地之中的建木也罢，甚至于'八极'或更多的'极'也罢，它们的功能都是要通天，也就是要作为联系天界与地界的管道。'一极''两极''四极''八极'之'极'虽各不相同，但同样有维持宇宙秩序之意。数目不同，只因秩序所安置的参考架构不一样而已。"参见杨儒宾：《太极与正直——木的通天象征》，载《台大中文学报》2005年第22期，第66—67页。

除了以五色天柱支撑天盖外，炎帝、祝融、四神之"奠三天""奠四极"在宇宙重整中亦扮演重要角色。《吕氏春秋·孟夏纪》云："其帝炎帝，其神祝融。"①《山海经·海内经》记："祝融降处于江水，生共工。"②炎帝与祝融同为南方的神祇，他们重建宇宙，安置九天，于是"帝夋乃为日月之行"。帝夋又名帝喾，《初学记》卷9引《帝王世纪》："帝喾，姬姓也。其母不觉，生而神异，自言名夋。"③在《山海经》中帝夋与日月之生关系密切。《山海经·大荒南经》曰："东南海之外，甘水之间，有羲和之国。有女子名曰羲和，方日浴于甘渊。羲和者，帝俊之妻，生十日。"④又《山海经·大荒西经》云："有女子方浴月，帝俊妻常羲，生月十有二，此始浴之。"⑤在《山海经》中，生"十日"的羲和与生"十二月"的常羲皆为"帝俊"之妻，可见帝夋与天文历数间有密切之关系。⑥《楚帛书》言在建立天地四时后经过了漫长的时间，日月才由帝夋创造产生，正常运行。《楚帛书·甲篇》中"日月之行"为帝夋所造，而《山海经》中"日月之生"由帝夋之妻所为，二说相合。帝夋是楚人有日有月时间秩序宇宙的创造者。

炎帝、祝融遣四神奠三天、四极，帝夋为日月之行，宇宙秩序得以再度建立。又"共工夸步，十日四时"，说明共工与宇宙秩序之建立也有关系。考之于文献，在《淮南子·天文》中，即可见共工与天地秩序形成间之关系，《淮南子·天文》云：

　　天墬未形，冯冯翼翼，洞洞灟灟，故曰太昭。道始于虚霩，虚霩生宇宙，宇宙生气，气有涯垠。清阳者薄靡而为天，重浊者凝滞而为地。

---

① 陈奇猷校释：《吕氏春秋校释》卷4《孟夏纪》，台北：华正书局，1985年，第185页。
② 袁珂注：《山海经校注》第18《海内经》，台北：里仁书局，1982年，第471页。
③（唐）徐坚等辑：《初学记》卷9，台北：鼎文书局，1972年，第197页。
④ 袁珂注：《山海经校注》第15《大荒南经》，台北：里仁书局，1982年，第381页。
⑤ 袁珂注：《山海经校注》第16《大荒西经》，台北：里仁书局，1982年，第381页。
⑥ "帝夋"，李学勤释读认为："看来帝夋一名在帛书中实际是不存在的。"参见李学勤：《简帛佚籍与学术史》，台北：时报文化出版事业有限公司，1994年，第54页。李学勤认为当读为"帝允"。李零从文义判断指出："'帝夋'，李文以为'曰'字以下是祝融所说，当读为帝允，以为是炎帝许之义。但从文义看，'曰'字的主语还是以解释为炎帝更好，这里仍作帝夋解。"参见李零：《〈长沙子弹库战国楚帛书研究〉补正》，见《古文字研究》第20辑，北京：中华书局，2000年，第172页。李零从文义上释读作"帝夋"，若从神话内容判读，学者亦持相同之看法，如刘信芳："李学勤先生（1984）读为'帝允，乃为日月之行'，否定帛书中有'帝夋'存在。信芳按，帝夋之传说本起源于日月之躔夋，本书将四子理解为司四时之神，将帝夋理解为司日月之神，而不取李说。"参见刘信芳：《子弹库楚墓出土文献研究》，台北：艺文印书馆，2002年，第46页。因此若再辅以《楚帛书》中之神话内容、母题判读考察，《楚帛书》的四子为司二分二至之四时之神，而帝夋为司日月之神，且《楚帛书》中的创世神话具有阶段性，以及祖神创世之特色，因此本文采饶宗颐、曾宪通、严一萍、李零、商承祚、陈邦怀、刘信芳、董楚平、冯时等学者的释读。

清妙之合专易，重浊之凝竭难。故天先成而地后定，天地之袭精为阴阳，阴阳之专精为四时，四时之散精为万物。积阳之热气生火，火气之精者为日；积阴之寒气为水，水气之精者为月。日月之淫为精者为星辰。天受日月星辰，地受水潦尘埃。昔者，共工与颛顼争为帝，怒而触不周之山。天柱折，地维绝。天倾西北，故日月星辰移焉；地不满东南，故水潦尘埃归焉。天道曰圆，地道曰方。①

在《淮南子·天文》的叙述文脉中，共工与颛顼争帝，导致天柱折、地维绝的叙事是置于宇宙形成的历史中论述的，也就是原初的混沌宇宙，由于共工之争帝触山，导致天柱折、地维绝，才有"日月星辰移"以及"水潦尘埃归"的宇宙。但若从"破坏/创建""死亡/重生"的对立义来解读则是：共工"破坏"了原初的宇宙，"创建"了新的"日月星辰移""水潦尘埃归"的宇宙②。原初旧有宇宙毁灭"死亡"，而新的宇宙从毁坏中"重生"。在"破坏/创建""死亡/重生"的宇宙秩序形成与建立过程中，"共工"是关键的神祇。《淮南子·天文》中的宇宙观与《楚帛书·甲篇》可相互印证。在《楚帛书·甲篇》中楚人"又宵又朝，又昼又夕"的生存宇宙也是由共工造成的。而《楚帛书·甲篇》中的记载不同于《淮南子·天文》之处是，造成"又宵又朝，又昼又夕"的楚人现存宇宙的起因并非共工与颛顼争帝，而是"共工夸步"。而"共工夸步"之"步"应是"推步"之意，与《楚帛书》所言禹、万"咎天步数"之"步"相同，但禹、万步推以空间为主，而共工之步则是以时间为主，重在天文历法之厘定。

在世界创世神话母题中，只有创世主、造物主才具有步量宇宙的权力。共工在《楚帛书》的记载中，无疑也是楚人宇宙创世神谱中的一员。且依《山海经·海内经》载："祝融降处于江水，生共工。"③共工为炎帝后裔，祝融之子，而炎帝、祝融又是奠三天、立四极的神祇，《楚帛书》将共工置于炎帝、祝融之后，可见一脉相承，合于楚人神话世系之系谱。

因此炎帝、祝融遣四神奠三天、立四极，而后有帝夋为日月之行，此为天体

---

① （汉）高诱注：《淮南子》卷3《天文》，台北：世界书局，1955年，第35页。
② 颇多神话学者以"共工"为水神，而且是宇宙秩序的破坏者。如杨宽：《杨宽古史论文选集》，上海：上海人民出版社，2003年，第321—332页、第365页；王孝廉：《水与水神》，台北：汉忠文化事业股份有限公司，1998年，第164页。陈启云从神话主题意义考察研究认为："在'盘古''混沌''共工'神话中，'破坏'和'创建'二义是可以互相转易的。"参见陈启云：《中华古代神话的"转轴"理念和心态》，见陈启云：《中国古代思想文化的历史论析》，北京：北京大学出版社，2001年，第63页。
③ 袁珂注：《山海经校注》第18《海内经》，台北：里仁书局，1982年，第471页。

宇宙重整后的宇宙秩序，为"天时"之确立。而后共工再步推十日四时，造成"又宵又朝""又昼又夕"的人间岁时秩序，也即"民时""人时"的形成。从天时到人时，楚人生存的宇宙秩序历经了炎帝、祝融、帝夋、共工的重整与再造终至完成。从宇宙的起源、形成与发展历史而观，炎帝、祝融、帝夋、共工并非开天辟地原创宇宙的创生者，而是参与了宇宙秩序毁坏并予以重整再造的再生者。但从对立义来说，再生者当然也是被毁坏的宇宙的创生者。

六、从无序到有序：创世宇宙与"数"的秩序

神话是上古人民对宇宙自然的解释模式与抽象认知的方式之一，也是人类思维从混沌无序走向有序的过程之一。《楚帛书·甲篇》的创世神话，叙述了宇宙从无序、无形无状的混沌中开辟，历经了有序、失序，再回归有序的过程，其实也就是一则讲述宇宙、人与秩序的神话。《楚帛书·甲篇》的创世神话，从混沌到二神到四子、四神，到四海、九州、三天、四极，再到四时、十日，宇宙从混沌到分化，分化后的宇宙即是秩序化后的宇宙，创世的过程即是宇宙秩序化的过程。

宇宙的创生、秩序的生成，除了表现在一系列神祇的出现以及空间（地界）与时间（天时）的确立外，神话思维中对秩序的关注，也表现在对"数"的神话叙事中。卡西勒（Ernst Cassirer，1874—1945）研究神话思维即说道：

除了空间和时间，数是决定神话世界结构的第三个重大形式主题。假若我们要了解数本身的神话功能，也必须将它同数的理论意义和理论功能明确区别开来。……在逻辑思维看来，数具有普遍的功能和意义，而在神话思维看来，数始终是作为一种原始的"实体"，它把其本质和力量分给每一个隶属于它的事物。[1]

因此在神话思维中，"数"的概念不是单纯的序数，不仅标志着一个综合、普通系统中的位置，数，更有自身的独特性质和力量。《周易正义》引顾灌语："神虽非数，因数而显"[2]，即言"数"为神意作用的表述形式。《周髀算经》曰：

商高曰：数之法出于圆方，圆出于方，方出于矩，矩出于九九八十

---

[1] ［德］恩斯特·卡西尔（Ernst Cassirer）：《神话思维》，黄龙保、周振选译，北京：中国社会科学出版社，1992年，第158—161页。

[2] （魏）王弼、（晋）韩康伯注，（唐）孔颖达疏：《周易正义》卷7，台北：艺文印书馆，1982年，第20页b。

一，故折矩以为勾广三，股修四，径隅五，既方之外，半其一矩，环而共盘，得成三四五，两矩共长二十有五，是谓积矩，故禹之所以治天下者，此数之所生也。[1]

在《周髀算经》的天学叙述中，"数"之法，出于圆方，上古天圆地方的宇宙观，是"数"产生之根由。而"圆出于方"，"方"又是由"矩"所测量而出，故矩为"数"发生的根源。考古学家张光直研究认为：《周髀算经》时代圆方都是工字形的矩所画的。东汉墓葬壁画中常有的伏羲持规、女娲持矩，可能表示规矩在汉代以后的分化。[2]《吕氏春秋·季春纪》的《圜道》篇亦云："天道圜，地道方。"[3]象征天地的方圆为数之法所出。而"数之所生"又与创世神大禹发明勾股之数而治天下有关，以度量天地之功归大禹。《楚帛书·甲篇》中的禹、万"咎天步数"之"数"即是天地方圆、宇宙秩序的厘测制定。

因此在《楚帛书·甲篇》中，创世之进程是伏羲从混沌中而生，娶女娲生四子，至禹、万"咎天步数"，四神"步以为岁"后，晷步天地，定立天周，天地合"数"后，秩序化的宇宙自此建立。《楚帛书·甲篇》首段言伏羲、女娲"天践是各""参化法兆"，因此知天地已成，第二段言天地初成，遂由禹、万规划九州、九天，步算周天历数，以纪日月星辰之迹。故在《楚帛书·甲篇》中，与宇宙时空秩序有关的"数"，如"四时""千有百岁""九州""三天""四极""九天""十日四时"等大都是出现在"为禹为万，以司堵襄，咎天步数"宇宙秩序初生的神圣叙事之后，"数"与创世之进程有关，在创世神话中具有重要的意义。

在《楚帛书·甲篇》中"数"作为宇宙生成的象征符号之一，其结构模式与先秦哲学化创世神话间有异形同构的对应模式。叶舒宪研究黄帝神话指出黄帝四面即是创造主太阳神的循环运行钦定了四方和四时，进而分析其创世结构模式与抽象数序的对应关系为：

1 → 2 → 4

黄帝→阴阳→四面

太极→两仪→四象

叶舒宪研究认为黄帝四面之"四"作为神圣数字，与人类四方空间意识的发生有关。[1]其实"四"作为空间秩序的宇宙圣数（sacred number），验之于《楚帛

---

[1]（汉）赵君卿注，（北周）甄鸾重述，（唐）李淳风注释：《周髀算经》卷上之1，见《景印文渊阁四库全书》第786册，台北：台湾商务印书馆，1983年，第2页a—第4页b。
[2] 张光直：《中国青铜时代》第2集，北京：生活·读书·新知三联书店，1990年，第43页。
[3] 陈奇猷校释：《吕氏春秋校释》卷3《季春纪》，台北：华正书局，1985年，第171页。

书·甲篇》，"四"在《楚帛书》创世神话中的神圣性，比黄帝四面神话更为突出，例如，伏羲从混沌中而生，娶女娲，生四子的生殖创世，其抽象数序的结构关系亦为：

混沌→伏羲取女娲（配对神）→生四子
　1　→　　　2　　　　→　4

从中可见宇宙的起源、诸神的出现，与抽象的数序间有相应的结构。而这种以诸神出现与抽象数序叙述宇宙起源的象征讲述，亦可见于埃及神话中。诸如拉－阿图姆自孕而生舒和泰芙努特（是为男性本原空气以及女性本原湿润的化身，为两配偶神），舒和泰芙努特又生大地神格卜（男性）和苍天神努特（女性）两配偶神，而格卜和努特复生奥西里斯、伊西丝、塞特和奈芙蒂斯"四神"。②其数序结构也是：1→2→4，配对创世神从祖神而生，又再生四子，抽象的数序与神祇的出现、宇宙的起源相对应，"数"的宇宙神话，不但讲述了宇宙的起源生成，也隐喻着宇宙的时空秩序。

"数"的出现与变化，在《楚帛书·甲篇》中常居于创世事件中的关键地位。其中涉及了宇宙的生成、时间的顺序、空间的塑造等抽象意涵，如"四神""九州""三天""四极""九天"等。在《楚帛书·甲篇》中出现的数字，以"四"出现的比例最高，计有"是生子四""山川四海""四神相戈""是隹四时""四神乃作""以四神降""奠四极""十日四时"。

"四"或与创世神祇合成词如"四子""四神"，或与空间组合成词如"四海""四极"，或与时间组合成词如"四时"。"四"在《楚帛书·甲篇》中被用于宇宙创始神话，是表述神祇、时间、空间的"圣数"。而以"四"为宇宙创造的圣数，尚可见于世界各民族的信仰中，例如，古希腊毕达哥拉斯学派以"四"为"创造诸神和人类的神圣圣数"③，托波罗夫研究认为："三"是动态完美的象征，而"四"则是静态完美的意象④，也即"四"具有观念范畴稳定的结构。证之于《楚帛书·甲篇》，从"数"的观念考察：宇宙自混沌中"一"而创生，而经伏

---

① 叶舒宪：《中国神话哲学》，北京：中国社会科学出版社，1992年，第219页；叶舒宪：《中国古代神秘数字》，北京：社会科学文献出版社，1998年，第60—61页。
② [俄] 叶·莫·梅列金斯基（E. M. Meletinskij）：《神话的诗学》，魏庆征译，北京：商务印书馆，1990年，第204页。
③ [美] T. 丹齐克（Tobias Dantzig）：《数：科学的语言》，苏仲湘译，北京：商务印书馆，1985年，第33—34页。
④ [俄] B. H. 托波罗夫：《神奇的数字》，魏哲译，载《民间文学论坛》1985年第4期，第89页。

羲、女娲，生"四子"后，始"天践是各，参化法兆"；而禹、万"步以为岁""是隹四时"后，宇宙始祖完成初步创建，"四"象征着时间秩序与空间结构的相对稳定。"四"与宇宙模式的主要神祇——"四子""四神"，宇宙空间——"四极""四海"，宇宙时间——"四时"，相互对应。"四"象征着宇宙时空秩序之确立，是楚人生存宇宙的依归。《楚帛书》的四隅又绘有"四"木，四木的图像同样隐喻了四方、四时的秩序结构。如果省去《楚帛书》上的四隅之木，则整个《楚帛书》就呈现出一个"亚"字形的图式，而此一"亚"字形的图式也即象征着秩序宇宙的原型图式。[1]先秦的陵墓造型、汉代的式盘与《楚帛书》中的图像、文字、数字反映出相同的宇宙图式与秩序思维。

《楚帛书·甲篇》中的"数"与创世神祇、宇宙时序、宇宙空间同具神圣性，也是宇宙时空秩序转换的关键。而《楚帛书》中对"数"抽象概念的确立，也就是楚人对所处宇宙秩序化的过程与方法。天地成"数"，宇宙始立，秩序化后的世界是经圣化后的宇宙，才能剔除蒙昧，成为人所"定居"（dwelling）的宇宙。

七、生与再生：建立秩序与重返秩序

楚人宇宙之发生与创造可分为两阶段创世。第一阶段是由"混沌"到"创世"阶段，参与创世的神祇有伏羲、女娲、禹、万、四神，其"数"的秩序是 1→2→4，此一阶段为四方宇宙的初步建立。第二阶段创世则是由毁坏到再创世的二次创世，属于天地调整的创世。参与创世的神祇有炎帝、祝融、帝夋、共工。此阶段"数"的秩序是 3→4→5→10→4，三天、四极、五木、十日四时，由天及地，再及于人间四时秩序，宇宙经天象与地理秩序的重整，人间岁时秩序终至完成。《楚帛书·甲篇》两阶段创世模式是：混沌→创世→毁坏→再创世，而这种模式具有连续性及反复性的特点。《楚帛书·甲篇》的宇宙形成模式就是生与再生的永恒循环。

据考古调查报告，《楚帛书》出土发现时，是呈八摺放置于竹笥之中。[2]帛书与墓葬制度、丧葬仪式应有一定的关联，而《楚帛书》开篇所述即为创世神话，则创世神话的宇宙观以及楚墓葬制的生死观间又存在着一定的联系。《楚帛书·

---

[1] ［英］艾兰（Sarah Allan）：《龟之谜——商代神话、祭祀、艺术和宇宙观研究》，汪涛译，成都：四川人民出版社，1992年，第81—123页。
[2] 李零：《长沙子弹库战国楚帛书研究》，北京：中华书局，1985年，第1—11页。

甲篇》开篇道："曰故（古）大熊雹戏"，以"曰古"一词提纲，此一语法亦见于先秦的金文及文献中，如《尚书·尧典》中"曰若稽古帝尧"[①]，《尚书·皋陶谟》中"曰若稽古皋陶"[②]。李学勤研究指出"曰古"是古人追述往史常用的体裁"[③]。《楚辞·天问》中亦有"曰：遂古之初"之语，《楚帛书·甲篇》以"曰古"一词引述出楚人创世的神话与历史，表明创世神话被"讲述"的特质。若从宗教仪式的角度来探讨，在许多原始初民社会中，宇宙开辟神话、时空结构图式，常伴随一定的人事活动与仪式而进行讲述或说明。伊利亚德研究印度神话时指出，印度古老的部落如毕勒族（The Bhils）、桑塔勒族（The Santals）、拜该族（The Baigas）利用吟诵宇宙开辟神话，让不能复原的已逝生命象征性地返回太初之时。[④]这种在丧葬仪式中吟诵创世神话的活动，至20世纪仍保留在世界少数民族的仪式活动中。学者何杨波于1992年6月至云南省文山州壮族居民区进行丧葬仪式与丧葬经文之田野调查，研究发现，在现今壮族布依支系的丧葬仪式中，仍有吟诵丧葬经文《摩荷泰》的仪式，丧葬经《摩荷泰》共三十六篇，开篇即讲述部族之创世神话：

（1）引经：死者已经死了，我无法救活他，我很羞愧，但还是要把远古的故事说给大家听。

（2）分天地：原来，天地不分，人兽共居，过了不知多少年代，布洛陀用铁柱撑天，钢钉钉地，才分开了天地，人兽才分居。

（3）分阴阳：世间万物因阴阳未分，经常争上下，布洛陀就用秤来称，轻的是阳，重的是阴，天轻地重，故天在上，地在下，男轻女重，故男为阳，女为阴。[⑤]

在三十六篇的《摩荷泰》丧葬经文中，主要内容共分为两部分。第一至十篇为创世神话，第十一到三十六篇为送魂。在这两部分经文分别以宇宙及亡灵为主体的叙述中，都蕴含了秩序重构的过程。而西南彝族支系泼人的丧葬仪式中的葬歌——《俚泼古歌》也是一部完整的创世神话，内容追溯天地、人类、万

---

① （清）孙星衍：《尚书今古文注疏》，台北：文津出版社，1987年，第2页。
② （清）孙星衍：《尚书今古文注疏》，台北：文津出版社，1987年，第77页。
③ 李学勤：《楚帛书中的古史与宇宙观》，见张正明编：《楚史论丛》，武汉：湖北人民出版社，1984年，第146页。
④ ［罗马尼亚］耶律亚德（Mircea Eliade, 1907—1986）：《宇宙与历史：永恒回归的神话》，杨儒宾译，台北：联经出版事业公司，2000年，第71页。
⑤ 何杨波：《秩序重构——云南文山州壮族布依支系丧葬礼仪及葬经考释》，载《广西民族研究》1994年第3期，第110—113页。

物的起源以及祭仪的来源。①创世神话的吟诵、讲述与部族的来源、发展、迁徙历史以及人的"重生""死亡"事件关系十分密切。

在《楚帛书·甲篇》中开篇的"曰古"一词，既是讲述者追溯楚人宇宙的创世史以及楚人本身的系谱史的用语，更说明了《楚帛书》中的创世神话是以一种追溯、回溯历史的方式去言说的。神话内容是以一代一代的讲述、一代一代的记忆的方式而流传的。楚人宇宙秩序与人的生和再生的秩序，借语言的具体形式，或说或写的方式宣读、记载下来，反映出一种原始天人相应的萨满式交感宇宙观②。这种交感宇宙观与思维模式主要是宇宙自然系统与人的生命有对应之关系，而这种对应性即反映在宇宙时间、空间与人事活动相应的架构上。由于创世神话的讲述、吟诵具有神圣性，因此其讲述的时间、空间与讲述者皆有一定的规范与禁忌。创世神话在原始部族中，大都只有巫师、祭师才能掌有讲述权，而创世神话中所涉及的宇宙天文知识以及部族系谱历史的神圣知识，也只有巫师才可以获取与传承。

在先秦时期，巫是沟通天地的人物，其专职亦在考察天象，古代巫觋实乃掌握宇宙天地之数以及部族系谱历史的重要人物。李零研究认为《楚帛书》应是战国中晚期楚地正史占卜时日禁忌时所用的"日书"，而创世神话即是"日者"追述众神开辟宇宙的过程，以加强"日书"的神圣性和权威性。③李学勤则研究认为《楚帛书》的内容述及大量的天文历法，而天文历法之言，又与战国时期阴阳家一派"历象日月星辰、教授民时"的专技有关。④对于《楚帛书》的性质，学界仍有歧义与不同的讨论⑤，但对于《楚帛书》与先秦巫觋文化以及阴阳家之说有密切的关系，学界则有一定的共识，因为《楚帛书·甲篇》就是一则讲述宇宙天地之数与部族系谱之史的创世神话。而《楚帛书·甲篇》中的创世神话

---

① 孟慧英：《活态神话——中国少数民族神话研究》，天津：南开大学出版社，1990年，第165页。
② 伊利亚德研究道："在心神恍惚的预备阶段，萨满击鼓，呼唤那些帮助他的精灵，讲一种'秘密语言'或是'动物语言'，并且模仿动物的叫声，特别是禽鸟的鸣唱。他以此将自己带入某种'第二状态'，激发起语言的创造以及抒情诗歌的韵律。"参见［美］米尔恰·伊利亚德（Mircea Eliade）：《宗教思想史》，晏可佳、吴晓群、姚蓓琴译，上海：上海社会科学出版社，2004年，第961页。
③ 李零：《楚帛书与日书：古日者之说》，见李零：《中国方术考》，北京：东方出版社，2000年，第177—196页。
④ 李学勤：《简帛佚籍与学术史》，台北：时报文化出版事业有限公司，1994年，第50页。
⑤ 对于《楚帛书》性质的讨论，具有代表性的有以下几种，分别有文告说、巫术品说、月令说、历书历忌说、阴阳数术家说、天官书说等。以上六说除文告说外，大多不脱离"数术"之学。属于《汉书·艺文志·数术略》中所称之天文、历谱、杂占之类，故曾宪通研究认为其思想与"阴阳家者流"较为接近。参见曾宪通：《楚帛书研究述要》，见何新：《何新古经新解——宇宙的起源》，北京：时事出版社，2002年，第306页。

以"曰古"一词为开端的语言讲述楚人宇宙的创建与重整,以及历史系谱的神圣性,可与云南省壮族现存的《摩荷泰》经文相比较:

（1）二者皆与"语言"的讲述以及萨满巫术的力量有关;

（2）讲述的内容与死亡仪式的主题有关;

（3）讲述的内容与仪式皆是处理宇宙创生事件以及人类自身的系谱史。

在神话思维中,讲述创世神话不但是宇宙秩序的重新确立,也具有个人生命更新的象征意义。在神话思维中,时间并非线性的流逝,而是可逆的循环,因此时间的可逆与秩序的建立可以通过对古代创世神话以及诸神的创世功绩的讲述而重构。黄俊杰研究儒家历史思维指出:"古代中国人的'时间'的可逆性,则多半是通过对历史上黄金时代(如'三代')或古圣先贤(如尧、舜、禹、汤、周文王、周武王、周公、孔子……)及其嘉言懿言的思考而创造的。"①与《楚帛书·甲篇》创世神话相比,楚人神话时间的可逆性,也是通过对过去神圣历史以及伏羲、女娲、禹、万、四神、炎帝、祝融、帝夋、共工这些创世神祇的神圣创世功绩的讲述而创造的。哲学与神话以不同的语言表述了相同的思维模式。楚人通过追述过去的神圣历史而重构了现存的宇宙。

《楚帛书》的神圣性源自它赋予了神圣历史一种物质性的存在。《楚帛书·甲篇》就如同楚人记载宇宙发生史及部族谱系史的神圣"档案"。它具有与纯粹历史接触的作用,因为正如列维-斯特劳斯所言:"档案赋予历史一种物质性存在,因为只有在它们之内,已完成的过去和过去在其中延存的现在这二者之间的矛盾才能被克服。档案是事件性的具形的存在。"②过去的历史在档案中展示了历时性的存在。因此《楚帛书·甲篇》的创世神话在"过去"与"现在"之间建立了联结的桥梁,在"生""死亡"与"重生"之间编织了不断的连续。《楚帛书·甲篇》中以"曰古"的词语力量,历数楚人宇宙的创生史,以神祇的"名称"及其创世功绩,构筑出楚人宇宙创世历史的神圣性以及神圣创世时空的可逆性。

神圣创世的历史档案,把过去带入现在;而墓葬仪式则把现在带入过去。卡西勒研究语言意识与神话思维时指出:"唯有凭借它的媒介,'混沌'才得以转

---

① 黄俊杰:《中国古代儒家历史思维的方法及其运用》,见杨儒宾、黄俊杰编:《中国古代思维方式探索》,台北:正中书局,1996年,第9页。

② [法]李维-史特劳斯:《野性的思维》,李幼蒸译,台北:联经出版事业公司,1989年,第305页。

为一个伦理——宗教的'宇宙'。"①在埃及的墓葬文化中，讲述神祇创世历史以及神祇之名称是引渡亡魂的媒介。②而在《楚帛书·甲篇》中以"曰古"一词追述出楚人宇宙发生史以及一连串的神祇名称及其创世历史，也同样有将原初的"混沌"转化为一个伦理的、宗教的秩序化宇宙的象征功能。因此《楚帛书·甲篇》作为死者的陪葬品，其中寓含着"宇宙秩序"的文字与图像，应具有引领墓主亡灵回归宇宙创始太初的神圣时空、回归原初生命范型的原型意义。且根据冯时考证，在中国的上古时期，墓葬制度与上古天文学间具有密切的关系。而上古天文知识的传承，又常以创世神话的语言而记录讲述。因此，《楚帛书·甲篇》与上古天文学以及墓葬制度间应有密切的关系。综观《楚帛书·甲篇》言创世之史、四时之序，主宇宙之"常"，而《乙篇》言天象之异，主宇宙之"变"，一常一变皆强调天的秩序，《丙篇》则言人事宜忌。故《楚帛书》的内容讲述了天地之秩序到人的秩序法则。而在有序的宇宙中，天的秩序、地的秩序与人的秩序形成有机的对应关系，在生与再生的循环中，掌握了此宇宙法则，也就掌握了人的生命法则。

八、结语：以神之名——秩序化的宇宙与生命

在宇宙从"混沌"到"创世"，再从"创世"到"崩坏"到"再创世"的过程中，可见创世并非单一事件，而是连续性的持续事件，是一种需要多次重复的行为。《楚帛书·甲篇》的创世神话可分为两阶段创世。第一阶段是从混沌创世，宇宙历经了混沌创生、配对神生殖创世，以及大地潜水者创世，是由三种创世类型所组合连续完成的。第一阶段的创世完成了宇宙初步之秩序。第二阶段创世是从有序的初创宇宙历经崩坏的失序过程，以及诸神进行再创世的宇宙调整神话。《楚帛书·甲篇》中的创世神话是由多种创世类型组合而成，而且是具阶段性及连续性的创世神话。而宇宙从无秩序到有秩序，再从有秩序到失序再到有序，其秩序的建立是由多位神祇共同完成的。创世诸神在不同阶段中扮演着不同的角色，并具不同的功能与文化象征。《楚帛书·甲篇》中的创世宇宙

---

① [德] 恩斯特·卡西勒（Ernst Cassirer）：《语言与神话》，于晓译，台北：桂冠图书股份有限公司，1990年，第43页。
② [德] 恩斯特·卡西勒（Ernst Cassirer）：《语言与神话》，于晓译，台北：桂冠图书股份有限公司，1990年，第43—45页。

观可列表如下：

创世阶段		宇宙演化	宇宙状态	创世神祇	创世功绩	宇宙秩序	创世类型
第一阶段	创世前	混沌	梦梦墨墨亡章弼弼	伏羲	是生子四□是壤	有序无序	混沌创世神话
	初创世	伏羲娶女嬃生四子	□晦水□风雨是于	女嬃	天践是各，参化法兆	有序	配对神生殖创世神话
	初创世	四时产生	山陵不疏未有日月四神相戈	禹万四神	以司堵襄咎天步数乃步以为岁是隹四时	秩序初立	大地潜水者创世神话
第二阶段	再创世	奠三天（天）奠四极（地）日月之行	九州不平山陵备峡天旁动	炎帝祝融帝夋	扞蔽五木奠三天奠四极乃为日月之行	时空秩序确立	宇宙调整神话
	创世终	十日四时（岁）朝宵昼夕（时）	百神风雨晨祎乱作	共工	十日四时又宵又朝又昼又夕	岁时秩序确立	宇宙调整神话

从宇宙创造首部曲到完结篇，《楚帛书·甲篇》也是以创世神祇为叙事主轴的祖神创世神话。其创世之神祇参与的次第过程是：伏羲→女嬃→禹、万→四神→炎帝→祝融→帝夋→共工。

综观《楚帛书·甲篇》的创世神话，可谓一部神创宇宙史，创世诸神在宇宙形成中具有重要的作用。《楚帛书》中参与创世的神祇共有十二位，而这十二位神祇分别代表着不同的宇宙时空秩序。在《楚帛书·甲篇》中与时间秩序有关的天数又多于与空间有关的地数，如四时、千有百岁、三天、九天、十日等，象征着宇宙从"天时"到"人时"的秩序确立，此十二位神祇应与天文历法有密切的关系。①

---

① 冯时从天文学角度研究认为："帛书中记载的这十二位神人，无疑都是最早的天文官，不过在稍后的文献中，还有其他一些人物也与天文占验有关。《世本》说：黄帝使羲和占日，常仪占月，后益作占岁，臾区占星气，伶伦造律吕，大桡作甲子，隶首作算数，容成综斯诸术而著历法。'这些记载所要说明的主题十分清楚，它表明中国天文学的主要部分似乎在黄帝时代就已完成了。"参见冯时：《天文学史话》，台北：国家出版社，2005年，第20页。

《楚帛书》创世神话中宇宙的起源与秩序化的过程表现为一系列神祇的出现，《楚帛书·甲篇》中的神祇之名是楚人创世神圣史的记忆符号，代表着宇宙创生的不同阶段以及不同的"数"的秩序。卡西勒研究语言与神话时说道：

> 一个事物的名称和这个事物本身不可分离地结合在一起：单纯的语词或意象包含着一种魔力，通过这种力量，那个事物的本质呈现给我们。①

创世的进程随着神祇之名的一一出现而逐步开展，宇宙的秩序亦随神祇之名的出现而逐次建立。神祇的名称以及创世之"数"的变化，在创世进程中尤具神圣性。从伏羲、女娲历帝夋、共工，历经两阶段的创世，终于重新建立宇宙秩序，完成再创世的神圣历史。《楚帛书》中的创世神话，论及楚人古史观以及原始宇宙观，源流分明，系统完整，不但印证了先秦两汉创世神话的发生及渊源甚早，而且神话完整的创世结构图式也丰富了上中古零星片断的创世神话的资料记载。

本研究发现可归纳为以下四点：①运用比较神话学神话类型、母题研究方法，回归对神话文本的考察，发掘《楚帛书·甲篇》创世神话具备了世界创世神话中"混沌创世""配对神生殖创世"与"大地潜水者创世"三种类型。历来研究《楚帛书·甲篇》之创世神话大多关注于"混沌创世"与"生殖创世"两类型，然本文经由母题分析，进一步阐释禹、万"咎天步数，"除了在上古天文学方面的意义之外，尚可归属于世界创世神话的"大地潜水者创世"的类型中"创世主丈量土地"的母题，从而破译神话语言的表层叙事，以见《楚帛书·甲篇》创世神话的多元结构类型。而此一多元的结构类型又与创世的进度相结合，具有层次性与秩序性。《楚帛书·甲篇》创世的进程又可分为"创世前—初创世""再创世—创世终"两大阶段，以上三种创世类型都出现在第一阶段的创世，第二阶段则是初创世后的宇宙重整神话。不同阶段的创世，都以神祇为中心而开展，而这些神祇又多以亲族关系来承继，《楚帛书·甲篇》的创世神话可谓一部以神祇为叙事中心的祖神创世神话。②从秩序思维的观点考察，阐明《楚帛书·甲篇》的创世神话建构了一套秩序建立与重构的宇宙模式，"数"的秩序与《楚帛书》中的文字、图像反映出相同的宇宙图式与秩序思维。③结合丧葬仪式考察，经由世界其他部族创世神话讲述时空语境分析与丧葬仪式关系之考察，进而凸显《楚帛书·甲篇》创世神话的神圣叙述（sacred narrative）特质。④从宇宙论

---

① ［德］恩斯特·卡西勒（Ernst Cassirer）：《语言与神话》，于晓等译，台北：桂冠图书股份有限公司，1990年，第198页。

之视角考察，《楚帛书·甲篇》中的神祇伏羲、女娲不但是天地的奠定者，也是阴阳万物的生成与化育者，此一配对神生殖创世的宇宙生成论相较于先秦两汉典籍中气化宇宙论的哲学思辨，《楚帛书·甲篇》具有较质朴的神创宇宙观。《楚帛书·甲篇》中的伏羲、女娲、四神、禹、万、炎帝、祝融、帝夋、共工是创世之神、秩序之神，也是古史传说中的人间祖神。

  本文的研究重心不在神话的复原重构，而在于对神话结构类型的考察及其宇宙观所隐喻的秩序思维之阐释。《楚帛书·甲篇》的创世神话，不但解释了楚人宇宙的起源、大地的形成，以及四时与日月的发生，更说明了楚人丰富的天文探索与神话想象。《楚帛书·甲篇》的创世神话虽具备世界创世神话中的重要类型与母题，有其跨文化的共通性存在，但整体而观，其"圣数"的秩序思维以及系谱式的神创宇宙观仍具有浓厚的战国楚文化色彩，自有其文化特殊性的特色。因此，本文对于《楚帛书·甲篇》的创世神话类型分析以及深层意涵的发掘，对于中国神话学之研究以及中国神话思维结构模式的阐释应有一定的意义与价值。

  （此附论文章为 2006 年"国科会"补助专题研究计划部分研究成果，计划编号：NSC 95-2411-H-004-045，谨此致谢。）

后记　缪斯(Muse)的礼物

　　本研究历时多年，撰述期间曾受2003年度"国科会"专题研究计划补助。本书中部分篇章为"行政院国科会"专题研究计划"空间与象征：蓬莱神话与汉魏六朝诗歌研究"（NSC 92-2411-H-004-046）的研究成果。在研究计划结案后，笔者对此一专题仍持续进行研究，撰写本书时，各章皆又经过年余的重修、增补，书中各章已有颇多的改写、增补，各章皆经过专家、学者之审视，方始刊布。本书为以蓬莱神话为专题的研究，分别从仪式、空间及宇宙思维角度探究蓬莱神山神话的神圣叙事特质。书中曾经过会议及期刊发表之专章，其原始题目及发表状况，依照时间先后顺序，分别叙述如下。

　　（1）《神圣仪式与宇宙秩序：封禅泰山与望祀蓬莱》最初为《空间与象征：蓬莱神话及其文化意涵研究》一文中的部分篇章。宣读于台湾政治大学中国文学系主办的"第五届汉代文学与思想学术研讨会"，经审查后通过，收录于《第五届汉代文学与思想学术研讨会论文集》（台北：文津出版社，2005年），第121—154页。然本书第二章已依本书之主题作了大幅度的修改、增补。

　　（2）《蓬莱神话的海洋思维及其宇宙观》原以《蓬莱神话的海洋思维及其宇宙观研究》为题，经两位匿名审查人审查通过，刊登于《政大中文学报》2006年第6期，第103—124页。本书第三章即在此文基础上作了进一步的深化论述。

　　（3）《壶象宇宙与神话乐园：蓬莱三壶神话及其宇宙思维》在由"国科会"人文及社会科学发展处主办、彰化师范大学承办的"'国科会'中文学门90—94研究成果发表会"（2006年11月25日）上宣读讨论，经审查通过，收录于五南书局出版之《台湾学术新视野、中国文学之部（二）》（2007年）中。本书第四章即在此文基础上有所增补、修正。

　　（4）附论为《神圣的秩序：〈楚帛书·甲篇〉中的创世神话及其宇宙观》。此部分为"国科会"研究计划"天文与人文：天文神话与上中古文学的宇宙思维"（NSC 95-2411-H-004-045）的部分研究成果。此初稿曾宣读于2005年12月台湾政治大学、"中央研究院"文哲所、简帛资料文哲研读会主办的"出土简帛文献古代学术国际研讨会",会后作了大幅度的增补。经审查通过,刊登于"中央研究院"中国文哲研究所之《中国文哲研究集刊》2006年第30期。此部分以《楚帛书》中的创世神话为主要研究对象,对《楚帛书》的神话类型及其宇宙观进行探讨,由于此部分与蓬莱神话都涉及创世论神话及宇宙观之探讨,因此一并收录于本书之中,以见中国神话中所蕴含之宇宙观与秩序思维。

  本书之完成,除了要感谢"国科会"专题研究计划之补助、支持外,更要对台湾政治大学中文系同人的支持、里仁书局以及研究助理谢秀卉、陈哲谦等人的协助表示感谢。而论文匿名审查人提供的宝贵审查意见,以及对神话"海洋思维"及"宇宙观"研究上的肯定,更是支持笔者继续向神话领域探求的巨大力量。

  国内外神话学、民俗学及民间文学界学者的丰富研究成果则是笔者在神话领域上探求的知识领航者,本书的研究成果是在这些先进的成果上积累而来的。他们的研究宛如缪斯(Muse)女神所赠送的礼物,因此感谢这些参与本书研究的学者们,以及他们所赐予的智慧之果。

附表 《中国画像石全集》中"东王公""西王母"的相关图像

（取材自中国画像石全集编辑委员会编：《中国画像石全集》，河南美术出版社、山东美术出版社，2000年）

地区	名称	内容	出处
山东省	孝堂山石祠西壁画像	画像自上而下分为六组。第一组，山墙锐顶部分，刻执规的女娲、贯胸人、西王母及侍奉者、灵异仙人。第二组，刻与后壁相连接的车骑行列，共有四执戟伍伯、二十骑吏、二辆軿车，上方一列右飞大雁。第三组，刻一列二十八人，皆恭立。第四组，刻胡汉战争：左端楼上五人端坐，楼下主官凭几端坐，前后有跪禀者和侍从；楼前为献俘。右端有重叠的山包，内藏持弓的胡兵，山前有一列人凭几而坐，榜题"胡王"，其旁有跪禀者和侍者，又有二胡人在火盆上烤肉串。中间为人马奔驰、兵刃相接、众弩齐发的双方交战情景。第五组，狩猎。刻众多的荷竿、牵犬、架鹰、执戟、张弩、驾牛车的猎者，围猎兔、鹿、豹、野猪等野兽。第六组，刻六博、宴饮、拜谒的人物	《中国画像石全集》第1卷，第23页。图版说明第14页
山东省	武梁祠西壁画像	原石编号"武梁祠三"。此石上部呈锐顶状。画面用卷云纹、双菱纹、连弧纹等组成的花纹带或直线横栏自上而下分隔为五层。第一层，锐顶部分，西王母端坐正中，两侧有羽人、玉兔、蟾蜍、人首鸟身者等灵异侍奉。第二层，自右而左依次刻伏羲与女娲、祝诵、神农、黄帝、颛顼、帝喾、帝尧、帝舜、夏禹、夏桀古帝王图像，其左皆有榜题。第三层，右起刻曾母投杼、闵子骞御车失棰、老莱子娱亲、丁兰刻木四组孝子故事，皆有榜题。第四层，右起刻曹子劫桓、专诸刺王僚、荆轲刺秦王故事，皆有榜题。第五层，一列车骑左向行	《中国画像石全集》第1卷，第29页。图版说明第16页
山东省	武梁祠东壁画像	原石编号"武梁祠二"。此石形制、画像花纹带的分层与西壁同。画面自上至下分为五层。第一层，锐顶部分，东王公端坐正中，两侧有羽人侍奉及怪兽神异。第二层，左起刻京师节女、齐义继母、梁节姑姊和半组楚昭贞姜等列女故事，皆有榜题。第三层，左起刻孝孙原穀、"赵□屠"、孝子魏汤、义浆杨公、三州孝人等孝义故事，皆有榜题。第四层，左起刻齐丑女钟离春、聂政刺韩王、豫让刺赵襄子、要离刺庆忌等列女、刺客故事，皆有榜题。第五层，左边刻县功曹下轺车跪迎于处士乘坐的牛车前，象征祠主安衡门之陋、辞官不就的气节；右边刻一组庖厨图	《中国画像石全集》第1卷，第30页。图版说明第17页

续表

地区	名称	内容	出处
山东省	武氏祠前石室西壁上石画像	原石编号"前石室五"。画面自上而下分为三层，层间分别格以双菱纹、连弧纹花纹带和横栏，下边饰鸟、兽、云龙纹和连弧纹。第一层，锐顶部分，中间刻西王母端坐于交龙上，两侧有羽人、玉兔、蟾蜍、奇珍异兽。第二层，刻孔门弟子一列二十二人，皆冠服左向恭立。第三层，刻一列车骑左向行，画像残泐，有榜题"调间二人""此骑吏""此君车马""主簿车""主计车"。右端一人恭送	《中国画像石全集》第1卷，第33页。图版说明第18页
山东省	武氏祠前石室东壁上石画像	原石编号"前石室二"。画面上下分为二层，层间的花纹带、横栏及边饰同西壁上的石画像。第一层，锐顶部分，中间端坐东王公，周围有羽人侍奉，两侧有各种神异禽兽。第二层，刻孔门弟子一列十九人，皆冠服左向立，左起九人戴鸡形冠，榜题"子路"。第三层，刻一列车骑左向行，三辆轺车分别榜题"门下功曹""此丞卿车""□□车"，左端一人执笏恭迎，右端一人执笏恭送	《中国画像石全集》第1卷，第36—37页。图版说明第18页
山东省	武氏祠左石室西壁上石画像	原石编号"后石室九"。画面上下分为三层，层间分别以双菱纹、连弧纹组带和横栏间隔。第一层，锐顶部分，中间西王母端坐榻上，周围及两侧有众多羽人、捣药的玉兔、手执针砭的人首鸟身神异、翼龙及鸟首卷云纹。第二层，刻孔门弟子一列二十人，皆冠服执笏左向立。第三层，残甚，刻车骑左向行	《中国画像石全集》第1卷，第50—51页。图版说明第24页
山东省	武氏祠左石室东壁上石画像	原石编号"左石室二"。画面分别以双菱纹、连弧纹组带和横栏分隔为上三层。第一层，锐顶部分，东王公端坐于正中榻上，周围及两侧有各种形状的羽人、蟾蜍、人首鸟身者和奇禽怪兽。第二层，刻孔门弟子一列十八人，皆冠服执笏右向立。第三层，残泐，刻车骑左向行，左起：三导骑、一轺车、二伍伯、一盖系四维轺车、一从骑、一轺车，右端一人执笏恭送	《中国画像石全集》第1卷，第52—53页。图版说明第25页
山东省	武氏祠左石室屋顶前坡东段画像	原石编号"后石室二"，画面上下分两层。上层，刻仙人乘云车、驾三翼龙左向行；其前有翼龙、羽人和羽人骑翼龙前导，后有羽人和羽人骑翼龙随从；左端一人执笏恭迎。下层，右上刻西王母、东王公端坐于云上，周围有男女羽人侍奉，其下及左边各停一翼马驾轺车；中部卷云缭绕，云中有众多的羽人；下部，右边刻三个圆形的坟冢，坟内有线刻的妇人和羽人，坟上飞云冉冉上升与上面的卷云相接，飞云旁有羽人；坟右有堂和阙及二人左向行；左边停立二马和一有屏轺车，车后二人持戟，一人执笏右向立。画像似为灵魂升天事	《中国画像石全集》第1卷，第62页。图版说明第28页

续表

地区	名称	内容	出处
山东省	宋山小石祠东壁画像	画面上下分为四层。第一层，中间刻东王公端坐于榻上，两侧有羽人侍奉，右端还有一人首鸟身者执物右向立，上方有卷云纹。第二层，左边一妇女抚琴，其后一女，其前一男伴唱；右边三人踏鼓舞蹈，中者执桴作抚踏摩跌状。第三层，刻庖厨图：左边上悬挂肉、猪头、兔、鸡、鱼，一人取鱼，一人执小刀；下一人烧灶蒸饭，一人洗刷；右边一人用桔槔汲水，一人剥犬，间缀一飞鸟。第四层，车其左向行，与后壁下层相连接，前二骑吏，前者执棒；后一轺车，乘、御者各一人	《中国画像石全集》第1卷，第65页。图版说明第29页
山东省	宋山小石祠西壁画像	画像上下分为四层，层间以横栏相隔。第一层，中间西王母端坐于榻上，两侧有羽人执三珠果等侍奉，右边有玉兔、蟾蜍捣药，上方有卷云纹。第二层，刻周公辅成王故事：中一童子立于榻上，头戴山形冠；其左一人执曲柄伞盖，其右一人跪拜；两侧各有二人执笏恭立。第三层，刻骊姬害晋太子申生的故事：左边四人，前者跪，左手执带缨匕首对着自己的喉咙，昂首与右边一躬腰伸右手者相语，中间一犬倒毙仰卧；右者后一小儿、一妇女左向立。第四层，刻车骑出行：右端一人捧盾恭迎，足旁一犬蹲坐；迎面二导骑、一轺车左向行	《中国画像石全集》第1卷，第66页。图版说明第30页
山东省	沂南汉墓墓门东立柱画像	此图为浅浮雕。画面上部刻一力士，以强壮的双臂拥抱人身蛇躯的伏羲和女娲，力士身后有一规一矩。左右上角各缀一飞鸟。下部刻东王公戴胜，肩有双翼，拱手端坐于山字形的瓶状高几上，左右各一仙人跪，手持杵臼捣药，一龙穿行于瓶状几座间	《中国画像石全集》第1卷，第134页。图版说明第59页
山东省	沂南汉墓中室八角立柱画像	立柱呈八角形，画面上边皆饰锯齿纹。八面画像皆刻满一列上下相叠的神异。除东面上方刻东王公怀抱琴形物，西面上方西王母拱手，皆端坐于山字形山峰顶的瓶状高座上，头悬华盖；南、北面上方各一童子拱手立于瑞草上，头后有圆形佛光外，其余画像为神怪、奇禽、异兽、水灵	《中国画像石全集》第1卷，第170页。图版说明第73页
山东省	西王母、伏羲、女娲画像	此图为浅浮雕。西王母正中端坐，头上栖一鸟，背后升起云气。伏羲、女娲执便面，下体作蛇尾交盘，尾连二朱雀。画面外框饰波纹	《中国画像石全集》第2卷，第32页。图版说明第13页
山东省	西王母、九尾狐、异兽画像	此图为浅浮雕。画面上部刻西王母正中凭几而坐，两侧有男女侍者持便面跪侍，下有九尾狐、龙、虎、玄武、神鹿及其他怪兽；空白间布满云气	《中国画像石全集》第2卷，第73页。图版说明第28页

续表

地区	名称	内容	出处
山东省	东王公、异兽画像	此图为浅浮雕。画面上部正中央刻东王公,两侧有四人持笏跪拜,东王公下一虎、一龙、一象、一熊、一神鹿,另有一只双首人面兽	《中国画像石全集》第2卷,第76页。图版说明第28页
山东省	伏羲、女娲、东王公画像	此图为浅浮雕。画面上部刻东王公拱手端坐,两侧为伏羲、女娲,手举日轮,下部刻三鸟啄鱼	《中国画像石全集》第2卷,第77页。图版说明第29页
山东省	西王母、季札挂剑、刑渠哺父、二桃杀三士画像	此图为减地平面线刻。画面四层:一层,西王母正中坐于矮榻上,左有人首鸟身者面向西王母;右刻仙人,其中一人持三珠果,一人捧杯跪奉;另有二立者(一人已剥蚀)。二层,季札挂剑。中间刻一坟堆,坟堆上有一剑一盾,坟堆前置案,案上有樽、耳杯等祭具,二人跪拜施礼。坟左二人,一为邢渠,一为其父。三层,二桃杀三士。三士分别为古冶子、公孙接、田开疆,皆挽袖怒目,持环首刀;其中二士伸手去取高柄豆内所置二桃,左边持板者当是齐景公所派赐桃使者。四层,出行。一轺车驶出,车后单檐房旁二人持板送行,一人拥彗而立	《中国画像石全集》第2卷,第88页。图版说明第32页
山东省	西王母、公孙子都暗射颍考叔画像	此图为减地平面线刻。画面三层:上层,西王母头戴华胜凭几而坐,右侧一裸体羽翼仙人,手持曲柄伞盖罩在西王母头顶上;仙人身前有玉兔捣药,身后有二羽翼仙人手持朱草;西王母左侧有鸡首羽翼仙人捧杯献玉浆;其前是一蟾蜍捧盒,另有四仙人敬献朱草。中层,左刻一房屋,室内主人端坐,室外斜梯下一人面主人而坐;梯右方一人肩扛铁锸,锸上系一包袱,正欲蹬梯,其身后有三成年人,其中二人挟弓,一人挟剑,另有二童相随。下层,车骑出行。前有一导骑、一步卒,后有一轺车	《中国画像石全集》第2卷,第89页。图版说明第33页
山东省	东王公、孔子见老子、庖厨画像	此图为减地平面线刻。画面四层:一层,东王公正中端坐于矮榻上,左右各一翼龙相围。龙外左侧一羽人手持三珠果,其后一人首鸟身者;东王公右有一羽人和二蛇尾羽人。二层,孔子见老子。左边拄曲杖老者是老子,推独轮车少年为项橐,项橐面前的躬身捧雁问礼者乃孔子;其身后所随四人为颜回、子路等弟子。三层,庖厨。自左而右刻一人烧灶,二人和面,二人汲水;墙上挂满猪头、猪腿、兔、鱼。四层,车骑。右停一轺车,主人下车躬身持板与一席地而坐的女子交谈,车前一骑士怀抱锦囊	《中国画像石全集》第2卷,第90页。图版说明第33页

续表

地区	名称	内容	出处
山东省	东王公、庖厨、车骑画像	此图为减地平面线刻。画面三层：上层，东王公正中坐于矮榻上，双肩上各栖一鸟；左侧刻一马首有翼神人，手持笏板面东王公跽拜；其身后二玉兔正捣药；东王公右侧有一鸡首带翼神人和一犬首带翼神人，也分别执板面东王公跽拜。中层，庖厨。墙上挂满鸡、鱼、兔、猪头，左边一人烧灶，中间一人和面，右边一人汲水、一人剥狗；远处为二食者，旁置耳杯、酒樽。下层，一车、一骑出行	《中国画像石全集》第2卷，第91页。图版说明第34页
山东省	东王公、六博游戏、孔子见老子画像	此图为减地平面线刻。画面四层：一层，东王公正中凭几而坐，左侧一马首人身者捧杯献玉浆；其后有一手持仙草者，一人首犬身者跽奉；东王公右侧，一神人手持两枝三珠果，并牵一鸟、一狐；另有一神犬吹管。二层，六博游戏。左有二人交谈，一双人头兽身怪物立于侧；右侧为二人饮酒。三层，孔子见老子。拄曲杖者为老子，身前少年乃项橐也，项橐面前为孔子，孔子身后是其弟子。四层，二辎车出行，前车轮侧跪一人	《中国画像石全集》第2卷，第92页。图版说明第34页
山东省	东王公、六博游戏、宴饮画像	此图为减地平面线刻。画面一层，左半部刻东王公、朱雀、虎、飞翔的羽人；右半部刻六博游戏和饮酒场面；空间中刻飞鸟或鸟头卷云纹。画面外上部饰五铢币纹	《中国画像石全集》第2卷，第98—99页。图版说明第37页
山东省	西王母、玉兔、云车、狩猎画像	此图为凹面线刻。画面五层：一层，西王母正面端坐，左右各一跽献仙草者……二层，左刻神鸟拉云车，车前一仙人披长发骑兔举幡，中间二玉兔捣药；右边是前后两头共身的怪兽，兽背上仙人吹竽，双头兽右边一长发仙人手牵三足鸟和九尾狐。三层，羊拉车出行。骑羊与乘车者皆肩生双翼。四层，一车二骑出行。五层，狩猎。左边一人执棒牵狗，右边一人扛竿，一人扛弩，兔等猎物被圈在中央	《中国画像石全集》第2卷，第117页。图版说明第44页
山东省	西王母、周公辅成王、公孙子都暗射颖考叔画像	此图为减地平面线刻。画面四层。一层，西王母正中坐于矮榻上，肩生双翼，面部已残；左侧一有翼女子捧杯进献玉浆，二玉兔扶臼捣药，玉兔左右有二肩生双翼的蛇尾仙人；西王母右侧一女子奉三珠果，也有二肩生双翼的蛇尾仙人；仙人后面有鸟一只、犬一只。二层，周公辅成王。成王立于矮榻上……三层，堂外一人扛锸蹬梯，锸挂一包袱，包袱中一箭，身后一女子持弓，当是射箭人；其后有一女子捧盒，一男子伸手，二小孩在前。四层，一骑、一车出行，一人持板躬身相迎	《中国画像石全集》第2卷，第124页。图版说明第47页

续表

地区	名称	内容	出处
山东省	东王公、庖厨、车骑出行画像	此图为减地平面线刻。画面四层：一层，东王公正中坐，左侧一人身蛇尾带翼神人，手捧碗，其后是人首鸟身者；右侧一长发仙人手持珠果，后有马首人身、鸡首人身、犬首人身者各一。二层，奏乐场面。左三女子，一人抚琴，二人以掌击节；右四男子，一人吹排箫，一人吹管，一人吹竽，一人吹埙。三层：庖厨，自左而右，有烧灶者一人，和面者一人，杀鱼者一人，汲水者二人，宰狗者一人；墙上挂满猪头、猪腿、鸡、鱼、兔。四层：车骑出行	《中国画像石全集》第2卷，第125页。图版说明第47页
山东省	东王公、建鼓、乐舞、人物画像	此图为浅浮雕。画面七层：一层，东王公正中端坐，左右侧刻伏羲、女娲，神兽在捣药。二层，人物列坐。三层，牛一列。四至七层中央竖建鼓，二人击鼓，二人倒立。四层，抚琴、舞蹈人物，右刻一兽。五、六层，人物列坐。七层，左侧四人立，右侧二人六博游戏	《中国画像石全集》第2卷，第134页。图版说明第50页
山东省	西王母、东王公、宴饮画像	此图为减地平面线刻。画面四层：一层，人物一排。二层，西王母居中坐，左右各三侍者，其中二人执便面，另有一玉兔捣药。三层，东王公中间坐，左右有侍者八人，其中有献玉浆者。四层，宴饮。案置中间，上放杯盏，二人对饮，身后各有三侍者。画面外部饰菱形及三角纹	《中国画像石全集》第2卷，第135页。图版说明第51页
山东省	东王公、人物拜见、车骑出行画像	此图为浅浮雕。画面三层：上层，东王公正中端坐，两侧有神兽供奉和仙人戏兽，左右端为伏羲、女娲。中层，六人物持板一排坐，旁立一人，面前有四人跪拜，空白处刻龙、虎、凤鸟、云纹。下层，车骑出行，主车居后，前二导骑，后一从骑	《中国画像石全集》第2卷，第158页。图版说明第57页
山东省	西王母、群兽、车骑出行画像	此图为浅浮雕。画面两层：上层，左上角西王母树下端坐，面前是群兽率舞，祥云缭绕。下层，车骑出行。一轺车左行，前有导骑一，后有从骑一，不远处迎者躬身施礼，空间饰祥云	《中国画像石全集》第2卷，第159页。图版说明第57页

续表

地区	名称	内容	出处
山东省	人物故事、东王公、西王母画像	此图为浅浮雕。画面两层：上层，人物故事。左段，周公辅成王：成王立于矮榻上，右侧为周公，左侧一拄杖躬身施礼者为臣像。二桃杀三士：高柄豆中置二桃，一士伸手去取，另一士立一旁，旁有一人跪，以手示身旁另一士取桃。中段，十一人物立，其中持戟者五人，持板者一人，余皆拱手相对而语。右段，一捆绑物直立于中央，左立一武士怒目抽剑，右一人跪，伸手示意，身后一人持板躬身立。下层，左侧西王母高坐，旁有仙人、马身龙、玉兔供奉；右端低坐者当为东王公，四周云气缭绕，龙、怪兽、神鹿、凤鸟相围；中间刻龙车，前后有伏羲、女娲伴随。画面外饰三角纹	《中国画像石全集》第2卷，第168—169页。图版说明第60页
山东省	西王母、抚琴人物、车骑出行画像	此图为浅浮雕。画面五层：一、二层，西王母正中端坐，伏羲、女娲交尾侍两侧；左右两旁众人物坐。三层，左端凤鸟昂首对立，中间二仙兽及玉兔捣药；右端二仙兽对立持物。四层，中间一人抚琴，身后四人端坐，面前六人躬身坐。五层，四车出行，主车为辎车，另有二轺车导，一轺车从	《中国画像石全集》第2卷，第171页。图版说明第61页
山东省	西王母、禽兽、冶铁画像	此图为浅浮雕。画面四层：一、二层，西王母正中凭几坐，两侧人身蛇尾交盘ого执便面，左右众多跪拜、宴饮及六博游戏人物。三层，二凤鸟对首共衔联珠，左右有虎、龙及众兽。四层，左右冶铁作坊，鼓风者、锻打者、检验锻器者，各司其责。右边有门亭、人物	《中国画像石全集》第2卷，第184—185页。图版说明第65页
山东省	宴饮、西王母、东王公画像	此图为线刻，物象内施麻点。画面三格：左格，二人对饮，酒壶置中间，身后各一侍者，面前四人躬身立。中格，西王母正中坐，身后一执便面侍者，两侧有玉兔捣药、凤鸟及人物；面前六人，有坐有立。右格，东王公正中偏下坐，伏羲、女娲持规矩居两侧，另有二躬身人物及一仙兽	《中国画像石全集》第2卷，第184—185页。图版说明第65页
山东省	西王母、人物、牛羊车画像	此图为浅浮雕。画面两层：上层，中间西王母端坐，两侧有执便面的伏羲、女娲；左有九尾狐，右有玉兔、蟾蜍；下坐六人，中间放置二壶。下层，牛车、羊车各一辆，飞鸟伴行	《中国画像石全集》第2卷，第196页。图版说明第68页

续表

地区	名称	内容	出处
山东省	西王母、建鼓画像	此图为线刻。画面五层：一层，西王母凭几端坐，其右题"田（西）王母"；左右有人身蛇尾仙人，另有持便面侍者。二层以下，中间竖建鼓，两旁是乐舞、杂技、庖厨和六博游戏场景，六博游戏者一人题曰："武阳尉"，一人题曰："良卯丞"	《中国画像石全集》第2卷，第210页。图版说明第73页
山东省	东王公、狩猎、车骑出行画像	此图为减地平面线刻。画面八层：一层，东王公端坐于双龙座上，两侧有羽人、牛首和鸟首人身侍者。二层，众人物对坐，中置一樽。三层，五走兽。四层，群骑。五层，众人物对坐。六层，狩猎。中间一牛车，车上坐二人，车前一人持弩射虎，车后二人抬一猎物，一人跟随。七层，群骑。八层，鹿车出行，前一迎者	《中国画像石全集》第2卷，第211页。图版说明第74页
山东省	西王母、讲经人物、建鼓画像	此图为减地平面线刻。画面八层：一层，西王母正中端坐，左右各一人身蛇尾仙人持便面服侍，右有玉兔捣药，左有龙、仙兽。二层，九尾狐二只，怪兽四只。三层，众儒生捧简听讲经。四、五、六层，中间刻一建鼓，羽葆飘两旁，左右二人执桴击鼓，鼓旁有一倒立者；左边二人六博游戏，其余观者多人。七层，七骑一队出行。八层，牛车、羊车、马车出行	《中国画像石全集》第2卷，第216页。图版说明第76页
山东省	东王公、祥禽瑞兽画像	此幅为阴线刻双半圆门楣正面。上左右三边饰宽带纹、垂帐纹和菱形纹。画面中部是东王公端坐于高座之上，两边是祥禽瑞兽	《中国画像石全集》第3卷，第30—31页。图版说明第12页
山东省	东王公画像	四周边栏各一道。画面为东王公展翅端坐在四层宝座上，两侧的小座上有瑞兽和羽人或立或坐，座底部两侧各有一兽作上爬状	《中国画像石全集》第3卷，第34页。图版说明第13页
山东省	朱雀、东王公画像	此幅为图五四（按：朱雀、龙虎画像）背面。格式相同。上部为朱雀衔绶带。下部为东王公端坐在"王"字形宝座上，座间有一熊蹲立，一狗上爬，一玉兔捣药，一朱雀衔绶	《中国画像石全集》第3卷，第45页。图版说明第19页

续表

地区	名称	内容	出处
山东省	人首龙身画像	上右两边边栏内饰垂帐纹。画面为一人首龙身者，蓬发戴胜，似为《山海经》中提到的西王母，两侧空间饰小鸟五只	《中国画像石全集》第3卷，第51页。图版说明第21页
山东省	东王公、兔、龙画像	四周边栏各一道。画面由界栏分为上中下三层：上层，东王公正面端坐，头戴山形冠，肩生双翼，双手合拢。中层，一玉兔团卧。下层，一龙作翻腾状	《中国画像石全集》第3卷，第58页。图版说明第24页
山东省	东王公画像	四周边栏各一道。画面为东王公双手合拢端坐于多层山形高座上，座间有四鸟二兽	《中国画像石全集》第3卷，第85页。图版说明第33页
山东省	城前村墓门左立柱正面画像	四周边栏各一道。画面上部为西王母手执羽状物坐于云座上，座两侧有狐狸和人面兽；下部为二羽人相叠，上者蓬发，下者戴冠；底部为崎岖的小峦，似说仙人在山中，或谓西王母居于昆仑山	《中国画像石全集》第3卷，第88页。图版说明第34页
山东省	沈刘庄墓前室东面中间方立柱正面画像	四周边栏各一道。画面由界栏分为上下二层：上层为西王母正面端坐，颈部缠一长尾形物。下层为接吻图，男女二人引臂拥抱，作接吻状，女子身后立一侍女，举手推接吻女子的头部；画面上部饰垂帐以示室内	《中国画像石全集》第3卷，第110页。图版说明第42页
山东省	西王母、人物、车骑画像	此幅为阙身正面，顶已残。画面周围有边栏，栏内饰卷云纹。画面由界栏分为七层：第一层，西王母正面端坐，左右有侍者。第二层，七人站立，有榜无题。第三层，奴仆侍奉主人进食。第四层，中间为一浅方坑，左右各有一马，一树相对应。第五层，车骑出行。一导骑荷长戟左行，后随一辆辇车。第六层，迎宾，左边一人侧身躬迎，前面一荷长戟导骑为背面图像，这在画像石上实不多见；右边一辆轺车，上边空处有榜无题。第七层，左边为一重檐楼阁，楼下一人弯弓射鸟；右边为枝繁叶茂的连理树，树上有鸟兽。阙身左侧面顶部为一人蹲坐，当为举阙顶者；其下方框内刻一羊头怪兽、一翼虎和一猴	《中国画像石全集》第3卷，第120页。图版说明第46页

续表

地区	名称	内容	出处
山东省	东王公、狩猎、二桃杀三士画像	此幅为阙身正面,顶已残。四周有边栏,栏内饰卷云纹。画面由界栏分为八层:第一层,东王公正面端坐,左右有侍者。第二层,放犬,执笔猎兔。第三层,二猎人一前一后射刺野猪。第四层,中部为一圆形浅坑,左右各立三人,有榜无题。第五层,射虎图,左边二虎间有一棵连理树,右边一人拉弓射虎。第六层,二桃杀三士,有榜无题。第七、八层,画面已残不可识。阙身左侧面顶部为一人蹲坐;其下方框内刻二人戏三兽	《中国画像石全集》第3卷,第122页。图版说明第47页
山东省	楼阙、车骑出行画像	边栏内饰双菱纹和连弧纹。画面左上部为楼阙,楼内主人凭几而坐,二客跪拜,楼外有侍者,楼左右有重檐双阙,檐上有鸟、猴;右上部为二人端坐,似为东王公和西王母,旁有鸟首人身的侍者,还有鸟、狐,其下为一人弹琴,一人执物而舞;下部为一列车骑出行,一导骑后随三辆轺车,中间主车四维,后一从骑	《中国画像石全集》第3卷,第190页。图版说明第70页
江苏省	西王母、弋射、建鼓画像	该石为栖山汉墓中椁右侧内壁。画面自左而右分为三组。第一组,两层楼一座,楼上西王母凭几而坐,楼下有一大鸟,口衔食物;楼外有二神人捣药,上方有三足乌和九尾狐,皆口衔食物向楼而来;下刻人首蛇身、马首人身、鸟首人身和一持剑的长者,正在拱揖向西王母朝拜。第二组,刻一树,树上有鸟,树下一人张弓弋射,另一人在旁观看。第三组,刻一建鼓,羽葆华盖上端立三鸟,二人持桴击鼓,右边有比武和斗鸡的场面	《中国画像石全集》第4卷,第3页。图版说明第2页
江苏省	白集祠堂西壁画像	画面由下而上分为七层。第一层刻两辆轺车和一辆轩车。第二层,一老人扶鸠杖而行,前有五人拜见,后有六人随行。第三层,一人在灶前加梏,二人观看釜中食物,一人在炉上炙肉,二人拉绳汲水;右侧有六位宾客。第四层,飞龙戏珠,每二、三龙抢夺一珠。第五层,刻瑞鸟十只,穿梭飞翔在嘉禾中间。第六层,刻十一个人物,观看三人表演。第七层,刻西王母,有玉兔捣药,仙人灵兽伴其左右	《中国画像石全集》第4卷,第62页。图版说明第29页
江苏省	西王母、车骑、异兽画像	画面自下而上分为四层。第一层,刻有一骈车、一骑吏和一卷棚辇车。第二层,刻一群行龙相嬉戏,右边刻一青鸟衔食。第三层,刻山峦相叠,猎犬、猎鹰追逐着麋鹿和狡兔。第四层,刻西王母在层台之上正襟危坐,左右有羽人、瑞兽向其奔来求不死之药,右端有玉兔捣药	《中国画像石全集》第4卷,第72页。图版说明第34页

续表

地区	名称	内容	出处
安徽省	西王母、长袖舞、械斗、捕鱼画像	此石为东汉熹平三年墓祠西壁，画像自上而下分四层。上层，西王母居中凭几而坐，两侧有龙、四头鸟、鸡头人和执刀盾等怪兽。第二层，众舞女作长袖舞。三、四两层以一架桥梁相隔，一辎车过桥，车后有持戟男女护卫，车前两女子挥舞兵器，奋力搏杀来犯者。两男子恭立相迎。桥下为捕鱼的场景	《中国画像石全集》第4卷，第131页。图版说明第57页
安徽省	蹶张、翼虎画像	此画像与西王母、狩猎画像同一石，在另一面。上刻蹶张，口中横衔一箭，足踏强弓，双手奋力引弦上弩。下刻一翼虎	《中国画像石全集》第4卷，第141页。图版说明第62页
安徽省	西王母、狩猎、车骑画像	此石矩形，为墓门或祠门两侧之物。画像上方群峰起伏，两个高峰突起，峰顶如盘。大者上面西王母端坐树下，一少女立于树旁。小者上面有一只九尾狐。中部为狩猎场面，一人飞骑弯弓，追杀奔鹿，一人举竿堵截。下方为一辆单驾辎车，车上一御者一乘者，前有导骑，一人执笏恭迎	《中国画像石全集》第4卷，第148页。图版说明第64页
安徽省	升仙画像	画像为缭绕的云气中，西王母居中凭几而坐，两侧为羽人、披发仙人导引一男一女参拜西王母。旁立一拥篲者	《中国画像石全集》第4卷，第161页。图版说明第72页
陕西省	榆林古城滩墓门右立柱画像	画面分二格。上格左边上部为托在树座上的东王公，两手前摊；一羽人面东王公而跪，左臂上举，右手扶面前一器物口沿。下有一捧简门吏，右边为卷云蔓草纹，花纹间穿插鹿、羽人和猿等，下格为玄武。画面的边饰与主题画面没有用框分开，浑然一体，在陕北画像石中不多见	《中国画像石全集》第5卷，第1页。图版说明第1页
陕西省	榆林古城滩墓门左、右立柱画像	两立柱画面同分三层，左柱上层有牛首鸟身东王公坐于神山仙树之上，山峰上站立长尾狐和金乌；中层为一持戟门吏，身着短褐，躬身站立；下层一马伫立。左边上饰蔓草卷云纹，下饰柿蒂纹。右柱上层有鸡首西王母，抖双翅与东王公遥对。其余内容和边饰与左立柱画面内容雷同	《中国画像石全集》第5卷，第3页。图版说明第1页

续表

地区	名称	内容	出处
陕西省	榆林陈兴墓门左、右立柱画像	左立柱画面上为东王公端坐扶桑树上，一龙盘绕树干，颈长伸向扶桑树，树下持戟门吏站立。下有玄武。卷云边饰间有禽兽。右立柱画面与左立柱画像构图相对称，画面布局基本相同。上有西王母坐于扶桑树上，前后有羽人、玉兔跪侍，树干间有九尾狐、三足乌，树下一执彗门吏，下有一牛车，边饰与左立柱同	《中国画像石全集》第5卷，第8页。图版说明第3页
陕西省	榆林南梁墓门左、右立柱画像（残）	两画面分别有东王公、西王母高踞扶桑树座上，树干间填刻仙鹤、朱鹭、羊和鹿。下有博山炉。左图博山炉上下皆有仙鹤飞翔，中间有玉兔左手按臼，右手执杵捣药。右图一妇人发髻高束于头顶，背生双翼，左手扶物，右手执短棒，呈下刺之姿	《中国画像石全集》第5卷，第9页。图版说明第3页
陕西省	榆林古城界墓门左、右立柱画像	左立柱画面为东王公臂背生翼，束发，宽衣，面右坐于扶桑树上，与右立柱的西王母遥对。下为一门吏，身着宽衣，隆背弯腰，拥彗而立。右立柱为西王母与东王公遥相对应。一羽人左脚挂地，抬右腿呈弓状，右手执西王母头顶华盖下垂的流苏，左手前伸，下有一吏双手捧笥，背荷长剑，恭身作拜谒状。出土时，东王公、西王母和门吏的眉、眼、口、衣纹、衣裙均用墨线勾画，口涂朱红，荷剑吏的衣袍亦通染朱彩。两立柱各有蔓草卷云纹边饰	《中国画像石全集》第5卷，第10页。图版说明第3页
陕西省	榆林郑家沟墓门左、右立柱画像	两立柱画面分别为东王公、西王母踞于神山仙树之上，顶罩华盖，下垂缨络流苏，树干处站立灵禽仙兽。立柱下部有一门吏，头戴高冠，身着长袍，腰挂长剑，捧笏而立。右立柱下部为一执彗门吏。边饰为连续卷云图案	《中国画像石全集》第5卷，第19页。图版说明第6页
陕西省	米脂党家沟墓门楣画像	画面中间有一楼，楼内男女主人分坐于一株仙草的两旁，背生双翼，似已羽化升仙；楼堂外有传说中供西王母役使的九尾狐和捣药的玉兔，玉兔身后是一株几乎与楼齐高的仙草，角脊上停立象征日月的金乌、蟾蜍……	《中国画像石全集》第5卷，第34—35页。图版说明第12页
陕西省	米脂党家沟墓门左、右立柱画像	画面中有托在仙山神树（扶桑）上的牛首东王公和鸡首西王母。东王公居住的仙山神树上盘踞着龙。西王母居住的仙山神树，盘旋翱翔着几只仙鹤。仙山神树上都丛生着灵芝仙草，强化了其为仙境的气氛。东王公和西王母的下边有四层望楼，左右各站立执梃、执彗门吏。下端是博山炉和仙草。卷云边饰中充塞了各种灵禽异兽	《中国画像石全集》第5卷，第37页。图版说明第12页

续表

地区	名称	内容	出处
陕西省	米脂党家沟墓门左、右立柱画像	两立柱画面上部分别为东王公、西王母，踞于仙树上，还有羽人、仙禽神兽；下为执戟、执彗门吏，边饰蔓草纹；底为玄武	《中国画像石全集》第5卷，第39页。图版说明第13页
陕西省	米脂墓门右立柱画像	画面上层有东王公、仙草；下层有朱雀、羊、鹿等。右边饰勾连卷云纹	《中国画像石全集》第5卷，第44页。图版说明第15页
陕西省	米脂墓门立柱画像	画面满布卷云蔓草，间缀飞禽走兽。上部虎头应是西王母，"其状如人，豹尾、虎齿、善啸……"形象的象征	《中国画像石全集》第5卷，第45页。图版说明第15页
陕西省	米脂墓门左立柱画像	画面上部一虎头之上，西王母与东王公相互施礼；下部和边饰均为飞动的卷草纹，其间穿插各种飞禽走兽	《中国画像石全集》第5卷，第45页。图版说明第15页
陕西省	米脂墓门左、右立柱画像	左立柱画面为西王母臂背生翼，高踞于神山之上，羽人为之献灵芝。山中有九尾狐、虎、猿、鸟等。山下一博山炉，炉顶站立朱雀。博山炉背景的卷草纹互相缠绞横竖相连，有香火缭绕之感。边饰卷云纹，间填飞禽走兽。右立柱与左立柱画面对称，除山顶为东王公外，其余内容与左立柱基本相同	《中国画像石全集》第5卷，第48页。图版说明第16页
陕西省	米脂墓门左、右立柱画像	左立柱画面有西王母头上戴胜，臂背生翼。顶有一伞状华盖，伞柄左有玉兔捣药。山中有禽兽。下为博山炉及朱雀卷云。左边饰卷云蔓草纹。右立柱画像有东王公、羽人和博山炉、朱雀卷云。右边饰卷云蔓草纹	《中国画像石全集》第5卷，第49页。图版说明第17页
陕西省	绥德王得元墓门左、右立柱画像	画面分两层，上层上部分别为东王公、西王母坐于仙山神树上，两边侍者跪奉，山中有羽人、九尾狐、鹿；下部一门吏执彗侧立。画像外侧为一异兽托卷云，间填小兽。下层为玄武	《中国画像石全集》第5卷，第53页。图版说明第18页

续表

地区	名称	内容	出处
陕西省	绥德王得元墓室东壁门左、右立柱画像	两画面均分四格。上格分别为东王公、西王母；第二格为翼龙、翼虎；第三格为牛耕图；第四格为排列有序的杆壮叶茂、谷穗硕大的谷物图。画面上的牛耕图和谷物图对于研究我国古代农业生产提供了极有价值的艺术形象资料	《中国画像石全集》第5卷，第56页。图版说明第19页
陕西省	绥德王得元墓室门右立柱画像	画面上下分五格。上格东王公坐于扶桑树上，与羽人对奕；中间三格为人物拜会交谈；下格一卧鹿。边饰为卷草纹	《中国画像石全集》第5卷，第59页。图版说明第20页
陕西省	绥德杨孟元墓门左、右立柱画像	两画面相对称，各分两层。上层外格为卷云蔓草图案，间杂以仙禽神兽为边饰。内格上部为坐在神山仙树上的西王母、东王公，下为执彗门吏。下层为博山炉	《中国画像石全集》第5卷，第65页。图版说明第22页
陕西省	绥德杨孟元墓前室后壁组合画像	此壁由横额、两侧柱、中柱和基石组成。横额上层和侧柱外格为连贯的卷云蔓草纹组成。横额下层左有二猎手策马张弓射兽；中一轺车、一軿车、二骑吏左向行；右二舞伎、二观者和一牛车；两端有日月。两侧柱上有东王公、西王母坐于仙树上，左右有仙人侍侯。下有博山炉。中立柱隶书题刻一行，为"西河太守行长史事、离石守长杨君孟元舍，永元八年三月廿一日作"。基座饰连续三角形纹	《中国画像石全集》第5卷，第66—67页。图版说明第23页
陕西省	绥德延家岔墓前室东壁门左、右立柱画像	画面中格皆分两层。左立柱上层有一大树，西王母端坐于树冠顶的榻上，周围飞绕卷云。下层为一翼龙人立持长戈。右立柱上层有群山，中峰突兀，峰两侧各立一羽人，周围有卷云和异兽。下层为一翼虎上行。两立柱的两边格均饰勾连卷云纹	《中国画像石全集》第5卷，第80页。图版说明第27页
陕西省	绥德墓门组合画像	画面由门楣和两立柱组成。门楣上层和立柱外格有连贯的绶带穿璧纹。门楣下层中部有厅堂，堂中男女主人对坐，堂外两边有对称的仙树、羽人骑鹿、奔马。两立柱内格上分别有东王公、西王母坐于神山仙树上，下有重檐阙，阙下门吏执彗侧立	《中国画像石全集》第5卷，第84—85页。图版说明第29页
陕西省	绥德墓门左、右立柱画像	两画面皆分两层，上层分别为东王公和西王母坐于扶桑树顶，两朵如云伞盖覆于二人头顶。东王公与西王母遥遥相对，互相施礼。下层有戴冠着袍门吏，左吏双手拥彗，右吏手捧笏躬身而立。边饰卷云纹	《中国画像石全集》第5卷，第91页。图版说明第30页

续表

地区	名称	内容	出处
陕西省	绥德墓门左、右立柱画像	两画面相对称，均分三层，左画面上层右格上为东王公（残缺）坐于神山仙树上，山峰中立一鹿，下一门吏持戟。左格为卷云纹。中层置一建鼓，左一人双手执双桴击鼓，右一人背鼓持戟，回首而立。边框上悬挂火腿、鱼等。下层为玄武。右画面上层左格上为西王母坐于神山仙树上，两侧仙人侍奉，山峰上有羽人、狐、鹿。中、下层和左画面略同	《中国画像石全集》第5卷，第96页。图版说明第32页
陕西省	绥德墓门左、右立柱画像	左画面上层为西王母蓬发后扬，长袍拖地，立于树顶；下层为仙人骑鹿、独角兽。右画面上层为东王公头戴高顶冠，着宽腿灯笼裤，面左立于树顶；下层有应龙、朱鹭抓鱼、独角兽。两画像边饰均为曲线间插树形纹	《中国画像石全集》第5卷，第98页。图版说明第33页
陕西省	绥德墓门左、右立柱画像	左画面上层为牛首东王公坐于仙山神树上，两旁生长灵芝仙草，山上站立九尾狐和三足乌。山下一执彗门吏侧立。左格为一身材修长的束发人，弓步站立，左臂前伸，上举一草，右手托举流云卷草，盘曲向上，补白动物。下层一马拴于树下，树边立一方形饲料槽。右画面上层左格为鸡首西王母侧坐于神树上，仙草灵芝、玄狐和三足乌立于仙山之下；山下一捧笏门吏，下格为玄武	《中国画像石全集》第5卷，第99页。图版说明第33页
陕西省	绥德墓门右立柱画像	画面分上下两层。上层中间一线将画面分成左右两格：左格为牛首东王公坐于扶桑树上，树干间有九尾狐、鹿、飞雁。树下一执彗门吏。右格为卷云纹边饰。间饰多种瑞兽羽人。东王公的衣褶、门吏的衣纹、彗和动物身上都依形加线条。下层为一带缰绳的马作进行状，马上方一猿、一玄武	《中国画像石全集》第5卷，第100页。图版说明第33页
陕西省	绥德墓门右立柱画像	画面上层左格有坐在神山仙树上的东王公，树间仙鹤飞翔，山上站文鹿、狐；下为捧笏门吏，戴冠着袍；右格卷云蔓草边饰中穿插各种飞禽走兽。下层为独角兽	《中国画像石全集》第5卷，第101页。图版说明第34页
陕西省	绥德墓门左立柱画像	画面分三层。上层为东王公坐于扶桑树上，与一羽人对弈，东王公注视棋盘；羽人右手扶棋盘，左手举棋子。树间一鹿伫立。中层一执彗门吏；下层有大树，树干上拴一马	《中国画像石全集》第5卷，第104页。图版说明第36页

续表

地区	名称	内容	出处
陕西省	绥德墓门楣画像	画面左边有西王母头戴胜杖,拥袖端坐其两侧各一人执便面跪侍,右侧另有一羽人持仙草跪奉。为西王母觅食的三足乌站立于地,供西王母役使的九尾狐正朝西王母走来;两玉兔手持杵臼捣药。画面右边是周穆公,端坐于由三只仙鹤牵引的车上,车后树立铭旌。一驭手右手执双节鞭,左手执勺状物跪于车上,作驱车吆喝状。三只仙鹤双翅振起,奋力向前翱翔。仙鹤前,一裸体人身前倾,右手前伸,左手执棒朝后平举。一只虎两后腿站立,右前爪拿一五弦琴,左前爪作弹琴状。蟾蜍两后腿站立,两前肢上举,手持棒状物。玉兔长耳端竖,肢长尾短,一手执铲,一手执帚。右端日中有金乌,左端月中蟾蜍、玉兔。边饰三层,分别用"s"形纹加曲线,"s"形纹和绶带穿璧组成	《中国画像石全集》第5卷,第114—115页。图版说明第40页
陕西省	绥德四十里铺墓门楣画像	画面中间有铺首衔环的门,将画面分为两部分。右半部有西王母头上戴胜,拥袖端坐,二个头戴山形帽手持仙草的侍从立于台下;一鸟首人身、肩上生翅者,手持仙草跪伏于西王母面前;二玉兔执臼捣药;三足乌低首觅食,九尾狐仰首伏于西王母面前听命;玉兔身后是一株几乎与门齐高的仙树。左半部一男人头戴进贤冠,身着长袍,跽坐几前;墙上挂有环首刀、弓弩;四个拜谒者进见主人,前者跪拜于主人面前,后面三人躬身俯首,皆执名刺;主人身后一侍者执金吾,一人右手提一袋状物,低首立于台下,恭候还礼	《中国画像石全集》第5卷,第134—135页。图版说明第46页
陕西省	子洲苗家坪墓门左立柱画像(残)	画面分二大层。上层左、右分二格,每格又分三层,分别为东王公、双头鹿、卧鹿、家禽、蹲狗、猪、玉兔捣药、羽人、龙虎直立;下层为牛拉车	《中国画像石全集》第5卷,第147页。图版说明第52页
陕西省	清涧墓门左、右立柱画像	两画面左右边饰为卷云蔓草纹,间填仙禽神兽。画面上层分别为东王公、西王母;下为执彗门吏;下层为博山炉	《中国画像石全集》第5卷,第151页。图版说明第53页
陕西省	清涧贺家沟墓门右立柱画像	画面右边为卷云纹图案;左边上为西王母坐于扶桑树上,下为执彗门吏	《中国画像石全集》第5卷,第152页。图版说明第54页

续表

地区	名称	内容	出处
陕西省	清涧贺家沟墓门左立柱画像	画面左边为卷云纹图案；右边上为东王公坐于扶桑树上，下为捧笏门吏	《中国画像石全集》第5卷，第152页。图版说明第54页
陕西省	清涧贺家沟墓门右立柱画像	画面左格为卷草纹图案，右格为卷云纹。中格分为三层。上层有西王母席地而坐，如云华盖遮于头顶，一羽人持奉于前，中层树间有羽人、鹿以及仙草。下层有一虎呼啸飞奔于卷云蔓草间	《中国画像石全集》第5卷，第153页。图版说明第54页
陕西省	吴堡墓门右立柱画像	画面上层有西王母背生四翅，胸生一翅，头上双角朝上直立，顶罩华盖，侧坐于扶桑树顶；树下山峰间站立九尾狐和三足乌。西王母右边为卷云纹间仙禽异兽。下层一执彗吏，头戴平顶冠，宽衣广袖，身前弯，背隆起，一副老态龙钟的样子	《中国画像石全集》第5卷，第156页。图版说明第55页
陕西省	吴堡墓门左立柱画像	画面左边为不规则卷云纹间仙禽饰边。左边上层为东王公头戴山形帽，侧坐于扶桑树上，头顶华盖似伞。下层一老者捧笏而立	《中国画像石全集》第5卷，第156页。图版说明第56页
陕西省	神木大保当墓门左立柱画像（残）	画面正中刻西王母形象。西王母戴冕着袍披羽衣，袖手盘坐于悬圃顶端斗拱形座上，体态丰腴，五官比例匀称。在其左右各刻仙草灵芝一株，顶端有与门楣图案相接的飘带状卷云纹，其下的悬圃两侧刻蟾蜍、玉兔和神鸟，并以云纹相托。画像中物像的细部均以阴线刻就，并涂以白和橘黄等色彩	《中国画像石全集》第5卷，第161页。图版说明第59页

续表

地区	名称	内容	出处
陕西省	神木大保当墓门楣画像石	画面分上下两层。上层画面左侧西王母着袍戴胜,端坐于悬圃之上,其左右有灵芝仙草、捣药玉兔和羽人僮仆及神鸟等,羽人、神鸟身涂蓝彩。画面右侧刻绘一轺车。车内端坐一人,戴通天冠,着红袍,驭者戴长冠,双手勒缰坐于车前。一羽人持戟驭龙驾车,四神鸟凌空奋力牵引,前一朱雀,信步引路,后一羽人,执旄骑鹿相随。画面以卷草卷云纹填白,左右两端分刻绘月轮和日轮。月轮内涂白彩。刻绘爬行蟾蜍,身涂三绿;日轮涂红彩,刻飞行金乌,身涂墨彩。下层中部刻绘"荆轲刺秦王"的故事。图中荆轲怒发上指,跨步躬身,剑刺秦王未中而击穿铜柱;头戴通天冠的秦王"负剑拨之,奋袖超屏风而走";侍医夏无且为阻拦荆轲,急中将其拦腰抱住;置樊于期首级的函盖已被打开,须发五官清晰可见;"奉行图跪拜"的秦舞阳爬在地上瑟瑟发抖;秦宫中的侍卫被这突发事件吓得措手无策,惊慌倒退……整个场面紧张激烈,扣人心弦,是同类题材汉画像石中最为生动和形象的艺术佳作	《中国画像石全集》第5卷,第168—169页。图版说明第63页
陕西省	靖边寨山墓门右立柱画像	画面分左右两格,左格上下分五层,右格分六层。画面虽左右分格,但内容互相联系。自上而下为左东王公坐于扶桑树顶,与一羽人对弈,树干间有鹿、羽人;右上为人身蛇尾的女娲;下有执灵芝草的羽人和枭。羽人执灵芝草于飞云喂二凤鸟。左一人屈臂、双掌向上平伸,转头与右侧二拱手侧立者交谈,其左一人执笏跪。二人格斗,左者执钩镶与短剑,右者右手执剑。左一连理树,树左一双手持戟,右一人捧物似饲马,马上方一博山炉	《中国画像石全集》第5卷,第178页。图版说明第66页
陕西省	靖边寨山墓门左立柱画像	画面分五大层。上层分左右二格:右格上为西王母坐于扶桑树顶,右有羽人持献灵芝;玉兔捣药,树干间一虎和一九尾狐。右格下有一舞伎长裙拖地,跳长袖舞,一人抱鼓一旁伴奏助舞。左格三小层,自上而下为人首蛇尾的伏羲;走马、卧鹿、舞女。第二层为排列整齐的谷穗和家禽;第三层牛耕图。第四、五层分别为玄武;翼龙	《中国画像石全集》第5卷,第178页。图版说明第66页
山西省	离石马茂庄二号墓前室南壁左侧画像	左右两画面皆为勾连卷云纹。中画面上部为东王公与西王母各自踞坐在华盖笼罩下的天柱悬圃之上。下部有数座山峦衬托出广袤的空间,上行飞行的车骑队列,以二名持幡仙人各骑鹿形神兽为导骑,指引一乘雁飞狗拉的云车,车顶云盖,厢内二名乘者;又一名骑鹿形神兽的仙人作从骑,跟随一名持华盖羽人	《中国画像石全集》第5卷,第182页。图版说明第68页

续表

地区	名称	内容	出处
山西省	离石马茂庄二号墓前室南壁右侧画像	左右两画面皆为勾连卷云纹。中画面上部为东王公与西王母相对踞坐在各自的天柱悬圃之上,又各自有华盖。下部有上行飞升的车骑队列,有二名持幡导骑率先驰进层峦叠嶂之间,随行一乘由两神兽驾驭的云车,车上有幡,有二名乘者;右侧一朵祥云上乘二人,随行二名持幡从骑	《中国画像石全集》第5卷,第183页。图版说明第68页
山西省	离石马茂庄二号墓前室东壁右侧画像	左右两画面皆为勾连卷云纹。中画面上层有昆仑群山、祥云,天柱悬圃之上有头顶三梁冠、肩生双翼的东王公面左踞坐,头顶之上有华盖。下层内有一名执节穿袍的鸡首人身之神人侧立	《中国画像石全集》第5卷,第184页。图版说明第68页
山西省	离石马茂庄二号墓前室东壁左侧画像	左右两画面皆为勾连卷云纹。中画面上层有伞盖,头梳高髻、肩生双翼的西王母面右踞坐在昆仑悬圃上。下层内有一牛首人身的使者,执符节,着长袍侧立	《中国画像石全集》第5卷,第185页。图版说明第69页
山西省	离石马茂庄三号墓门左、右立柱画像	画面虽无明显界格,却上下层次分明。左立柱上层一云气积成的华盖为顶,昆仑众丘间耸起扭曲树干,有流云相托成悬圃,山丘上有青鸟栖立。西王母右向踞坐在悬圃之上,旁有祥云嘉禾。下层一名头戴笼冠、瞋目龇胡的捧盾门吏侧立。右立柱上层有华盖,东王公左向踞坐在昆仑悬圃之上,旁有流云嘉禾。昆仑山丘间有青鸟栖立。下层一名头戴平巾帻,着袍躬身的持彗门吏侧立	《中国画像石全集》第5卷,第192页。图版说明第71页
山西省	离石马茂庄三号墓前室西壁左侧画像	画面左右分三格:左右两格较窄,内有云气纹、斜格云气纹。中格较宽,为仙界内容。仙界由一条应龙作向上腾飞状,以卷曲成"s"形的躯体将画面分成上中下三层空间。上层有仙实与青鸟,戏耍与驾御飞龙的羽人,祥云与朱鸟。中层有嘉禾与赤鸟,分别踞坐在悬圃之上的西王母与东王公,骑马飞驰的使者。下层为展翅欲飞的朱雀,头顶独角的天马,昆仑天柱旁有仙人,羽人摘实,天柱顶上飞龙。下层为仙界的图像,反映汉代人的意识,构思奇特奔放,表现华丽优美,具有雄浑豪放的艺术风韵	《中国画像石全集》第5卷,第196页。图版说明第72页

续表

地区	名称	内容	出处
山西省	离石马茂庄牛公产墓门左、右立柱画像	两画面内容相同,分上下层:上层画面较大,有三层天柱、峰峦,植柏托起悬圃,在华盖间分别有相对跪坐的西王母与东王公。左幅上部的西王母梳高髻插斜簪,手举不死草;右幅上部的东王公身着交领长袍,头戴三梁冠,手握一束仙实。画面下层分别有门吏,左为一名持彗吏,右为一名拥盾吏。左立柱石的右侧边缘处有竖行隶书刻铭"汉故西河圜阳守令平周牛公产万岁之宅兆"。画像中表现三层昆仑天柱山,可参见《淮南子·墬形》:"昆仑之丘,或上倍之,是谓凉风之山,登之而不死;或上倍之,是谓悬圃,登之乃灵,能使风雨;或上倍之,乃维上天,登之乃神,是谓太帝之居。"	《中国画像石全集》第5卷,第201页。图版说明第74页
山西省	离石马茂庄四四号墓门左、右立柱画像(残)	右立柱画面上部为云气相托的华盖之下,东王公左向跪坐在天柱悬圃上,下有昆仑山丘、植树。下部为一门吏捧笏侧立于云端。原画像上留有墨线,又以红色涂染人物的袍服。左立柱画面上部残缺,应为华盖下西王母右向跪坐于天柱圃上,其下有昆仑山丘、植树。下部为一门吏持彗侧立于云端	《中国画像石全集》第5卷,第205页。图版说明第76页
山西省	离石马茂庄四四号墓前室南壁右侧画像	画面分为左右两格。右格为云气纹。左格从上至下又分为四层。上下层为云气纹。第二层,为东王公西巡会晤西王母的传说。在昆仑山树间的天柱悬圃之上,两顶云形华盖之下,左侧的西王母向右执杯作相邀状,右侧跪坐的东王公抬手作相让状;两人之间有一方案,上置钵、勺。第三层,二骑者驰行于丘峦林木上方。原石画面上留有墨线与红色圈点	《中国画像石全集》第5卷,第206页。图版说明第76页
山西省	离石马茂庄墓门左、右立柱画像	左门柱画像从上至下分两层。上层为头戴三梁冠的东王公跪坐在伞盖下的昆仑天柱上,身后左侧有一名羽人,似作手舞足蹈、取娱戏耍样。下有山丘植树。下层有右向站立的门吏二名,左者持杖,右者持彗。右门柱画像构图同左。上层为头梳高髻、斜插一簪的西王母跪坐在伞盖下的昆仑天柱上,身后右侧有一名双丫髻侍女,捧食进奉状。下层为一名戴帻穿袍、拥盾佩剑的门吏	《中国画像石全集》第5卷,第218页。图版说明第80页
山西省	离石马茂庄墓门右立柱画像(残)	画面边框素平,右边较宽。通幅画面为昆仑山与天柱悬圃,左侧峰顶有三只青鸟,右侧山巅有一只青鸟。悬圃之上,云气华盖之下,有面左拱手、戴三梁冠的东王公;其左侧有嘉禾,一羽人以仙实作进奉状;其右侧一名羽人手舞足蹈作取娱状	《中国画像石全集)第5卷,第219页。图版说明第80页

续表

地区	名称	内容	出处
山西省	离石马茂庄墓门右立柱画像（残）	画面左右分两格构图。右格较窄，为云气纹。上部有头戴高冠的东王公左向踞坐在天柱悬圃之上，手举不死草；其身后有一名侍从持伞盖，旁有流云。下部有一座二层楼阁，短脊庑殿顶，楼下有斜梯，阁上有窗牖；楼侧有扶桑树	《中国画像石全集》第5卷，第220页。图版说明第81页
山西省	离石石盘墓门左、右立柱画像	两画面宽窄不同，画像皆左向，同为上下构图。上部各有云气华盖、天柱悬圃，有踞坐的西王母、东王公，各自手举神草、仙实。下部各有一名门吏，左持杖，右持笏	《中国画像石全集》第5卷，第224页。图版说明第82页
河南省	南阳熊营西王母·东王公	中一高大豆形台，以象征"悬圃"。西王母、东王公戴冠着袍踞坐于台上。上部一乘鹿仙人，次为三青鸟。下部一玉兔，羽翅长大，持杵在臼中捣药	《中国画像石全集》第6卷，第133页。图版说明第57页
河南省	南阳西关嫦娥奔月	左一圆，内刻蟾蜍象征月。右一女子高髻广袖，人首蛇身，呈升腾状。周围云气缭绕，散布九星。《淮南子·览冥》载："羿请不死之药于西王母，未及服之，姮娥窃以奔月。"月中蟾蜍又名"月精"，是姮娥即嫦娥之化身	《中国画像石全集》第6卷，第168—169页。图版说明第71页
四川省	荥经石棺接吻图	石棺左侧。画面上有四个大斗拱，中设一门，分隔为两组图案。左侧一男一女，盘腿而坐。男右手抚着女的下颌正作亲密接吻状，应为秘戏图，《汉书·周仁传》："以是得幸，入卧内，于后宫秘戏。"门庭两侧各有一朱雀。中间一人，以手执门，似为仙童。右端帷幔之下，端坐一人，头戴胜，身前一几，捧一圆形物，为西王母	《中国画像石全集》第7卷，第88—89页。图版说明第36页
四川省	南溪二号石棺西王母·养老图	石棺之一侧。下层左起为西王母坐于龙虎座上，右站一女性，高发髻，着长裙，为求胜求药者。中刻一元宝形门，半掩半开，一仙女探身张望。右为一老妪，手托鸠杖，身后刻一羊一鸟。右刻一男一女在叙谈，左右有侍者，各执金吾。上层左起刻二仙女六博对弈，右有五人叙谈饮酒，中刻方胜，右侧五个裸体人物在表演，为汉代百戏戴面具者。图案上方刻菱形纹、玉璧纹、云纹、锯齿纹等	《中国画像石全集》第7卷，第106—107页。图版说明第43页

续表

地区	名称	内容	出处
四川省	彭山一号石棺 西王母	石棺一侧。中刻西王母坐龙虎座上。《焦氏易林·临之履》："驾龙骑虎，周遍天下，为人所使，见西王母不忧不殆。"左侧有三足乌，为西王母觅食之使者，司马相如《大人赋》有"三足乌为之使"之说。《太平御览》卷九二〇引《括地志》说："昆仑山之弱水中，非乘龙不得至，有三足神乌为西王母取食。"左下有九尾狐，狐身有翼，尾长而九歧，汉代传说中祥瑞之兽。西王母之右有蟾蜍，直立而舞。画面右侧有三人，其上一人，头饰双髻，为一女子吹奏乐器。右一人，双髻，为一女子抚琴。右下一人双手捧物站立，似在求药。三人中间有一几，上置耳杯等物……	《中国画像石全集》第7卷，第116—117页。图版说明第48页
四川省	合江一号石棺 西王母	石棺一侧。西王母坐龙虎座上，头戴胜。左一人为求药者。《淮南子·览冥》称："羿请不死之药于西王母。"	《中国画像石全集》第7卷，第140—141页。图版说明第55页
四川省	富顺石棺 西王母·青龙	左侧。左刻青龙，青龙后刻俯卧、端坐各一人，右一人跃马扬鞭。中刻西王母坐龙虎座，上有两鸟疾飞，旁有骑马者拉弓作射鸟状。其下有一马车。画右上刻一骑从，下刻杂技之反弓	《中国画像石全集》第7卷，第150—151页。图版说明第58页
四川省	泸州一号石棺 双阙·西王母·东王公	前挡。刻单檐庑殿式双阙，左阙上刻东王公，右阙上刻西王母。双阙间有玉璧，上刻朱雀，下刻玄武……	《中国画像石全集》第7卷，第150页。图版说明第59页

参考文献

一、古籍丛刊

[1]（汉）黄晖校释. 论衡校释. 北京：中华书局，1990.

[2]（清）汪继培笺. 彭铎校正. 潜夫论笺校正. 北京：中华书局，1985.

[3][日] 泷川龟太郎考证. 史记会注考证. 台北：洪氏出版社，1981.

[4]（汉）何休注. 春秋公羊经传解诂. 北京：中华书局，1987. 据北京图书馆藏宋朝刻本原大影印.

[5]（汉）东方朔. 神异经. 北京：中华书局，1991.

[6]（汉）东方朔. 海内十洲记. 台北：台湾商务印书馆，1983. 景印文渊阁四库全书：第1042册.

[7]（清）陈立疏证. 白虎通疏证. 台北：中国子学名著集成编印基金会，1978.

[8]（汉）班固. 汉武帝内传. 钱熙祚校. 丛书集成初编本. 北京：中华书局，1985.

[9]（汉）班固. 汉书.（唐）颜师古注. 台北：鼎文书局，1981.

[10]（汉）刘安. 淮南子. 高诱注. 台北：世界书局，1955.

[11]（清）段玉裁注. 说文解字注. 台北：黎明文化事业公司，1993.

[12]（汉）郭宪. 洞冥记. 台北：新兴书局，1976年. 笔记小说大观：十三编第1册.

[13]（汉）赵君卿注.（北周）甄鸾重述.（唐）李淳风注释. 周髀算经. 台北：台湾商务印书馆，2000. 景印文渊阁四库全书：第786册.

[14]（汉）刘向集录. 战国策. 台北：里仁书局，1982.

[15]（清）毕沅疏证. 释名疏证. 台北：广文书局，1971.

[16]（汉）郑玄注.（唐）贾公彦疏. 周礼注疏. 台北：艺文印书馆，1982.

[17]（汉）郑玄笺.（唐）孔颖达疏. 毛诗正义. 台北：广文书局，1971.

[18]（清）王念孙疏证. 广雅疏证. 台北：广文书局，1971.

[19]（魏）杨衒之. 洛阳伽蓝记. 台北：成文出版社，1970.

[20]（吴）韦昭. 国语韦氏解.（清）黄丕烈札记. 台北：世界书局，1975.

[21]（晋）干宝. 搜神记. 台北：木铎出版社，1986.

[22]（晋）王嘉. 拾遗记.（梁）萧绮录. 齐治平校注. 台北：木铎出版社，1982.

[23]（晋）张湛注. 列子注. 台北：世界书局，1958.

[24] 范宁校证. 博物志校证. 台北：明文书局，1981.

[25]（晋）郭璞. 玄中记//史仲文主编. 中国文言小说百部经典. 北京：北京出版社，2000.

[26]（晋）郭璞注. 穆天子传. 四部丛刊本. 台北：台湾商务印书馆，1989. 据上海涵芬楼影印版.

[27]（晋）陈寿. 三国志.（宋）裴松之注. 台北：鼎文书局，1972.

[28]（晋）葛洪. 抱朴子. 明万历甲申吴兴慎懋官刊本. 台北：中国子学名著集成编印基金会，1978.

[29]（晋）葛洪. 神仙传. 台北：台湾商务印书馆，1983. 景印文渊阁四库全书：第1059册.

[30]（南朝·宋）范晔. 后汉书.（唐）李贤等注. 台北：鼎文书局，1981.

[31]（梁）贺述. 礼统. 嘉庆三年金溪王光耀印本. 台北：艺文印书馆，1971.

[32]（梁）萧统编. 文选.（唐）李善注. 台北：华正书局，1982.

[33] 杨家骆主编. 新校元次山集. 台北：世界书局，1964.

[34]（唐）房玄龄等. 晋书. 台北：鼎文书局，1976.

[35]（唐）徐坚等辑. 初学记. 台北：鼎文书局，1972.

[36]（唐）欧阳询. 艺文类聚. 台北：文光出版社，1974.

[37]（宋）朱熹. 周易本义. 台北：广学社印书馆，1975.

[38]（宋）吴自牧. 梦粱录. 台北：台湾商务印书馆，1983. 景印文渊阁四库全书：第590册.

[39]（宋）李昉等编. 太平御览. 四库丛刊三编本. 台北：台湾商务印书馆，1989. 据上海涵芬楼影印版.

[40]（宋）洪兴祖补注. 楚辞补注. 台北：长安出版社，1991.

[41]（宋）马端临. 文献通考. 台北：新兴书局，1963.

[42]（宋）郭茂倩. 乐府诗集. 台北：里仁书局，1984.

[43]（宋）张君房. 云笈七签. 台北：台湾商务印书馆，1983. 景印文渊阁四库全书：第1060册.

[44]（宋）罗泌. 路史.（宋）罗苹注. 四部备要本. 台北：台湾中华书局，1983.

[45]（明）祁彪佳. 寓山注. 明崇祯年间刊本，台北："中央图书馆"缩影室，1978.

[46]（明）杨慎. 山海经补注. 明嘉靖三十三年周爽刊本. 台北："中央图书馆"缩影室，1981.

[47]（清）吴承志. 山海经地理今释. 刘承干校. 台北：新文丰出版公司，1989.

[48]（清）阮元校勘. 十三经注疏. 台北：艺文印书馆，1955.

[49]（清）马骕. 绎史. 台北：台湾商务印书馆，1983. 景印文渊阁四库全书：第365册.

[50]（清）王先谦. 庄子集解. 台北：世界书局，1962.

[51]（清）孙希旦. 礼记集解. 台北：文史哲出版社，1982.

[52]（清）孙星衍. 尚书今古文注疏. 台北：文津出版社，1987.

[53]（清）郝懿行注. 山海经笺疏. 台北：艺文印书馆，1967.

[54]（清）郝懿行注. 尔雅义疏. 台北：艺文印书馆，1973.

[55]（清）陈元龙编. 御定历代赋汇. 京都：中文出版社，1974.

[56]（清）焦循. 孟子正义. 台北：台湾商务印书馆，1965.

[57]（清）逯钦立辑校. 先秦汉魏晋南北朝诗. 台北：木铎出版社，1983.

[58]（清）应宝时修. 俞樾纂. 上海县志. 台北：成文出版社，1975. 据清同治十一年刊本影印.

[59]（清）严可均校辑. 全上古三代秦汉三国六朝文. 北京：中华书局，1995.

[60]何清谷. 三辅黄图校释. 北京：中华书局，2005.

[61]袁珂校注. 山海经校注. 台北：里仁书局，1982.

[62]陈奇猷校释. 吕氏春秋校释. 台北：华正书局，1985.

二、中文专著

[1]丁山. 中国古代宗教与神话考. 北京：龙门书局，1961.

[2]丁山. 古代神话与民族. 北京：商务印书馆，2005.

［3］中村元. 中国人之思维方法. 台北：台湾学生书局，1991.

［4］中国画像石全集编辑委员会编. 中国画像石全集. 济南：山东美术出版社，2000.

［5］中国美术全集编辑委员会编. 中国美术全集·雕塑编 8·麦积山石窟雕塑. 北京：人民美术出版社，1988.

［6］中国美术全集编辑委员会编. 中国美术全集·绘画编 12·墓室壁画. 北京：人民美术出版社，1989.

［7］中国美术全集编辑委员会编. 中国美术全集·绘画编 18·画像石画像砖. 北京：人民美术出版社，1989.

［8］尹建中编. 台湾山胞各族传统神话故事与传说文献编纂研究. 台北：台湾大学人类学系，1994.

［9］尹荣芳. 神话求原. 上海：上海古籍出版社，2003.

［10］文崇一. 楚文化研究. 台北：东大图书公司，1990.

［11］文崇一. 历史社会学. 台北：三民书局，1995.

［12］毛汉光. 两晋南北朝士族政治之研究. 台北：中国学术著作奖助委员会，1966.

［13］王青. 汉朝的本土宗教与神话. 台北：洪叶文化事业有限公司，1998.

［14］王青. 魏晋南北朝时期的佛教信仰与神话. 北京：中国社会科学出版社，2001.

［15］王毅. 中国园林文化史. 上海：上海人民出版社，2004.

［16］王文进. 洛阳伽蓝记：净土上的烽烟. 台北：时报文化出版事业有限公司，1997.

［17］王孝廉. 中国神话世界：上、下编. 台北：洪叶文化事业有限公司，2006.

［18］王孝廉. 中国的神话世界——各民族的创世神话及信仰. 台北：时报文化出版事业有限公司，1987.

［19］王孝廉. 神话与小说. 台北：时报文化出版事业有限公司，1987.

［20］王孝廉. 中国的神话世界. 北京：作家出版社，1991.

［21］王孝廉. 中国的神话与传说. 台北：联经出版事业公司，1994.

［22］王孝廉. 水与水神. 台北：汉忠文化事业股份有限公司，1998.

［23］王昆吾. 中国早期艺术与宗教. 上海：东方出版社，1998.

［24］王明珂. 华夏边缘：历史记忆与族群认同. 台北：允晨文化，1997.

[25] 王健文. 奉天承运——古代中国的国家概念及其正当性基础. 台北：东大图书公司，1995.

[26] 王国良. 搜神后记研究. 台北：文史哲出版社，1978.

[27] 王国良. 魏晋南北朝志怪小说研究. 台北：文史哲出版社，1984.

[28] 王国良. 神异经研究. 台北：文史哲出版社，1985.

[29] 王国良. 续齐谐记研究. 台北：文史哲出版社，1988.

[30] 王国良. 六朝志怪小说考论. 台北：文史哲出版社，1988.

[31] 王国良. 汉武洞冥记研究. 台北：文史哲出版社，1989.

[32] 王国良. 海内十洲记研究. 台北：文史哲出版社，1993.

[33] 王国璎. 中国山水诗研究. 台北：联经出版社事业公司，1986.

[34] 王贵祥. 文化·空间图式与东西方建筑空间. 台北：田园城市文化，1998.

[35] 王钟陵. 中国前期文化——心理研究. 重庆：重庆出版社，1991.

[36] 史作柽. 空间与时间. 新竹：仰圣出版社，1984.

[37] 田兆元. 神话与中国社会. 上海：上海人民出版社，1998.

[38] 石万寿. 台湾的拜壶民族. 台北：台原出版社，1990.

[39] 任继愈编. 中国道教史. 上海：上海人民出版社，1990.

[40] 邢义田. 秦汉史论稿. 台北：东大图书公司，1987.

[41] 印顺. 中国古代民族神话与文化之研究. 台北：正闻出版社，1994.

[42] 朱天顺. 中国古代宗教初探. 上海：上海人民出版社，1992.

[43] 朱炳祥. 伏羲与中国文化. 武汉：湖北教育出版社，1997.

[44] 朱晓海. 习赋椎轮记. 台北：台湾学生书局，1999.

[45] 朱晓海. 汉赋史略新证. 西安：陕西人民出版社，2004.

[46] 朱晓海主编. 新古典新义. 台北：台湾学生书局，2001.

[47] 朱锡禄. 武氏祠汉画像石. 济南：山东美术出版社，1986.

[48] 江晓原. 天学真原. 沈阳：辽宁教育出版社，1995.

[49] 江晓原. 周髀算经译注. 沈阳：辽宁教育出版社，1997.

[50] 牟宗三. 才性与玄理. 台北：台湾学生书局，1989.

[51] 何新. 诸神的起源. 台北：木铎出版社，1987.

[52] 何新. 龙：神话与真相. 上海：上海人民出版社，1989.

[53] 何新. 何新古经新解——宇宙之问　宇宙的起源. 北京：时事出版社，2002.

[54] 何新. 宇宙的起源——长沙楚帛书新考. 北京：时事出版社，2002.

［55］何丙郁，何冠彪. 中国科技史概论. 香港：中华书局，1983.

［56］何平立. 崇山理念与中国文化. 济南：齐鲁书社，2001.

［57］何星亮. 图腾文化与人类诸文化的起源. 北京：中国文联出版公司，1991.

［58］何星亮. 中国自然神与自然崇拜. 上海：生活·读书·新知三联书店，1995.

［59］何德章. 中国魏晋南北朝政治史. 北京：人民出版社，1995.

［60］余英时. 中国知识阶层史论古代篇. 台北：联经出版事业公司，1980.

［61］余英时. 中国思想传统的现代诠释. 台北：联经出版事业公司，1987.

［62］余英时. 东汉生死观. 上海：上海古籍出版社，2005.

［63］冷德熙. 超越神话——纬书政治神话研究. 北京：东方出版社，1996.

［64］吴小强. 秦简日书集释. 长沙：岳麓书社，2000.

［65］吴桂就. 方位观念与中国文化. 桂林：广西教育出版社，2001.

［66］吴礼权. 中国笔记小说史. 台北：台湾商务印书馆，1993.

［67］吕微. 神话何为——神圣叙事的传承与阐释. 北京：社会科学文献出版社，2001.

［68］吕子方. 中国科学技术史论文集. 成都：四川人民出版社，1983.

［69］吕宗力，栾保群编. 中国民间诸神. 台北：台湾学生书局，1991.

［70］吕思勉. 先秦史. 台北：台湾开明书店，1970.

［71］吕理政. 天、人、社会——试论中国传统的宇宙认知模型. 台北："中央研究院"民族学研究所，1990.

［72］宋兆麟. 共夫制与共妻制. 上海：生活·读书·新知三联书店，1990.

［73］宋兆麟. 巫觋——人与鬼神之间. 北京：学苑出版社，2001.

［74］李申. 中国古代哲学和自然科学. 北京：中国社会科学出版社，1993.

［75］李立. 文化嬗变与汉代自然神话演变. 汕头：汕头大学出版社，2000.

［76］李零. 长沙子弹库战国楚帛书研究. 北京：中华书局，1985.

［77］李零. 中国方术考. 北京：东方出版社，2000.

［78］李零. 中国方术续考. 北京：东方出版社，2000.

［79］李零. 入山与出塞. 北京：文物出版社，2004.

［80］李震. 宇宙论. 台北：台湾商务印书馆，1994.

［81］李亦园. 台湾土著民族的社会与文化. 台北：联经出版事业公司，1982.

[82] 李亦园, 王秋桂主编. 中国神话与传说学术研讨会论文集. 台北：汉学研究中心, 1996.

[83] 李炳海. 汉代文学的情理世界. 长春：东北师范大学出版社, 2000.

[84] 李约瑟. 中国科学技术史. 上海：上海古籍出版社, 1990.

[85] 李汉三. 先秦两汉之阴阳五行学说. 台北：钟鼎文化出版公司, 1967.

[86] 李学勤. 东周与秦代文明. 北京：文物出版社, 1991.

[87] 李学勤. 古文献论丛. 上海：远东出版社, 1996.

[88] 李学勤. 走出疑古时代. 沈阳：辽宁大学出版社, 1997.

[89] 李学勤. 缀古集. 上海：上海古籍出版社, 1998.

[90] 李学勤. 简帛佚籍与学术史. 台北：时报文化出版事业有限公司, 1994.

[91] 李丰楙. 神话的故乡——山海经. 台北：时报文化出版事业有限公司, 1983.

[92] 李丰楙. 误入与谪降：六朝隋唐道教文学论集. 台北：台湾学生书局, 1996.

[93] 李丰楙. 忧与游：六朝隋唐游仙诗论集. 台北：台湾学生书局, 1996.

[94] 李丰楙. 六朝隋唐仙道类小说研究. 台北：台湾学生书局, 1997.

[95] 李丰楙. 不死的探求——抱朴子. 台北：时报文化出版事业有限公司, 1998.

[96] 李丰楙, 刘苑如主编. 空间、地域与文化——中国文化空间的书写与阐释. 台北："中央研究院"中国文哲研究所, 2002.

[97] 杜而未. 山海经神话系统. 台北：台湾学生书局, 1976.

[98] 杜而未. 昆仑文化与不死观念. 台北：台湾学生书局, 1977.

[99] 沈颂金. 二十世纪简帛学研究. 北京：学苑出版社, 2003.

[100] 周次吉. 神异经研究. 台北：文津出版社, 1986.

[101] 周春堤. 地理现象与地理思想. 台北：台湾学生书局, 1977.

[102] 周振鹤. 中国历史文化区域研究. 上海：复旦大学出版社, 1997.

[103] 周桂钿. 天地奥秘的探索历程. 北京：中国社会科学出版社, 1988.

[104] 林文月. 中古文学论丛. 台北：大安出版社, 1989.

[105] 林富士. 汉代的巫者. 台北：稻乡出版社, 1988.

[106] 林惠祥. 神话论. 台北：台湾商务印书馆, 1995.

[107] 孟慧英. 活态神话——中国少数民族神话研究. 天津：南开大学出版

社，1990.

[108] 邱宜文. 山海经的神话思维. 台北：文津出版社，2002.

[109] 金祖孟. 中国古宇宙论. 上海：华东师范大学出版社，1991.

[110] 金健民. 中国古代典籍中的自然科学思想. 济南：山东大学出版社，2003.

[111] 金荣华. 六朝志怪小说情节单元索引：甲编. 台北：中国文化大学中国文学研究所，1984.

[112] 茅盾. 神话研究. 天津：百花文艺出版社，1981.

[113] 信立祥. 汉代画像石综合研究. 北京：文物出版社，2000.

[114] 俞美霞. 东汉画像石与道教发展——兼论敦煌壁画中的道教图像. 台北：南天书局，2000.

[115] 俞晓群. 数术探秘. 北京：生活·读书·新知三联书店，1995.

[116] 南阳汉画像石编辑委员会编. 南阳汉代画像石. 北京：文物出版社，1985.

[117] 南阳汉画像石编辑委员会编. 南阳汉代天文画像石研究. 北京：民族出版社，1995.

[118] 柯庆明. 中国文学的美感. 台北：麦田出版社，2000.

[119] 柳诒徵. 中国文化史. 上海：中国大百科全书出版社，1988.

[120] 洪淑苓. 民间文学的女性研究. 台北：里仁书局，2004.

[121] 洪顺隆. 抒情与叙事. 台北：黎明文化事业公司，1998.

[122] 胡万川. 真实与想象——神话传说探微. 新竹："清华大学"出版社，2004.

[123] 范毓周等主编. 中国古代思维模式与阴阳五行说探源. 南京：江苏古籍出版社，1998.

[124] 袁珂，周明编. 中国神话资料萃编. 内江：四川省社会科学院出版社，1985.

[125] 袁珂. 古神话选释. 台北：长安出版社，1986.

[126] 袁珂. 神话论文集. 台北：汉京文化事业有限公司，1987.

[127] 袁珂. 中国神话史. 台北：时报文化出版事业有限公司，1991.

[128] 袁珂. 中国古代神话. 台北：台湾商务印书馆，1993.

[129] 袁珂. 中国神话通论. 成都：巴蜀书社，1993.

［130］凌纯声. 中国与海洋洲的龟祭文化. 台北："中央研究院"民族学研究所，1972.

［131］凌纯声. 中国边疆民族与环太平洋文化. 台北：联经出版事业公司，1979.

［132］夏建中. 文化人类学理论学派——文化研究的历史. 北京：中国人民大学出版社，1997.

［133］夏铸九. 理论建筑：朝向空间实践的理论建构. 台北：唐山书局，1992.

［134］夏铸九. 空间，历史与社会：论文选　1987—1992. 台北：唐山书局，1993.

［135］夏铸九，王志弘编译. 空间的文化形式与社会理论读本. 台北：明文书局，1994.

［136］孙作云. 诗经与周代社会研究. 北京：中华书局，1996.

［137］孙昌武. 道教与唐代文学. 北京：人民文学出版社，2001.

［138］徐山. 雷神崇拜——中国文化源头探索. 上海：生活·读书·新知三联书店，1992.

［139］徐旭生. 中国古史的传说时代. 台北：里仁书局，1999.

［140］徐复观. 两汉思想史. 台北：台湾学生书局，1976.

［141］荆门市博物馆编. 郭店楚墓竹简. 北京：文物出版社，1998.

［142］马王堆汉墓文物小组. 马王堆汉墓文物. 长沙：湖南出版社，1992.

［143］马昌仪. 中国灵魂信仰. 台北：云龙出版社，1999.

［144］马昌仪主编. 中国神话学文论选萃. 北京：中国广播电视出版社，1994.

［145］浦忠成. 台湾邹族的风土神话. 台北：台原出版社，1993.

［146］高福进. 太阳崇拜与太阳神话. 上海：上海人民出版社，2002.

［147］高鸿缙. 中国字例. 台北：三民书局股份有限公司，1981.

［148］翦伯赞. 先秦史. 北京：北京大学出版社，1990.

［149］张一兵. 明堂制度研究. 北京：中华书局，2005.

［150］张光直. 中国青铜时代. 台北：联经出版事业公司，1983.

［151］张光直. 中国青铜时代：第二集. 台北：联经出版事业公司，1990.

［152］张光直. 考古学专题六讲. 北京：文物出版社，1986.

［153］张振犁. 中原古典神话流变论考. 上海：上海文艺出版社，1991.

［154］张淑香. 抒情传统的省思与探索. 台北：大安出版社，1992.

［155］张紫晨. 中国民俗学史. 长春：吉林文史出版社，1993.

[156] 曹淑娟. 流变中的书写——祁彪佳与寓山园林论述. 台北：里仁书局，2006.

[157] 曹胜高. 汉赋与汉代制度——以都城、校猎、礼仪为例. 北京：北京大学出版社，2006.

[158] 梅新林. 仙话——神人之间的魔幻世界. 上海：生活·读书·新知三联书店，1992.

[159] 许东海. 女性、帝王、神仙——先秦两汉辞赋及其文化身影. 台北：里仁书局，2003.

[160] 陈久金. 帛书及古典天文史料注析与研究. 台北：万卷楼图书公司，2001.

[161] 陈建宪. 神祇与英雄——中国古代神话的母题. 北京：生活·读书·新知三联书店，1994.

[162] 陈炳良. 神话·礼仪·文学. 台北：联经出版事业公司，1985.

[163] 陈高华，陈智超等. 中国古代史史料学. 北京：北京出版社，1983.

[164] 陈启云. 中国古代思想文化的历史论析. 北京：北京大学出版社，2001.

[165] 陈履生. 神画主神研究. 北京：紫禁城出版社，1987.

[166] 陈器文. 玄武神话、传说与信仰. 高雄：丽文文化出版社，2001.

[167] 陈丽桂. 战国时期的黄老思想. 台北：联经出版事业公司，1991.

[168] 陈丽桂. 秦汉时期的黄老思想. 台北：文津出版社，1997.

[169] 陆思贤. 神话考古. 北京：文物出版社，1998.

[170] 陶阳，钟秀. 中国创世神话. 上海：上海人民出版社，1989.

[171] 陶思炎. 风俗探幽. 南京：东南大学出版社，1995.

[172] 鹿忆鹿. 洪水神话——以中国南方民族与台湾原住民为中心. 台北：里仁书局，2002.

[173] 傅锡壬. 山川寂寞衣冠泪：屈原的悲歌世界. 台北：时报文化出版事业有限公司，1987.

[174] 傅锡壬. 中国神话与类神话研究. 台北：文津出版社，2005.

[175] 彭毅. 楚辞诠微集. 台北：台湾学生书局，1999.

[176] 普珍. 中华创世葫芦——彝族破壶成亲，魂归壶天. 昆明：云南人民出版社，1993.

[177] 汤一介. 魏晋南北朝时期的道教. 台北：东大图书公司，1988.

[178] 汤贵仁. 泰山封禅与祭祀. 济南：齐鲁书社，2003.

[179] 华林甫. 中国地名学源流. 长沙：湖南人民出版社，2002.

[180] 冯时. 天文学史话. 台北：国家出版社，2005.

[181] 冯时. 中国天文考古学. 北京：社会科学文献出版社，2001.

[182] 黄兆汉. 道教与文学. 台北：台湾学生书局，1994.

[183] 黄俊杰主编. 中国文化新论·思想篇二——天道与人道. 台北：联经出版事业公司，1982.

[184] 黄裕生. 时间与永恒. 北京：社会科学文献出版社，2002.

[185] 黄应贵主编. 人观、意义与社会. 台北："中央研究院"民族学研究所，1993.

[186] 黄应贵主编. 时间、历史与记忆. 台北："中央研究院"民族学研究所，1999.

[187] 杨义. 中国叙事学. 台北：南华管理学院，1998.

[188] 杨宽. 中国古代都城制度史研究. 上海：上海古籍出版社，1995.

[189] 杨宽. 杨宽古史论文选集. 上海：上海人民出版社，2003.

[190] 杨堃. 社会学与民俗学. 成都：四川民族出版社，1997.

[191] 杨利慧. 女娲的神话与信仰. 北京：中国社会科学出版社，1997.

[192] 杨儒宾. 儒家身体观. 台北："中央研究院"文哲所，1996.

[193] 杨儒宾主编. 中国古代思想中的气论及身体观. 台北：巨流图书公司，1996.

[194] 杨儒宾，黄俊杰编. 中国古代思维方式探索. 台北：正中书局，1996.

[195] 万建中. 解读禁忌：中国神话、传说和故事中的禁忌主题. 北京：商务印书馆，2001.

[196] 叶舒宪选编. 神话—原型批评. 西安：陕西师范大学出版社，1987.

[197] 叶舒宪编选. 结构主义神话学. 西安：陕西师范大学出版社，1988.

[198] 叶舒宪. 探索非理性的世界——原型批评的理论与方法. 成都：四川人民出版社，1988.

[199] 叶舒宪. 英雄与太阳——中国上古史诗的原型重构. 上海：上海社科院出版社，1991.

[200] 叶舒宪. 中国神话哲学. 北京：中国社会科学出版社，1992.

[201] 叶舒宪. 诗经的文化阐释——中国诗歌的发生研究. 武汉：湖北人民

出版社，1994.

[202] 叶舒宪，萧兵，[韩]郑在书. 山海经的文化寻踪——"想象地理学"与东西文化碰触. 武汉：湖北人民出版社，2004.

[203] 叶舒宪. 中国古代神秘数字. 北京：社会科学文献出版社，1998.

[204] 叶舒宪. 老子与神话. 西安：陕西人民出版社，2005.

[205] 董英哲. 中国科学思想史. 西安：陕西人民出版社，1990.

[206] 董楚平. 楚辞直解. 杭州：浙江文艺出版社，1997.

[207] 詹鄞鑫. 神灵与祭祀——中国传统宗教综论. 南京：江苏古籍出版社，2000.

[208] 詹鄞鑫. 心智的误区——巫术与中国巫术文化. 上海：上海教育出版社，2001.

[209] 过常宝. 楚辞与原始宗教. 北京：东方出版社，1997.

[210] 雷汉卿.《说文》"示部"字与神灵祭祀考. 成都：巴蜀书社，2000.

[211] 睡虎地秦墓竹简整理小组编.睡虎地秦墓竹简.北京：文物出版社，1990.

[212] 闻一多. 闻一多全集. 武汉：湖北人民出版社，1994.

[213] 闻一多. 神话与诗. 上海：华东师范大学出版社，1997.

[214] 臧克和. 说文解字的文化说解. 武汉：湖北人民出版社，1995.

[215] 蒙培元，邝柏林主编. 中国传统哲学思维方式. 杭州：浙江人民出版社，1993.

[216] 蒲慕州. 墓葬与生死——中国古代宗教之省思. 台北：联经出版事业公司，1993.

[217] 蒲慕州. 追寻一己之福——中国古代的信仰世界. 台北：允晨文化实业有限公司，1995.

[218] 蒲慕州编. 鬼魅神魔——中国通俗文化侧写. 台北：麦田出版社，2005.

[219] 赵沛霖. 先秦神话思想史论. 北京：学苑出版社，2002.

[220] 赵载光. 中国古代自然哲学与科学思想. 长沙：湖南人民出版社，1999.

[221] 刘文英. 中国古代的时空观念. 天津：南开大学出版社，2000.

[222] 刘守华. 道教与中国民间文学. 台北：文津出版社，1991.

[223] 刘信芳. 子弹库楚墓出土文献研究. 台北：艺文印书馆，2002.

[224] 刘志基. 汉字文化综论. 南宁：广西教育出版社，1997.

[225] 刘志远，余德章，刘文杰. 四川汉代画像砖与汉代社会. 北京：文物

出版社，1983.

[226] 刘苑如. 身体·性别·阶级——六朝志怪的常异论述与小说美学. 台北："中央研究院"文哲所，2002.

[227] 刘城淮. 中国上古神话. 上海：上海文艺出版社，1988.

[228] 刘惠萍. 伏羲神话传说与信仰研究. 台北：文津出版社，2005.

[229] 刘魁立. 刘魁立民俗学论集. 上海：上海文艺出版社，1994.

[230] 刘乐贤. 睡虎地秦简日书研究. 台北：文津出版社，1994.

[231] 乐蘅军. 古典小说散论. 台北：纯文学出版社，1977.

[232] 邓启耀. 中国神话的思维结构. 重庆：重庆出版社，1992.

[233] 潘朝阳. 心灵·空间·环境：人文主义的地理思想. 台北：五南图书出版股份有限公司，2005.

[234] 蒋英炬，吴文祺. 汉代武氏墓群石刻研究. 济南：山东美术出版社，1995.

[235] 蒋英炬，杨爱国. 汉代画像石与画像砖. 北京：文物出版社，2001.

[236] 蔡英俊. 比兴、物色与情景交融. 台北：大安出版社，1988.

[237] 蔡璧名. 身体与自然——以《黄帝内经素问》为中心论古代思想传统中的身体观. 台北：台湾大学文学院，1997.

[238] 蔡季襄. 晚周缯书考证. 台北：艺文印书馆，1972.

[239] 史习成主编. 东方神话传说：第8卷. 北京：北京大学出版社，1999.

[240] 郑土有，陈晓勤编. 中国仙话. 上海：上海文艺出版社，1990.

[241] 郑文光，席泽宗. 中国历史上的宇宙理论. 北京：人民出版社，1975.

[242] 郑莹，余宗宽. 时间与历法. 台北：银禾文化图书公司，1995.

[243] 郑志明. 道教的历史与文学. 嘉义：南华大学出版社，2000.

[244] 郑志明. 宗教神话与崇拜的起源. 台北：大元书局出版社，2005.

[245] 郑毓瑜. 文本风景——自我与空间的相互定义. 台北：麦田出版社，2005.

[246] 鲁瑞菁. 讽谏抒情与神话仪式：楚辞文心论. 台北：里仁书局，2002.

[247] 萧兵. 楚辞与神话. 南京：江苏古籍出版社，1987.

[248] 萧兵. 中国文化的精英——太阳英雄神话比较研究. 上海：上海文艺出版社，1989.

[249] 萧兵. 楚辞的文化破译——一个微宏观互渗的研究. 武汉：湖北人民出版社，1991.

[250] 萧兵. 古代小说与神话. 沈阳：辽宁教育出版社，1993.

[251] 萧登福. 先秦两汉冥界及神仙思想探原. 台北：文津出版社，1990.

[252] 萧登福. 道教星斗符印与佛教密宗. 微卷资料. 台北："行政院国家科学委员会"资料中心，1994.

[253] 萧登福. 周秦两汉早期道教. 台北：文津出版社，1998.

[254] 萧登福. 汉魏六朝佛道两教之天堂地狱说. 台北：台湾学生书局，1989.

[255] 萧登福. 谶纬与道教. 台北：文津出版社，2000.

[256] 谢明勋. 六朝志怪小说故事考论——"传承"、"虚实"问题之考察与析论. 台北：里仁书局，1998.

[257] 谢选骏. 神话与民族精神. 济南：山东文艺出版社，1997.

[258] 钟宗宪. 先秦两汉文化的侧面研究. 台北：知书房出版社，2005.

[259] 钟宗宪. 中国神话的基础研究. 台北：洪叶文化事业有限公司，2006.

[260] 钟敬文. 民俗学概论. 上海：上海文艺出版社，1998.

[261] 钟敬文. 钟敬文民俗学论集. 上海：上海文艺出版社，1998.

[262] 鞠德源. 中国先民海外大探险之谜. 北京：北京图书馆出版社，2003.

[263] 韩玉祥主编. 南阳汉代天文画像石研究. 北京：民族出版社，1995.

[264] 韩养民. 秦汉文化史. 台北：里仁书局，1986.

[265] 简宗梧. 汉赋源流与价值之商榷. 台北：文史哲出版社，1980.

[266] 颜昆阳. 六朝文学观念论丛. 台北：正中书局，1993.

[267] 魏庆征. 古代两河流域与西亚神话. 太原：北岳文艺出版社，1999.

[268] 罗永麟. 中国仙话研究. 上海：上海文艺出版社，1993.

[269] 谭达先. 中国神话研究. 台北：木铎出版社，1982.

[270] 关永中. 神话与时间. 台北：台湾书店，1997.

[271] 苏雪林. 昆仑之谜. 台北："中央文物供应社"，1956.

[272] 苏雪林. 楚骚新诂. 台北：编译馆，1978.

[273] 饶宗颐，曾宪通. 楚地出土文献三种研究. 北京：中华书局，1993.

[274] 饶宗颐，曾宪通. 楚帛书. 香港：中华书局，1985.

[275] 顾颉刚. 古史辨. 台北：蓝灯文化事业股份有限公司，1987.

[276] 顾颉刚. 秦汉的方士与儒生——汉代学术史略. 台北：启业书局，1975.

[277] 龚鹏程. 汉代思潮. 嘉义：南华大学出版社，1999.

[278] 龚鹏程. 游的精神文化史论. 石家庄：河北教育出版社，2001.

三、外文译著

[1][日]大林太良. 神话学入门. 林相泰，贾福水译. 北京：中国民间文艺出版社，1989.

[2][日]小尾郊一. 中国文学中所表现的自然与自然观. 邵毅平译. 上海：上海古籍出版社，1989.

[3][日]小南一郎. 中国的神话传说与古小说. 孙昌武译. 北京：中华书局，1993.

[4][日]小野泽精一，[日]福永光司，[日]山井涌等编. 气的思想——中国自然观和人的观念的发展. 李庆译. 上海：上海人民出版社，1992.

[5][日]中野美代子. 从小说看中国人的思考样式. 若竹译. 北京：北京十月文艺出版社，1989.

[6][日]白川静. 中国古代文化. [日]加地伸行等译. 台北：文津出版社，1983.

[7][日]白川静. 中国神话. 王孝廉译. 台北：长安出版社，1991.

[8][日]谷川道雄. 世界帝国的形成：后汉—隋唐. 耿立群译. 板桥：稻乡出版社，1998.

[9][日]御手洗胜等. 神与神话. 王孝廉译. 台北：联经出版事业公司，1988.

[10][加]诺思洛普·弗莱（Northnop Frye）. 批评的剖析. 陈慧，袁宪军，吴伟仁译. 天津：百花文艺出版社，1998.

[11][加]诺思洛普·弗莱（Northrop Frye）. 伟大的代码：圣经与文学. 郝振益等译. 北京：北京大学出版社，1998.

[12][波兰]马凌诺斯基（Bronislaw Malinowski）. 巫术、科学与宗教. 朱岑楼译. 台北：协志工业丛书出版股份有限公司，1989.

[13][法]巴希拉德（Bachelard）. 空间诗学. 龚卓军，王静慧译. 台北：张老师文化事业股份有限公司，2003.

[14][罗马尼亚]耶律亚德（Mircea Eliade）. 宇宙与历史：永恒回归的神话. 杨儒宾译. 台北：联经出版事业公司，2000.

[15][罗马尼亚]伊利亚德（Mircea Eliade）. 圣与俗：宗教的本质. 杨素娥

译. 台北：桂冠图书股份有限公司，2001.

［16］［法］列维－布留尔（Lévy-Bruhl, Lucien）. 原始思维. 丁由译. 北京：商务印书馆，1997.

［17］［法］李维斯陀（Claude Lévi-Strauss）. 神话学：生食与熟食. 周昌忠译. 台北：时报文化出事业有限公司，1992.

［18］［法］李维斯陀（Claude Lévi-Strauss）. 神话学：从蜂蜜到烟灰. 周昌忠译. 台北：时报文化出事业有限公司，1992.

［19］［法］李维斯陀（Claude Lévi-Strauss）. 神话学：餐桌礼仪的起源. 周昌忠译. 台北：时报文化出事业有限公司，1998.

［20］［法］李维－史特劳斯（Claude Lévi-Strauss）. 野性的思维. 李幼蒸译. 台北：联经出版事业公司，1998.

［21］［法］保罗·柯拉法乐（Paul Claval）. 地理学思想史. 郑胜华等译. 台北：五南图书出版股份有限公司，2005.

［22］［法］莫里斯·梅洛－庞蒂（Maurice Merleau-Ponty）. 知觉现象学. 姜志辉译. 北京：商务印书馆，2001.

［23］［法］霍尔巴赫. 自然的体系：上下卷. 管士滨译. 北京：商务印书馆，1999.

［24］［美］M. 艾瑟·哈婷. 月亮神话——女性的神话. 蒙子，龙天，芝子译. 上海：上海文艺出版社，1992.

［25］［美］R. 哈特向（Hartshorne, Richard）. 地理学性质的透视. 黎樵译. 北京：商务印书馆，1981.

［26］［美］T. 丹齐克（Tobias Dantzig）. 数：科学的语言. 苏仲湘译. 北京：商务印书馆，1985.

［27］［美］米尔恰·伊利亚德（Mircea Eliade）. 宗教思想史. 晏可佳，吴晓群，姚蓓琴译. 上海：上海社会科学出版社，2004.

［28］［美］克利福德·吉尔兹（Clifford Geertz）. 地方性知识：阐释人类学论文集. 王海龙，张家瑄译. 北京：中央编译出版社，2000.

［29］［美］伯高·帕特里奇. 狂欢史. 刘心勇，杨东霞译. 上海：上海人民出版社，1992.

［30］［美］巫鸿. 礼仪中的美术——巫鸿中国古代美术史文编. 郑岩，王睿编. 郑岩等译. 北京：生活·读书·新知三联书店，2005.

［31］［美］巫鸿. 武梁祠——中国古代画像艺术的思想性. 柳扬, 岑河译. 北京：生活·读书·新知三联书店，2006.

［32］［美］坎伯（Joseph Campbell）. 神话. 朱侃如译. 台北：立绪文化事业有限公司，1995.

［33］［美］坎伯（Joseph Campbell）. 千面英雄. 朱侃如译. 台北：立绪文化事业有限公司，1998.

［34］［美］阿兰·邓迪斯. 民俗解析. 户晓辉编译. 桂林：广西师范大学出版社，2005.

［35］［美］段义孚（Tuan，Yi-Fu）. 经验透视中的空间和地方. 潘桂成译. 台北：编译馆，1998.

［36］［美］郝大维，［美］安乐哲. 汉哲学思维的文化探源. 施忠连译. 南京：江苏人民出版社，1999.

［37］［美］雷蒙德·范·奥弗编. 太阳之歌——世界各地创世神话. 毛天祜译. 北京：中国人民大学出版社，1989.

［38］［美］斯蒂·汤普森（Stith Thompson）. 世界民间故事分类学. 郑海等译. 上海：上海文艺出版社，1991.

［39］［英］弗雷泽（Frazer，J. G）. 金枝. 汪培基译. 台北：桂冠图书股份有限公司，1991.

［40］［英］米尔顿（John Milton）. 失乐园. 杨耐冬译. 台北：志文出版社，1984.

［41］［英］艾兰. 龟之谜——商代神话、祭祀、艺术和宇宙观研究. 汪涛译. 成都：四川人民出版社，1992.

［42］［英］李约瑟（Joseph Needham）. 中国古代科学思想史. 陈立夫主译. 台北：台湾商务印书馆，1990.

［43］［英］阿兰·邓迪斯编. 西方神话学论文选. 朝戈金，伊尹，金泽等译. 上海：上海文艺出版社，1994.

［44］［英］崔瑞德（Twitchett，Denis），［英］鲁惟一（Loewe，Michael）主编. 剑桥中国秦汉史. 杨品泉等译. 北京：中国社会科学出版社，1992.

［45］［英］菲奥纳·鲍伊（Fiona Bowie）. 宗教人类学导论. 金泽，何其敏译. 北京：中国人民大学出版社，2004.

［46］［俄］叶·莫·梅列金斯基. 神话的诗学. 魏庆征译. 北京：商务印书馆，1990.

［47］［奥地利］雷利柏（Leopold Leeb）. 张衡，科学与宗教. 北京：社会科学文献出版社，2000.

［48］［德］恩斯特·卡西勒（Ernst Cassirer）. 国家的神话. 黄汉青，陈卫平译. 台北：成均出版社，1983.

［49］［德］恩斯特·卡西勒（Ernst Cassirer）. 人论. 甘阳译. 台北：桂冠图书股份有限公司，1994.

［50］［德］恩斯特·卡西勒（Ernst Cassirer）. 语言与神话. 于晓等译. 台北：桂冠图书股份有限公司，1990.

［51］［德］恩斯特·卡西尔（Ernst Cassirer）. 神话思维. 黄龙保，周振选译. 北京：中国社会科学出版社，1992.

［52］［德］顾彬. 中国文人的自然观. 马树德译. 上海：上海人民出版社，1990.

［53］［德］施密特（Schmidt William）. 原始宗教与神话. 萧师毅，陈祥春译. 上海：上海文艺出版社，1987.

［54］［德］埃利希·诺伊曼（Erich Neumann）. 大母神：原型分析. 李以洪译. 北京：东方出版社，1998.

［55］［德］黑格尔. 哲学史演讲录：第1卷. 贺麟等译. 北京：商务印书馆，1959.

［56］［德］歌德. 浮士德. 周学普译. 台北：志文出版社，1955.

［57］［德］奥托（Rudolf Otto）. 论"神圣". 成穷，周邦宪译. 成都：四川人民出版社，1995.

［58］［挪威］诺伯舒兹（Christian Norberg-Schulz）. 场所精神——迈向建筑现象学. 施植明译. 台北：田园城市文化事业有限公司，2002.

［59］［美］巴伯（Barbour）. 科学与宗教. 阮炜等译. 成都：四川人民出版社，1993.

［60］［美］马塞勒（Anthony J. Massella）. 文化与自我：东西方人的透视. 任鹰，沈毅，董平等译. 台北：远流出版公司，1990.

四、外文专书

［1］ロルス·スタン. 盆栽の宇宙志. 福井文雅，明神洋译. 东京：せりか书房，1985.

［2］宫川尚志. 六朝史研究：宗教篇. 京都：平乐寺书店，1992.

［3］仓野宪司校注. 古事记. 东京：岩波书店，2000.

［4］高木敏雄. 比较神话学. 东京：武藏野书院，1924（大正十三年）.

［5］阪本太郎等校注. 日本书纪. 东京：岩波书店，2000.

［6］池田末利. 中国古代宗教史研究·制度と思想. 东京：东海大学出版会，1981.

［7］福永光司.中国中世的宗教与文化.京都：京都大学人文科学研究所，1982.

［8］Aarne, Antti. The Types of the Folktale：A Classifiention and Bibliography. Trans. by Thompson, Stith. Helsinki：Academia Scientarum Fennica，1961.

［9］Armstrong, John. The Paradise Myth. New York：Oxford University，1969.

［10］Birrell, Anne. Chinese Mythology：An Introduction. Baltimore, Md.：Johns Hopkins University Press，1993.

［11］Bauer, Wolfgang. China and the Search for Happiness：Recurring Themes in Four Thousand Years of Chinese Cultural History. Trans. by Michael Shaw. New York：Seabury Press，1976.

［12］Bodde, Derk. Festivals in Classical China：New Year and Other Aannual Observances during the Han Dynasty, 206 B. C. -A. D. 220. Princeton, N. J.: Princeton University Press，1975.

［13］Bodde, Derk. Chinese Thought, Society, and Science：The Intellectual and Social Background of Science and Technology in Pre-modern China. Honolulu：University of Hawaii Press，1991.

［14］Bolle, Kees. The Freedom of Man in Myth. Nashville：Vanderbilt University Press，1968.

［15］Bruce A. Rosenberg. Folklore and Literature：Rival Siblings. Knoxville：University of Tennessee Press，1991.

［16］Bhabha, Homi K. The Location of Culture. New York and London：Routledge，1994.

［17］Bolles, Edmund Blair. Remembering and Forgetting：An Inquiry into the Nature of Memory. New York：Walker and Co. Press，1998.

［18］Eliade, Mircea. The Sacred and the Profane：The Nature of Religion. Trans. by Willard R. Trask. New York：Harcourt, Brace，1959.

[19] Eliade, Mircea ed. A History of Religious Ideas. Trans. by Willard R. Trask. Chicago: University of Chicago Press, 1978-1985.

[20] Eliade, Mircea ed. The Encyclopedia of Religion. New York: Macmillan, 1987.

[21] Eliade, Mircea. Shamanism: Archaic Techniques of Ecstasy. Trans. by Willard R. Trask. Ecstasy. London: Arkana, 1989.

[22] Eliade, Mircea. Images and Symbols: Studies in Religious Symbolism. Trans. by Philip Mairet. New Jersey: Princeton University Press, 1991.

[23] Eliade, Mircea. Cosmos and History: The Myth of Eternal Return. New York: Harper. 1959.

[24] Foucault, Michel. Politics, Philosophy, Culture: Interviews and Other Writings, 1977-1984. Trans. by Alan Sheridan. New York: Routledge, 1988.

[25] Frye, Northrop. Anatomy of Criticism. New Jersey: Princeton University Press, 1957.

[26] Frazer, James George. Folklore in the Old Testament. Richmond, Surrey: Curzon Press, 1994.

[27] Gaster, Theador Herze. Myth, Legend, and Custom in the Old Testament. New York: Haper & Row, 1969.

[28] Gregory, Derek. Geographical Imagination. Cambridge: Blackwell, 1994.

[29] Hayden, Dolores. The Power of Place: Urban Landscapes as Public History. Cambridge: MIT Press, 1995.

[30] Hayden, Dolores. Seven American Utopias: The Architecture of Communitarian Socialism. Cambridge: MIT Press, 1994.

[31] Hebdige, Dick. Subjects in Space. London: Methuen, 1990.

[32] Heidegger. Martin, Being and Time. Trans. by John Macquarrie & Edward Robinson. Oxford: Blackwell, 1962.

[33] Jones, Lindsay ed. Encyclopedia of Religion. Detroit: Thomson Gale, 2005.

[34] Kern, Stephen. The Culture of Time and Space 1880-1918. Cambridge: Harvard University Press, 1983.

[35] Lefebvre, Henri. The Production of Space. Trans. by Donald Nicholson-Smith. Oxford: Basil Blackwell, 1991.

[36] Lévi-Strauss, Claude. The Raw and the Cooked. Trans. by John and Doreen Weightman. New York: Harper & Row, 1969.

[37] Loewe, Michael. Crisis and Conflict in Han China, 104 B. C. to A. D. 9. London: Allen and Unwin, 1974.

[38] Loewe, Michael. Ways to Paradise: The Chinese Quest for Immortality, London: Allen & Unwin, 1979.

[39] Loewe, Michael. Chinese Ideas of Life and Death: Faith, Myth and Reason in the Han Period, 202 B. C. -A. D. 220. Taipei: SMC Publishing, 1994.

[40] Loewe, Michael. Divination, Mythology and Monarchy in Han China. Cambridge: Cambridge University Press, 1994.

[41] Massey, Doreen. Space, Place and Gender. Cambridge: Polity Press, 1994.

[42] Merleau-Ponty, Maurice. The Visible and the Invisible: Followed by Working Notes. Trans. by Alphonso Lingis. Evanston: Northwestern University Press, 1995.

[43] Girardot, N. J. Myth and Meaning in Early Taoism: The Theme of Chaos (Hun-tun). Berkeley: University of California Press, 1983.

[44] Feutchwang, Stephan. The Imperial Metaphor: Popular Religion in China. London: Routledge, 1992.

[45] Thompson, Stith. Motif-Index of Folk-Literature: A Classification of Narrative Elements in Folktales, Ballads, Myths, Fables, Mediaeval Romances, Exempla, Fabliaux, Jest-books, and Local Legends. Bloomington: Indiana University Press, 1989.

[46] Thompson, Stith. The Folktale. New York: Holt, Rinehart and Winston, 1967.

[47] Ch'ü T'ung-tsu. Han Social Structure. Seattle: University of Washington Press, 1972.

[48] Turner, Victor Witter. Dramas, Fields, and Metaphors: Symbolic Action in Human Society. Ithaca: Cornell University Press, 1974.

[49] Twitchett, Denis & Loewe, Michael ed. The Ch'in and Han Empires, 221 B. C. -A. D. 220. vol. 1. Cambridge: Cambridge: University Press, 1986.

[50] Arnold Van Gennep. The Rites of Passage. Trans. by Monika B. Vizedom & Gabrielle L. Caffee. Chicago: University of Chicago Press, 1960.

[51] Alfred Forke. 中国人的世界观念：其天文学、宇宙论以及自然哲学的思辨. 小和田译. 东京：生活社，1939.

五、单篇论文

[1][俄] B. H. 托波罗夫. 神奇的数字. 魏哲译. 民间文学论坛，1985（4）.

[2] 尤雅姿. 虚拟实境中的生命谛视——谈魏晋文学里的临界空间经验//李丰楙，刘苑如主编. 空间、地域与文化——中国文化空间的书写与阐释：上册. 台北："中央研究院"中国文哲研究所，2002.

[3] 王青.《九歌》新解. 文学遗产，1991（1）.

[4] 王青. 论齐楚两大方士集团及其对道教的影响. 世界宗教研究，1992（3）.

[5] 王孝廉编译. 神话的定义问题. 民俗曲艺，1983（27）.

[6] 王昆吾. 论古神话中的黑水、昆仑与蓬莱//王昆吾. 中国早期艺术与宗教. 上海：东方出版社，1998.

[7] 江林昌. 子弹库楚帛书"推步规天"与古代宇宙观//简帛研究：第3辑. 桂林：广西教育出版社，1998.

[8] 江宝钗. 陶渊明《桃花源》的缔造历程与象征意义. 中正大学学报：人文分册，1991，2（1）.

[9] 何杨波. 秩序重构——云南文山州壮族布侬支系丧葬礼仪及葬经考释. 广西民族研究，1994（3）.

[10] 院文清. 楚帛书与中国创世纪神话//楚文化研究会编. 楚文化研究论集：第4集. 郑州：河南人民出版社，1994.

[11] 李霖灿，张琨，和才. 么些象形文字延寿经译注. "中央研究院"民族学研究所集刊，1959（8）.

[12] 李岩. 三神山及徐福东渡传说新探. 中央民族大学学报：哲学社会科学版，2000，27（3）.

[13] 李丰楙. 先秦变化神话的结构性意义——一个"常与非常"观点的考察. 中国文哲研究集刊，1994（4）.

[14] 李丰楙. 不死的探求——从变化神话到神仙变化传说//马昌仪编. 中国神话学文论选萃：下编. 北京：中国广播电视出版社，1994.

[15] 李丰楙. 多元王母、王公与昆仑、东华圣境——以六朝上清经派为主的方位神话考察//李丰楙, 刘苑如主编. 空间、地域与文化——中国文化空间的书写与阐释. 台北: "中央研究院"中国文哲研究所, 2002.

[16] 杜正胜. 从眉寿到长生——中国古代生命观的转变. "中央研究院"历史语言研究所集刊, 1995, 66 (2).

[17] 辛金顺. 从中国神话的内涵论神话中的原型回归与变形的特质. 文明探索, 1997, 8.

[18] 邢义田. 汉代壁画的发展和壁画墓. "中央研究院"历史语言研究所集刊, 1986, 57.

[19] 林立甡. 论中国古典园林之仙境空间形式. 中国工商学报, 1996 (18).

[20] 林继平. 论道家神仙思想之形成——从老庄哲学流变谈起: 下. 东方杂志: 复刊, 1986, 20 (2).

[21] 芮逸夫. 伏羲女娲. 大陆杂志, 1950, 1 (12).

[22] 芮逸夫. 苗族的洪水故事与伏羲女娲的传说//芮逸夫. 中国民族及其文化论稿: 下. 台北: 台湾大学人类学系, 1989.

[23] 胡万川. 失乐园——中国乐园神话探讨之一//中国神话与传说学术研讨会论文集: 上册. 台北: 汉学研究中心, 1996.

[24] 凌纯声. 中国的封禅与两河流域的昆仑文化. "中央研究院"民族学研究所集刊, 1965 (19).

[25] 孙全文. 中国建筑的中介空间. 成功大学学报, 1985 (20).

[26] 徐北文. 泰山崇拜与封禅大典. 文史知识, 1987 (10).

[27] 马昌仪. 壶形的世界——葫芦、魂瓶、台湾古陶壶之比较研究. 民间文学论坛, 1996 (4).

[28] 高明. 楚缯书研究//中国古字研究会编. 古文字研究: 第12辑. 北京: 中华书局, 1985.

[29] 高莉芬. 水的圣域: 两晋江海赋的原型与象征. 政大中文学报, 2004 (1).

[30] 高莉芬. 蓬莱神话的海洋思维及其宇宙观. 政大中文学报, 2006 (6).

[31] 高莉芬. 神圣的秩序——《楚帛书·甲篇》中的创世神话及其宇宙观. 中国文哲研究集刊, 2007 (30).

[32] 商承祚. 战国楚帛书述略. 文物, 1946 (9).

[33] 张星烺. 道家仙境之演变及其所受地理之影响——世界各种宗教所架

设之天堂地狱之比较. 中国学报, 1944, 1 (3).

[34] 张振安. 说"泰山封禅". 德州学院学报, 2006, 22 (3).

[35] 张惠娟. 乐园神话与乌托邦. 中外文学, 1986, 15 (3).

[36] 张光直. 中国创世神话之分析与古史研究. "中央研究院"民族学研究所集刊, 1959 (8).

[37] 梅新林. 生命的渴望与超越——中国仙话研究刍议. 浙江师范大学学报: 社会科学版, 1990 (3).

[38] 许东海. 赋家与仙境——论汉赋与神仙结合的主要类型及其意涵. 汉学研究, 2000, 18 (2).

[39] 连劭名. 长沙楚帛书与中国古代的宇宙论. 文物, 1991 (2).

[40] 连绍名. 长沙楚帛书与卦气说. 考古, 1990 (9).

[41] 郭锋. 敦煌写本《天地开辟以来帝王纪》成书年代诸问题. 敦煌学辑刊, 1988 (Z1).

[42] 陈邦怀. 战国楚帛书文字考证//中国古文字研究会编. 古文字研究: 第5辑. 北京: 中华书局, 1981.

[43] 陈建中. 神山即火山. 自然杂志, 1998 (6).

[44] 陈建宪. 中国洪水神话中的葫芦母题试探. 民俗文化国际研讨会——葫芦文化专题论文. 1996.

[45] 陈寅恪. 天师道与滨海地域之关系. "中央研究院"历史语言研究所集刊, 1933, 3.

[46] 陈启云. 中国古代神话对"元始"、"终极"的理念和心态. 中国文哲研究集刊, 1999 (15).

[47] 陈梦家. 古文字中之商周祭祀. 燕京学报, 1936 (19).

[48] 陈梦家. 商代的神话与巫术. 燕京学报, 1936 (20).

[49] 陈梦家. 战国楚帛书考. 考古学报, 1984 (2).

[50] 彭毅. 在中国古代文学里游仙思想的形成——楚辞远游溯源//郑因百先生八十寿庆论文集. 台北: 台湾商务印书馆, 1985.

[51] 傅锡任.《文选》所录汉赋中的神话特质与解析//政治大学文学院等. 第三届国际辞赋学学术研讨会论文集. 台北: 政治大学文学院, 1996.

[52] 程健君. 南阳汉画像石中的伏羲女娲. 民间文学论坛, 1989 (1).

[53] 冯时. 红山文化三环石坛的天文学研究——兼论中国最早的圜丘与方

丘. 北方文物, 1993 (1).

[54] 冯时. 河南濮阳西水坡45号墓的天文学研究. 文物, 1990 (3).

[55] 杨儒宾. 吐生与厚德——土的原型象征. 中国文哲研究集刊, 2002 (20).

[56] 杨儒宾. 太极与正直——木的通天象征. 台大中文学报, 2005 (22).

[57] 杨宽. 楚帛书的四季神像及其创世神话. 文学遗产, 1997 (4).

[58] 杨儒宾. 道家的原始乐园思想//李亦园, 王秋桂主编. 中国神话与传说学术研讨会论文集: 上册. 台北: 汉学研究中心, 1996.

[59] 杨儒宾. 道与玄牝. 台湾哲学研究, 1999 (2).

[60] 叶庆炳. 六朝至唐代的他界结构小说. 台大中文学报, 1989 (3).

[61] 董楚平. 中国上古创世神话钩沉——楚帛书甲篇解读兼谈中国神话的若干问题. 中国社会科学, 2002 (5).

[62] 葛兆光. 众妙之门——北极与太一、道、太极. 中国文化, 1991 (3).

[63] 邹晖. 建筑的时空场构想. 空间杂志, 1994 (62).

[64] 蒲慕洲. 汉代知识分子与民间信仰//臧振华. 中国考古学与历史学之整合研究. 台北: "中央研究院"历史语言研究所, 1997.

[65] 赵林. 中国古代的宇宙观及创世神话. 人文学报, 1981 (6).

[66] 刘若愚. 中国诗中的时间、空间与自我. 陈淑敏译. 中外文学, 1987, 21 (3).

[67] 刘苑如. 欲望尘世/境内蓬莱——《拾遗记》的中国图像//李丰楙, 刘苑如主编. 空间、地域与文化——中国文化空间的书写与阐释. 台北: "中央研究院"中国文哲研究所, 2002.

[68] 滕固. 中世人的苦闷与游仙的文学. 中国文学研究: 小说月报第17号号外. 上海: 商务印书馆, 1927.

[69] 郑土有. 仙话: 神仙信仰的文学. 中外文学, 1990, 19 (7).

[70] 萧登福. 先秦载籍所常见之神与仙: 上. 东方杂志: 复刊, 1990, 23 (8).

[71] 萧登福. 先秦载籍所常见之神与仙: 下. 东方杂志: 复刊, 1990, 23 (9).

[72] 赖芳伶. 试论六朝志怪的几个主题. 幼狮学志, 1982, 17 (1).

[73] 辽宁省文物考古研究所. 辽宁牛河梁红山文化"女神庙"与积石冢群发掘简报. 文物, 1986 (8).

[74] 骆水玉. 圣域与沃土——《山海经》中的乐土神话. 汉学研究, 1999, 17 (1).

［75］钟敬文. 马王堆汉墓帛画的神话史意义. 中华文史论丛，1979（2）.

［76］顾颉刚.《庄子》与《楚辞》中昆仑蓬莱两个神话系统的融合. 中华文史论丛，1979（2）.

［77］严一萍. 楚缯书新考：上、中、下. 中国文字，1976，7（26）.

［78］小川环树. 中国魏晋以后（三世纪以降）的仙乡故事. 张桐生译//林以亮等. 中国古典小说论集：第1辑. 台北：幼狮文化事业公司，1977.

［79］小南一郎. 壶形的宇宙. 北京师范大学学报，1991（2）.

［80］御手洗胜. 神山传说と归墟传说//东方学论集：第2集. 1954.

［81］Allan, Sarah. Drought, Human Sacrifice and the Mandate of Heaven in a Lost Text from the "Shang Shu". Bulletin of the School of Oriental and African Studies, 1984, 47（3）: 523-539.

［82］Bodde, Derk. Harmony and Conflict in Chinese Philosophy// Arthur F. Wright ed. Studies in Chinese Thought. Chicago: University of Chicago Press, 1953: 19-79.

［83］Donald J. Harper. The Han Cosmic Board: A Response to Christopher Cullen. Early China, 1980-1981, 6.

［84］Fracasso, Riccardo. Holy Mothers of Ancient China: A New Approach to the Hsi-wang-mu Problem . T'oung Pao. Second Series, 1988, 74（1-3）: 1-46.

［85］Freedman, Maurice. On the Sociological Study of Chinese Religion. The Study of Chinese Society: Essays by Maurice Freedam. Stanford: Stanford University Press, 1979: 351-370.

［86］Girardot N. J. Part of the Way: Four Studies on Taoism. History of Religions, 1972, 11（3）: 319-337.

［87］Gregory, Derek. Imaginative Geographies. Progress in Human Geography, 1995, 19（4）: 447-485.

［88］Major, John. Myth, Cosmology, and the Origin of Chinese Science. Journal of Chinese Philosophy, 1978, 5（1）: 1-20.

［89］Poo, Mu-chou. Popular Religion in Pre-Imperial China: Observations on the Almanacs of Shui-Hu-Ti. T'oung Pao, 1993, 79: 225-248.

［90］Sangren, Steven. Great Traditions and Little Traditions Reconsidered: The Question of Cultural Integration in China. Journal of Chinese Studies . 1984, 1: 1-24.

［91］Sivin, Nathan. Cosmos and Computation in Early Chinese Mathematical Astronomy. T'oung Pao: Second Series, 1969, 55 (1-3): 1-73.

［92］Stein, Roif A. Architecture et pensée religieuse en Extrême-Orient. Arts Asiatiques, 1957 (4): 163-186.

［93］Yu, Yingshi. Life and Immortality in the Mind of Han China. Harvard Journal of Asiatic Studies, 1964-1965, 25: 80-122.

［94］Price-Chalita, Patricia. Spatial Metaphor and the Politics of Empowerment: Mapping A Place For Feminism and Postmodernismin Geography. Antipode, 1994, 26 (3): 236-254.

六、学位论文

［1］殷善培. 谶纬思想研究. 台北：政治大学中国文学研究所硕士论文，1996.

［2］高秋凤. 天问研究. 台北：台湾师范大学国文研究所博士论文，1997.

［3］杨素珍. 秦汉以前"四方"观念的演变及发展研究. 台北："中山大学"中国文学研究所硕士论文，1997.

［4］刘苑如. 六朝志怪小说的文类研究——导异为常的想象历程. 台北：政治大学中文研究所博士论文，1996.

［5］鲁瑞菁. 高唐赋的民俗神话底蕴研究. 台北：台湾大学中文所博士论文，1996.

［6］谢明勋. 六朝志怪小说他界观研究. 台北：中国文化大学中国文学研究所博士论文，1992.